中國文化二十四品

中国文化二十四品

饶宗颐 叶嘉莹 顾问
陈洪 徐兴无 主编

四海之内

民族的形成与变迁

高永久 著

江苏人民出版社

图书在版编目（CIP）数据

　　四海之内：民族的形成与变迁 / 高永久著． -- 南京：江苏人民出版社，2018.1
　　（中国文化二十四品）
　　ISBN 978-7-214-18515-0

　　Ⅰ．①四… Ⅱ．①高… Ⅲ．①古代民族－民族历史－中国 Ⅳ．①K289

中国版本图书馆CIP数据核字（2017）第238129号

书　　　名	四海之内——民族的形成与变迁
著　　　者	高永久
责 任 编 辑	史雪莲
责 任 校 对	卞清波
装 帧 设 计	刘葶葶　张大鲁
出 版 发 行	江苏人民出版社
出版社地址	南京市湖南路1号A楼，邮编：210009
出版社网址	http://www.jspph.com
照　　　排	南京凯建图文制作有限公司
印　　　刷	江苏凤凰新华印务有限公司
开　　　本	652毫米×960毫米　1/16
印　　　张	18.25　　插页6
字　　　数	203千字
版　　　次	2018年1月第1版　2018年1月第1次印刷
标 准 书 号	ISBN 978-7-214-18515-0
定　　　价	68.00元（精装）

（江苏人民出版社图书凡印装错误可向承印厂调换）

编委会名单

顾　问

饶宗颐
叶嘉莹

主　编

陈　洪（南开大学教授）
徐兴无（南京大学教授）

编　委

王子今（中国人民大学教授）　司冰琳（首都师范大学副教授）
白长虹（南开大学教授）　　　孙中堂（天津中医药大学教授）
闫广芬（天津大学教授）　　　张伯伟（南京大学教授）
张峰屹（南开大学教授）　　　李建珊（南开大学教授）
李翔海（北京大学教授）　　　杨英杰（辽宁师范大学教授）
陈引驰（复旦大学教授）　　　陈　致（香港浸会大学教授）
陈　洪（南开大学教授）　　　周德丰（南开大学教授）
杭　间（中国美术学院教授）　侯　杰（南开大学教授）
俞士玲（南京大学教授）　　　赵　益（南京大学教授）
徐兴无（南京大学教授）　　　莫砺锋（南京大学教授）
陶慕宁（南开大学教授）　　　高永久（南开大学教授）
黄德宽（安徽大学教授）　　　程章灿（南京大学教授）
解玉峰（南京大学教授）

总　序

陈　洪　徐兴无

　　我们生活在文化之中，"文化"两个字是挂在嘴边上的词语，可是真要让我们说清楚文化是什么，可能就会含糊其词、吞吞吐吐了。这不怪我们，据说学术界也有160多种关于文化的定义。定义多，不意味着人们的思想混乱，而是文化的内涵太丰富，一言难尽。1871年，英国文化人类学家爱德华·泰勒的《原始文化》中给出了一个定义："文化，或文明，就其广泛的民族学意义上来说，是包含全部的知识、信仰、艺术、道德、法律、风俗，以及作为社会成员的人所掌握和接受的任何其他的才能和习惯的复合体。"[①]其实，所谓"文化"，是相对于所谓"自然"而言的，在中国古代的观念里，自然属于"天"，文化属于"人"，只要是人类的活动及其成果，都可以归结为文化。孔子说："饮食男女，人之大欲存焉。"[②]在这种自然欲望的驱动下，人类的活动与创造不外乎两类：生产与生殖；目标只有两个：生存与发展。但是人的生殖与生产不再是自然意义上的物种延续与食物摄取，人类生产出物质财富与精神财富，不再靠天吃饭，人不仅传递、交换基因和大自然赋予的本能，还传承、交流文化知识、智慧、情感与信仰，于是人种的繁殖与延续也成了文化的延续。

　　所以，文化根源于人类的创造能力，文化使人类摆脱了

---

① ［英］爱德华·泰勒：《原始文化》，连树声译，谢继胜、尹虎彬、姜德顺校，广西师范大学出版社，2005年，第1页。
② 《礼记·礼运》。

自然，创造出一个属于自己的世界，让自己如鱼得水一样地生活于其中，每一个生长在人群中的人都是有文化的人，并且凭借我们的文化与自然界进行交换，利用自然、改变自然。

由于文化存在于永不停息的人类活动之中，所以人类的文化是丰富多彩、不断变化的。不同的文化有不同的方向、不同的特质、不同的形式。因为有这些差异，有的文化衰落了甚至消失了，有的文化自我更新了，人们甚至认为："文化"这个术语与其说是名词，不如说是动词。[①] 本世纪初联合国发布的《世界文化报告》中说，随着全球化的进程和信息技术的革命，"文化再也不是以前人们所认为的是个静止不变的、封闭的、固定的集装箱。文化实际上变成了通过媒体和国际因特网在全球进行交流的跨越分界的创造。我们现在必须把文化看作一个过程，而不是一个已经完成的产品"[②]。

知道文化是什么之后，还要了解一下文化观，也就是人们对文化的认识与态度。文化观首先要回答下面的问题：我们的文化是从哪里来的？不同的民族、宗教、文化共同体中的人们的看法异彩纷呈，但自古以来，人类有一个共同的信仰，那就是：文化不是我们这些平凡的人创造的。

有的认为是神赐予的，比如古希腊神话中，神的后裔普罗米修斯不仅造了人，而且教会人类认识天文地理、制造舟车、掌握文字，还给人类盗来了文明的火种。代表希伯来文化的《旧约》中，上帝用了一个星期创造世界，在第六天按照自己的样子创造了人类，并教会人们获得食物的方法，赋予人类管理世界的文化使命。

---

① 参见[荷兰]C. A. 冯·皮尔森：《文化战略》，刘利圭等译，中国社会科学出版社，1992年，第2页。

② 联合国教科文组织编：《世界文化报告——文化的多样性、冲突与多元共存》，关世杰等译，北京大学出版社，2002年，第9页。

有的认为是圣人创造的,这方面,中国古代文化堪称代表:火是燧人氏发现的,八卦是伏羲画的,舟车是黄帝造的,文字是仓颉造的……不过圣人创造文化不是凭空想出来的,而是受到天地万物和自我身体的启示,中国古老的《易经》里说古代圣人造物的方法是:"仰则观象于天,俯则观法于地,观鸟兽之文与地之宜,近取诸身,远取诸物。"《易经》最早给出了中国的"文化"和"文明"的定义:"刚柔交错,天文也。文明以止,人文也。观乎天文,以察时变;观乎人文,以化成天下。"文指文采、纹理,引申为文饰与秩序。因为有刚、柔两种力量的交会作用,宇宙摆脱了混沌无序,于是有了天文。天文焕发出的光明被人类效法取用,于是摆脱了野蛮,有了人文。圣人通过观察天文,预知自然的变化;通过观察人文,教化人类社会。《易经》还告诉我们:"一阴一阳之谓道,继之者善也,成之者性也。仁者见之谓之仁,知者见之谓之知。"宇宙自然中存在、运行着"道",其中包含着阴阳两种动力,它们就像男人和女人生育子女一样不断化生着万事万物,赋予事物种种本性,只有圣人、君子们才能受到"道"的启发,从中见仁见智,这种觉悟和意识相当于我们现代文化学理论中所谓的"文化自觉"。

为什么圣人能够这样呢?因为我们这些平凡的百姓不具备"文化自觉"的意识,身在道中却不知道。所以《易经》感慨道:"百姓日用而不知,故君子之道鲜矣。"什么是"君子之道鲜"?"鲜"就是少,指的是文化不昌明,因此必须等待圣人来启蒙教化百姓。中国文化中的文化使命是由圣贤来承担的,所以孟子说,上天生育人民,让其中的"先知觉后知""先觉觉后觉"[①]。

---

① 《孟子·万章》。

无论文化是神灵赐予的还是圣人创造的,都是崇高神圣的,因此每个文化共同体的人们都会认同、赞美自己的文化,以自己的文化价值观看待自然、社会和自我,调节个人心灵与环境的关系,养成和谐的行为方式。

中国现在正处在一个喜欢谈论文化的时代。平民百姓关注茶文化、酒文化、美食文化、养生文化,说明我们希望为平凡的日常生活寻找一些价值与意义。社会、国家关注政治文化、道德文化、风俗文化、传统文化、文化传承与创新,提倡发扬优秀的传统文化,说明我们希望为国家和民族寻求精神力量与发展方向。神和圣人统治、教化天下的时代已经成为历史,只有我们这些平凡的百姓都有了"文化自觉",认识到我们每个人都是文化的继承者和创造者,整个社会和国家才能拥有"文化自信"。

不过,我们越是在摆脱"百姓日用而不知"的"文化蒙昧"时代,就越是要反思我们的"文化自觉",因为"文化自觉"是很难达到的境界。喜欢谈论文化,懂点文化,或者有了"文化意识"就能有"文化自觉"吗?答案是否定的。比如我们常常表现出"文化自大"或者"文化自卑"两种文化意识,为什么会这样呢?因为我们不可能生活在单一不变的文化之中,从古到今,中国文化不断地与其他文化邂逅、对话、冲突、融合;我们生活在其中的中国文化不仅不再是古代的文化,而且不停地在变革着。此时我们或者会受到自身文化的局限,或者会受到其他文化的左右,产生错误的文化意识。子在川上曰:"逝者如斯夫。"流水如此,文化也如此。对于中国文化的主流和脉络,我们不仅要有"春江水暖鸭先知"一般的亲切体会和细微察觉,还要像孔子那样站在岸上观察,用人类历史长河的时间坐标和全球多元文化的空间坐标定位中国文化,才能获得超越的眼光和客观真实的知识,增强与其他文化交

流、借鉴、融合的能力,增强变革、创新自己的文化的能力,这也叫做"文化自主"的能力。中国当代社会人类学家费孝通先生说:

> "文化自觉"是当今时代的要求,它指的是生活在一定文化中的人对其文化有自知之明,并对其发展历程和未来有充分的认识。也许可以说,文化自觉就是在全球范围内提倡"和而不同"的文化观的一种具体体现。希望中国文化在对全球化潮流的回应中能够继往开来,大有作为。①

因为要具备"文化自觉"的意识、树立"文化自信"的心态、增强"文化自主"的能力,所以,我们这些平凡的百姓需要不断地了解自己的文化,进而了解他人的文化。

中国文化是我们自己的文化,它博大精深,但也不是不得其门而入。为此,我们这些学人们集合到一起,共同编写了这套有关中国文化的通识丛书,向读者介绍中国文化的发展历程、特征、物质成就、制度文明和精神文明等主要知识,在介绍的同时,帮助读者选读一些有关中国文化的经典资料。在这里我们特别感谢饶宗颐和叶嘉莹两位大师前辈的指导与支持,他们还担任了本丛书的顾问。

中国文化崇尚"天人合一",中国人写书也有"究天人之际,通古今之变"的理想,甚至将书中的内容按照宇宙的秩序罗列,比如中国古代的《周礼》设计国家制度,按照时空秩序分为"天地春夏秋冬"六大官僚系统;吕不韦编写《吕氏春

---

① 费孝通:《经济全球化和中国"三级两跳"中的文化思考》,《光明日报》2000年11月7日。

秋》，按照一年十二月为序，编为《十二纪》；唐代司空图写作《诗品》品评中国的诗歌风格，又称《二十四诗品》，因为一年有二十四个节气。我们这套丛书，虽不能穷尽中国文化的内容，但希望能体现中国文化的趣味，于是借用了"二十四品"的雅号，奉献一组中国文化的小品，相信读者一定能够以小知大，由浅入深，如古人所说："尝一脔肉，而知一镬之味，一鼎之调。"

2015年7月

目 录

绪言

先秦时期的中国古代民族

 三皇五帝的远古洪荒时代 / 9

 洪水横流中诞生的夏人 / 14

 吞鸟卵而孕育的商 / 17

 周代的"夷夏有别" / 20

  原典选读 / 23

秦汉时期的民族关系

 从华夏族到汉族的形成 / 27

 号称"天之骄子"的匈奴 / 30

 西域各族与汉、匈奴的关系 / 33

 东北诸族的发展 / 36

 羌、氐、百越与西南夷 / 40

  原典选读 / 45

魏晋南北朝时期的中国古代民族

以山为号的鲜卑族 / 49

居于羯室的民族 / 59

高山河谷中的氐族 / 64

编发左衽的柔然 / 70

坐在高车上的民族 / 74

南方诸族的变迁 / 78

原典选读 / 83

隋唐时期的中国古代民族

以狼为图腾的突厥族 / 87

马背民族吐谷浑 / 96

助唐平叛的回纥 / 102

东北诸族的变迁 / 107

南方和西南诸族 / 113

青藏高原上崛起的吐蕃 / 121

原典选读 / 127

五代宋辽金时期的中国古代民族

松漠之间的契丹族 / 131

兴起于白山黑水的女真族 / 138

以大沙丘为祖居地的沙陀 / 145

建立"东方金字塔"的党项族 / 150

西迁后的回鹘 / 156

南方诸族的变迁 / 160

原典选读 / 163

元代的中国古代民族

草原上弯弓射雕的蒙古族 / 167

元时回回遍天下 / 180

畏兀儿人的变迁 / 186

宣政院统辖下的吐蕃 / 191

南方诸族的变迁 / 197

原典选读 / 200

明代的中国古代民族

明代蒙古诸部的发展 / 205

回族的形成和发展 / 211

畏兀儿的变迁 / 214

藏族的变迁 / 218

南方诸族的发展 / 225

原典选读 / 232

清代的中国古代民族

女真统一和满族形成 / 237

清代的蒙古族诸部 / 243

新疆诸族的变迁 / 253

清代藏族的变迁 / 263

清代回民起义 / 268

南方诸族的发展 / 273

原典选读 / 278

绪　言

《论语·颜渊》中曾经提到一句话"君子敬而无失,与人恭而有礼,四海之内,皆兄弟也",说的是君子敬慎而没有过失,待人谦恭有礼,天下就到处都是自己的兄弟。这里的"四海之内"是指"天下"的意思。然而在春秋战国那样的时代,究竟什么是"四海"呢?"四海之内"是不是指中国居中央,周围四面分别为东海、南海、西海和北海所环绕呢?

从春秋战国以降的相关文献来看,"四海"并不特指某些海洋或水域,而是更多地趋向于"疆域"的概念。《尔雅·释地》中对"四极""四荒""四海"等概念给出了相应的解释:"东至泰远,西至邠国,南至濮铅,北至于祝栗,谓之四极。觚竹、北户、西王母、日下,谓之四荒。九夷、八狄、七戎、六蛮,谓之四海。"不难看出,至迟到西汉初期,"四海"指的是夷、狄、戎、蛮等民族地区。也就是说,在中国古人看来,"四海之内"就是以华夏为中心,周边围绕的是夷、狄、戎、蛮等民族。换句话说,中国古代的"天下观"并不是以地理元素为标识的,而是以民族和文化为界域的。这种"四海之内"既有多元民族和文化的差异,又有交流和合共生的主轴,是华夏与周边各民族在动态发展中共同缔造了中华文明。因此，从这个意义上来讲，"四海之内皆兄弟也"是"中华民族多元一体格局"和"各民族共创中华"的生动体现。

"中华民族"是中国各民族的总称。我国目前有五十六个民族，奉行民族平等、民族团结、各民族共同繁荣发展和民族区域自治的政策。中国当代民族政策的形成，离不开"中华民族多元一体格局"和"各民族共创中华"的历史与现实。

从历时性的角度来看中华民族，更多地呈现多元一体格局。这里的"多元"并不仅仅指华夏文明的起源是多元的，而是强调包括华夏族在内，中国历史上出现的各兄弟民族各自有其起源、形成、发展的历史，他们的文化也各具特点而区别于其他民族。这里的"一体"也不是指以汉族为主体，而是指中国历史上的各民族，在历史发展的长河中逐渐形成相互关联、相互补充、相互依存，你中有我、我中有你，水乳交融、不可分割的共同的中华民族利益整体。这种多元一体格局在中国历史上，不仅表现为秦、汉、隋、唐、元、明、清等统一多民族国家政权的交替出现，还表现为"华夷一体""胡汉一家""混同宇内"等民族思想的形成和政策的施行。在当下，这种多元一体又被赋予新的内涵，即中国的五十六个民族在中国共产党的领导下，确立和发展了平等、团结、互助、和谐的社会主义民族关系，共同团结奋斗、共同繁荣发展成为各族人民的共同心愿，和睦相处、和衷共济、和谐发展成为我国民族关系的主流，各民族为实现中华民族伟大复兴的中国梦而努力奋斗。

从共时性的角度来看中华民族，更多地呈现各民族共创中华的特征。中华民族有着悠久的历史，从远古时代起，中华各民族人民的祖先就劳动、生息、繁衍在神州大地上，共同为创建中华文明、建立统一的多民族国家而贡献着自己的才智和力量。

第一,中国历史上和目前辽阔的疆域是中国各民族人民共同开拓的。在亚洲东部、太平洋西岸的辽阔地域内,中国各族人民的先民共同开发了富饶的疆土。夏、商、周至秦汉时期,在汉族的先民华夏族开发黄河流域的同时,各少数民族先民也开发了周围的广大地区:东胡、肃慎、挹娄、夫余、乌桓等民族在今东北三省的广大地区,猃狁、狄、匈奴、鲜卑等民族在今蒙古草原和华北北部以及西北一些地区,月氏、乌孙、龟兹、于阗、鄯善等民族在今天的新疆地区,戎、羌、氐等族在今西藏、川西和甘青地区,苗、濮、武陵蛮、长沙蛮以及百越等各族在今长江流域的广大地区,黎族和高山族的先民分别在海南岛和台湾,越人的一支在今港、澳地区,等等,各民族祖先在各个地区,以他们的辛勤劳动,为统一的多民族国家的建立奠定了基础。自秦朝开创了我国统一多民族国家历史的先河以后,中华各民族的联系不断增强,各民族活动的空间不断拓展,既有汉、明等以汉族为主体建立的强盛王朝,也有如北魏、辽、金、元、清等少数民族入主中原建立的强大王朝。因此,如果没有中国历史上各民族先民的共同参与和开拓,就不会有今天我国辽阔富饶的疆域。

第二,中华民族的经济生活和物质财富是中国各民族人民共同创造的。在中华民族的经济发展史上,各民族都做出了自己的贡献。许多从事畜牧业的少数民族首先培育了众多的优良牲畜品种,对畜牧经济做出了重大贡献——蒙古马和宁夏滩羊以及东北的紫貂、驯鹿,至今犹闻名于世。有些少数民族很早就掌握了许多农作物的栽培技术,如某些品种的高粱、芝麻、蚕豆、扁豆、黄瓜、茄子、菠菜、胡萝卜、葡萄、石榴、核桃、西瓜等粮食、蔬菜、瓜果以及棉花的种植栽培技术。宋末元初著名的棉纺织家黄道婆就是从黎族人那里学会运用制棉工具和织崖州被的方法,并将这些技术传入内地,促进了江南纺织业的发展。另外,从边疆地区经济发展与内地的关系来看,各民族先民对中国边疆地区的先行开发,加强了边疆地区对内地的经济吸引力,深化了内地对边疆地区政治上的向心力,间接地促进了中华的大一统。

第三,悠久灿烂的中华文明是中国各民族人民共同创造的。中国是世界文明古国之一,中华文明博大精深,源远流长,是由各民族共同创造的。在中国数千年的历史进程中,各民族创造了灿烂的民族文化,包括语言、文字、文学、艺术、医药、建筑、风俗习惯、宗教文化等,丰富了中华文化宝库,为中华文明的形成和发展做出了贡献。在中华各族历史上,产生过许多伟大的思想家、科学家、发明家、政治家、军事家、文学家和艺术家,其中许多都是出身于少数民族。

第四,中华民族的独立是中国各民族人民共同缔造的。1840年鸦片战争以后,中国逐渐沦为半殖民地半封建社会,各族人民在帝国主义和封建主义的双重压迫和剥削下奋起反抗,掀起了波澜壮阔的反帝反封建斗争,在中华民族的团结奋进史上谱写了壮丽的篇章。鸦片战争后,沙俄强占中国黑龙江以北,乌苏里江以东和新疆巴尔喀什湖以东、以南的广大地区,英军和法军分别侵略中国西藏和西南地区,上述地区各族人民奋起反抗,保家卫国。如达斡尔、鄂伦春、赫哲、鄂温克和西北、西南地区的各民族人民积极组织抗战,英勇抗击侵略者,为争取中华民族的独立做出了突出贡献。抗日战争时期,朝鲜族先后有十几万人参加了抗日战斗,蒙古族人民与兄弟民族共同建立了伊克昭盟和大青山抗日游击根据地,冀中回族马本斋领导的回民支队,曾让日本侵略者闻风丧胆。在反帝反封建反侵略的斗争中,中国各民族人民实现了空前的团结和统一,战胜了一个又一个困难,使中华民族屹立于世界民族之林。

第五,实现中华民族伟大复兴的中国梦成为中国各民族人民共同的奋斗目标和精神家园。新中国成立以来,特别是改革开放以来,是少数民族和民族地区在经济、政治、文化、社会和生态文明建设等方面发展最好最快的时期,民族地区经济和社会发展取得的各项成就举世瞩目。当前,中国各民族人民正在为实现中华民族伟大复兴的中国梦而乘风破浪,勇往前行。中国梦是国家的梦,是民族的梦,也是每一个中国人的梦。国家好,民族好,大家才会好。民族振兴是中国梦的主题,也是新时代中华文化的最强音。文化是民族的血脉,是人民的精神家园。实现中国梦,就是要在新的历史发展阶段和新的历史条件下,树立全社会共同的理想和心理认同,构建中华民族共同的精神家园。

四海之内皆兄弟,五湖天涯尽友邻。中国各民族人民在历史上就形成了共休戚、共存亡、共荣辱、共命运的感情和道义,营造出了各民族相互了解、相互尊重、相互包容、相互欣赏、相互学习、相互帮助的团结友爱、互助和谐的社会氛围。我们应当继续倡导汉族离不开少数民族,少数民族离不开汉族,少数民族相互离不开的精神,努力践行民族认同与国家认同的高度统一,为实现"中华民族一家亲,同心共筑中国梦"的美好理想而不懈奋斗。

只有民族的,才是世界的。正是本着"各美其美,美人之美,美美与共,天下大同"的初衷,高永久、王力、杨林坤、刘铁程、孔瑞等在该书的编著过程中着力体现文化共生与理解的精神,为世界民族文化拼盘贡献一道中国特色的精致民族文化小品。

先秦时期的中国古代民族

先秦时期是中华民族的孕育时代,也是我国古代第一次民族大迁徙、大融合的时代。根据历史传说和考古发掘,居于黄河流域的炎黄部落集团,不断向东扩张,战胜了以泰山为中心的太昊、少昊集团,实现了黄河中下游地区的部落大联盟,随后又南下击败江汉流域的苗蛮集团,历经夏、商、周三代的演变,最终确立了华夏族在中国早期民族融合潮流中的核心地位。"华夷""夷夏"等观念逐渐萌发,"中国"一词也在西周初年登上了历史舞台。

先秦时期中国各民族的变迁、分布格局和相互关系的发展,奠定了中国古代各民族活动的基本框架和基础,凸显出文化轴心时代的特征。中原王朝的民族思想和民族政策,成为我国先秦以后二千多年君主专制王朝民族政策的主要渊源和制度依据,开创了中国古代社会里长期推行的民族政策的主要范畴。因此,对先秦时期古代民族的考察与研究就成为了解中国古代各民族丰富历史的开门石。

三皇五帝的远古洪荒时代

从目前考古发掘的资料和成果来看,中华文明的源头并不是唯一的。早在距今5000—4000年前,各古代文明已如漫天星斗,广泛分布于神州大地。其中,较具有代表性的六个文化区域是:以燕山南北、长城地带为重心的北方区;以山东、苏北及其接邻地带为中心的黄河下游地区;以关中(陕西)、晋南、豫西为中心的中原地区;以环太湖—钱塘江为中心的东南地区;以环洞庭湖与四川盆地为中心的西南地区;以鄱阳湖—珠江三角洲一线为中轴的南方地区。这六大文化区系之间的关系,呈现明显的"汇聚—辐射"的特征。大概在新石器时代的龙山文化时期,中华文明的走向以各文化因素向中原地区汇聚为主;而到了约公元前21世纪至公元前17世纪的二里头文化时期,中华文明的走向则表现出从中原地区向四周强烈辐射的显著特点。从此以后,"汇聚—辐射"就成为中华文明发展壮大过程中的常态。

上述六个文明源头区,其灿烂文化的背后都打上了古代民族活动的烙印。比如,华夏族创立了中原文明,东夷族创立了海岱文明,苗族创立了江汉文明,吴越族创立了江浙文明。由此可见,当时的中华大地上,各部落、氏族林立,互不统属。随着生产力的不断发展,人们的生活水平逐渐提高,各族之间的交往也越来越密切。同时,各部落之间的纷争也渐次出现。在这样的历史背景之下,一些实力强大的部族和部族领袖脱颖而出。

图 1-1　四坝文化·嵌绿松石彩陶罐,甘肃玉门火烧沟出土

资料来源:中国国家博物馆编《中华文明:古代中国陈列文物精萃》,中国社会科学出版社,2010年,第163页。

根据口耳相传的历史,三皇五帝是中华远古时期的部落联盟首领,他们率领民众开创了中华上古文明。三皇,指燧人氏、伏羲氏、神农氏;五帝,指黄帝、颛顼(zhuān xū)、帝喾(kù)、尧、舜。

燧人氏,又称"燧皇",或简称燧人,名允婼,三皇之首。

《尚书大传》记载:"遂人为遂皇,伏羲为羲皇,神农为农皇也。遂人以火纪,火,太阳也。阳尊,故托遂皇于天。"燧人氏在今河南商丘一带"钻燧取火,教人熟食",是华夏人工取火的发明者,结束了远古人类茹毛饮血的历史。燧人氏的神话反映了中国原始时代从利用自然火进化到人工取火的进程。

伏羲氏,又写作宓羲、庖牺、包牺、伏戏,亦称牺皇、皇羲、太昊,又称青帝。相传伏羲氏生于陇西成纪(今甘肃天水市),所处时代约为旧石器时代中晚期。伏羲氏是传说中的中华民族人文始祖。据说伏羲氏人首蛇身,与女娲兄妹相婚,生儿育女。传说他根据天地万物的变化,发明创造了占卜八卦。他结绳为网,用以捕鸟打猎,并教会了人们渔猎的方法。他还发明了瑟,创作了曲子。

神农氏,世称"农皇"。据司马贞《三皇本纪》载:"神农氏,姜姓以火德王。母曰女登,女娲氏之女,怸(rén)神龙而生,长于姜水,号历山,又曰烈山氏。"相传神农氏生于姜水(今陕西宝鸡境内),本为姜水流域姜姓部落首领,后以木制耒发明农具,教民稼穑饲养、制陶纺织,被后世尊为中国农业之神。另据《孟子·梁惠王上》载:"神农,有娲氏之女安登,为少典妃,怸神龙而生帝。承庖羲之本,以火德王。"因此,神农氏又被称为"炎帝"。

黄帝,为华夏族始祖,中国远古时期部落联盟的首领。相传他是少典与附宝之子,以姬为姓,有土德之瑞,被人们尊称为黄帝。据《史记·五帝本纪》记载,黄帝"生而神灵,弱而能言,幼而徇齐,长而敦敏,成而聪明"。当时,神农氏已经衰落,部落之间互相侵伐,残害百姓,而神农氏不能平息动乱。于是,轩辕黄帝兴兵征伐不顺服者,各部落相继前来归顺。而蚩尤最为暴虐,黄帝与蚩尤爆发了激烈的战争。那一时期,炎帝部落也不断侵扰其他部落,于是黄帝修理内政,训练士兵,发展生产,抚育民众,联合其他部落的力量,共同出击,终于在阪泉之野战胜炎帝部落,取而代之成为各部落联盟的首领,奠定了华夏族的基础。

颛顼,姬姓,史称高阳,也称帝颛顼、颛顼帝或玄帝颛顼,是华夏族杰出的先祖之一。《史记·五帝本纪》载:"轩辕黄帝崩,葬桥山。其孙昌意之子高阳立,是为颛顼帝也。"颛顼帝兴兵讨伐共工氏,统一了华夏,制历法,设九州,前承炎黄,后启尧舜,奠定了华夏族的根基。

帝颛顼死后,侄子高辛即位,是为帝喾,时年三十岁。因他出生并兴起于高辛,史称高辛氏。帝喾即帝位后,仁威兼施,明察秋毫,顺从民意,天下民众莫不信服。后帝喾订立节气,改善人民生活质量,迁都亳,避免了部落受洪水侵袭,并彻底消除了共工余部。

《史记·五帝本纪》记载,帝喾有两个儿子——挚和放勋。帝喾死后,以其年龄最大的儿子挚继承帝位,为帝挚。当时,尧好学而能干,受命辅佐帝挚。帝挚才干平庸,未能妥善管理国家,而尧仁慈爱民,明于察人,治理有方,盛德闻名天下。于是各部族首领纷纷背离帝挚,而归附于尧。尧帝性格仁慈,勤于政事,生活俭朴,关心百姓,轻徭薄赋,大力提倡道德与和顺,被后世儒家奉为圣明君主的典范。

舜帝,姓姚,名重华,出生地在姚墟或诸冯。治都蒲阪(今山西省运城市永济)。舜受尧帝的禅让而称帝,国号为"有虞"。《史记·五帝本纪》讲"天下明德皆自舜帝始"。舜曾先后以农耕、渔业、陶工、商贸为生,"耕历山,渔雷泽,陶河滨,作什器于寿丘,就时于负夏"。历山、雷泽、寿丘大概在今天山东一带,舜的活动范围间接表明华夏族的势力范围在不断扩展。

尧、舜在历史上又被称为唐尧虞舜,这一时期,华夏族与周边各族发生了广泛的接触和融合,《尚书·尧典》中记载,尧帝时,"流共工于幽州,放驩兜于崇山,窜三苗于三危,殛鲧于羽山,四罪而天下咸服"。《大戴礼记·五帝纪》进一步解释说:"流共工于幽州,以变北狄;放驩兜于崇山,以变南蛮;杀三苗于三危,以变西戎;殛鲧于羽山,以变东夷。"这样,就形成了以华夏族居中,东夷、南蛮、西戎、北狄居于四方的民族分布格局。

尧舜时期,华夏族对南方的统一活动持续了多年。《韩非子·五蠹》说:"当舜之时,有苗不服,禹将伐之。舜曰:'不可,上德不厚而行武,非道也。'乃修教三年,执干戚舞,有苗乃服。"看来,舜帝并没有贸然发动对有苗的战争,而是勤修德政,施惠于民,巩固基础,最终对有苗用武,统一了南方。

四海之内

洪水横流中诞生的夏人

从目前的考古资料来看,夏朝的核心区域主要分布在今天的山西南部到河南西部一带。禹开创了夏朝,而禹又是从何而来的呢?《史记》中曾说到:"禹之父曰鲧,鲧之父曰帝颛顼,颛顼之父曰昌意,昌意之父曰黄帝。"由此看来,禹是轩辕黄帝的后裔。

鲧是尧舜时期的部落首领,当时洪水泛滥,为了抵抗洪水,不少部落形成了部落联盟,鲧被四岳推选领导人们治水,但历时九年而最终失败。于是尧帝重新选拔人才,得到了舜。舜登基,摄行天子之政,巡狩四方,以鲧治水无状,将鲧诛杀于东方黄海海滨的羽山。那么,鲧为什么会治水失败呢?究其原因,主要有两个方面:一方面是鲧在领导治水时,不善于团结各方面的势力,有许多部落不服从他的领导;另一方面是鲧治水的方法可能存在问题,围堵设障的方式没有取得成效。

鲧的儿子禹吸取了教训,通过疏导的方法治水,团结各部落的族人,终于取得了成功。《史记·夏本纪》记载,禹治水时"劳身焦思,居外十三年,过家门不敢入",其刻苦精神和坚韧毅力得到后世传颂。大禹因治水有功,在各部落之中逐渐树立起了较高威望。另外,禹亦倡导农业,强调"躬耕而有天下"。禹因部族实力强盛,被舜帝派去征讨三苗。禹屡次击败三苗,将三苗驱赶到丹江与汉水流域。《墨子·非攻》中说禹攻克三苗后,"别物上下,卿制大极,而神民不违,天下乃静"。这表明禹在治水与讨伐三苗胜利后,夏部族已成为部族联盟首领。当舜帝驾崩以后,天下民心皆归于禹,于是禹遂即天子位,国号曰"夏后"。禹在涂山召集部落会盟,据《左传》记载,"禹合诸侯于涂山,执玉帛者万国",可见当时禹和夏族的号召力非常巨大。

禹死后,益与禹的儿子启围绕最高统治权展开了激烈的争夺。益得到了东夷联盟的支持,而启则以夏部族为后盾,经过几年的斗争后,启确立了他在部族联盟中的首领地位,把"公天下"变成了"家天下",开创了夏朝。

夏启死后,其子太康继位。太康只顾游玩,不理政事,在位期间,夏部族权威削弱,东夷族太昊与少昊部落趁机西进。东夷族有位善射的首领羿,羿率众迁至夏后氏的属地穷石,与当地的夏人通婚,形成了有穷氏。羿在夏民的拥护下夺得了夏政,太康只得投奔斟鄩氏。

羿夺得权位后并没有称王,而是把太康之弟中康立为王,但实际政事全由羿来治理。中康死后,其子相继位,随后投奔与夏同姓的斟鄩、斟灌二氏。从此,羿独承王位。羿好射猎,不善治理,得权后逐渐荒废了国事。

少康长大后,先后任有仍氏牧正和有虞氏庖正。有虞氏首领虞思膝下无子,仅有二女。他将二女许配少康,赐给他田一成、众一旅,并把纶邑交由少康管理。少康以纶邑为根据地,组织余下的夏族民众,设官分职,准备恢复夏室。这时,躲避在有鬲氏的夏室遗臣靡得获知少康准备夺回政权,便亲自带领斟灌、斟鄩氏被伐灭时逃散的民众与少康会师,联合击败了寒浞。至此,控制中原近百年的东夷族有穷氏覆灭,结束了四十载的无王时期。夏由此复国,后世称"少康中兴"。通过太康失国至少康中兴的这段历史可以看到华夏族统一中原方国部落,特别是东夷族的历程。

图 1-2 商·青铜人首,四川广汉三星堆出土
资料来源:中国国家博物馆编《中华文明:古代中国陈列文物精萃》,中国社会科学出版社,2010 年,第 176 页。

夏部族与周边民族保持了密切的民族关系。根据《尚书·夏书》《史记·夏本纪》《竹书纪年》等史料的记载,夏部族的东方有堣夷、莱夷、淮夷、风夷、黄夷、于夷、白夷、赤夷、玄夷、阳夷、方夷;夏部族的西方有昆仑、析支、渠搜;夏部族的北方有皮服鸟夷;夏部族的南方有卉服岛夷、有苗、和夷、裸国;等等。这些周边部族,有的承认夏王天下共主的地位,并向中原的夏朝进贡方物;也有的与中原保持着若即若离的松散关系,夏朝对其地区采取因俗而治的民族政策,并不过多干预。

吞鸟卵而孕育的商

商的源头可能在华夏以外的东部偏北地区,经历了由河北沿太行山东麓到山东西部与河南东部的迁徙发展历程。夏朝末年,商的势力由黄河下游发展到中游,渗透到夏的统治地区,建立了强大的部落联盟,开始向奴隶制过渡。传说商族是高辛氏帝喾的后裔,有着悠久的历史。《诗经·商颂·玄鸟》曰:"天命玄鸟,降而生商,宅殷土茫茫",用颂歌来赞美商的先祖契。《史记·殷本纪》曰:"殷契,母曰简狄,有娀氏之女,为帝喾次妃。三人行浴,见玄鸟坠其卵,简狄取吞之,因孕生契。契长而佐禹治水有功。"契因治水有功而被禹封于商地,以后就以"商"来称其部族。成汤灭夏后,以"商"作为国号,因其后裔盘庚将统治中心迁至殷(今河南安阳),故后世又以"殷"称之,或者"殷商"并称。

在夏朝最后一位君主桀的统治时期,政局动荡,国政混乱,民心尽失。与此同时,兴起于东方的商族逐渐强盛起来,在首领商汤的领导下已积蓄了灭夏的实力。《说苑·权谋篇》对此有较详细的描述:"汤欲伐桀,伊尹曰:'请阻乏贡职以观其动。'桀怒,起九夷之师以伐之。伊尹曰:'未可,彼尚犹能起九夷之师,是罪在我也。'汤乃谢罪请服,复入贡职。明年,又不贡职,桀怒,起九夷之师,九夷之师不起。伊尹曰:'可矣。'汤乃兴师,伐而残之,迁桀南巢氏焉。"

商汤灭夏以后,最先定都于亳(今河南商丘),后来在盘庚时迁都至殷。这一期间,商王室内部为争夺王位纷争不止,致使外患不断。盘庚迁都至殷以后,王室内部的矛盾得到缓解,同时社会经济也得到了一定的发展,为武丁盛世的到来,打下了基础。武丁是盘庚之弟小乙之子,即盘庚之侄。他年幼时,小乙曾让他到民间生活了一段时间,感受民众生活的艰难困苦。他即位以后,选贤任能,修明政事,使商朝再度兴盛起来。军事上,他出兵对鬼方、土方、羌方、人方、虎方等方国进行征讨。在这些征战中,商王征服了许多小国,扩大了领土,也促进了与周边部族的交流。武丁开创的盛世局面,为商代晚期社会生产的发展乃至西周文明的繁盛,打下了很好的基础。

武丁死后,他开创的太平盛世没能长久延续下去。祖庚、祖甲以后诸王,特别是帝乙帝辛时期,国内矛盾十分尖锐,东南方的诸侯起来反叛。面对这种情况,商王帝辛(纣),派部下向东征讨莱夷,自己攻打南方九苗,将商的势力延伸到了东海和长江流域。但是其连年的征战,极大消耗了国力,进一步激化了国内矛盾,国内兵力空虚,使其对西北的控制下降,给了周以可乘之机。

总体来看,商朝的四夷观念已经较之夏朝有了较大扩展。商朝的北方和西北方,主要活跃着土方、鬼方、邛方、御方、狄等部族,文献中还记有薰育、严允、犬戎、畎夷等部落名称,他们大多以游牧为生。商朝与这些北方民族经常发生战争,主要因为北方游牧民族不断南迁,经常骚扰商朝边境,从事抢掠活动。商朝的西方主要有西戎、氐羌、昆夷等民族,其中,羌族主要分布在今甘肃、青海一带,以畜牧经济为主,与商朝关系密切。商朝的东方夷族主要有尸方、儿方、人方等,他们也与商朝曾经发生矛盾和战争。商朝的南方民族主要有荆、庸、濮、蜀、髳、微、越等,其文化已经受到了商朝的影响。

先秦时期的中国古代民族

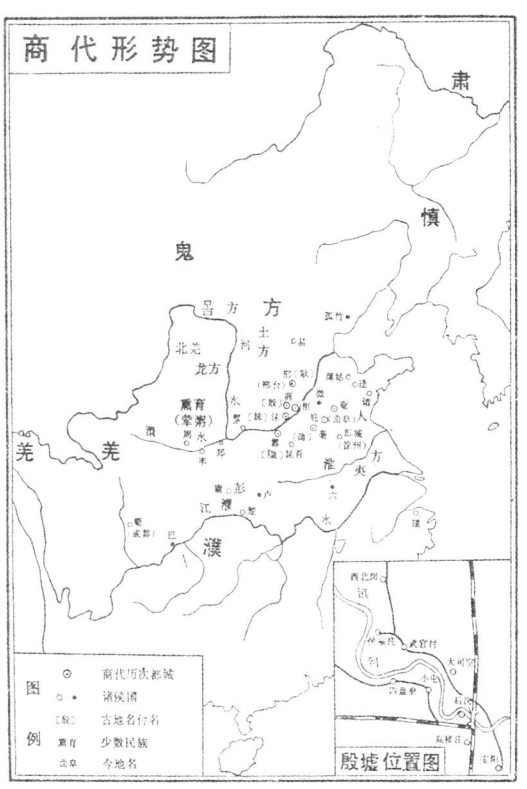

图 1-3 商代形势

资料来源：http://pro-classic.com/ethnicgv/cmaps/1986/mil02.htm。

四海之内

周代的"夷夏有别"

相传周人的先祖是黄帝后裔帝喾与元妃姜嫄的儿子弃,即后稷,尧舜时期为掌管农业之官。商朝初年,后稷的后代公刘率族人从邰(今陕西武功西)迁到豳(今陕西旬邑西南),由游牧部族渐变为以农耕为主的城邑。自公刘起,经九世传位,到古公亶父为部族首领时,周人受薰育和戎族侵袭逼迫,不得不远徙。他们越过漆、沮和梁山,迁至渭河流域岐山以南之周原,就此产生"周"的称呼。

至公元前 11 世纪初期,周族的力量日益强大。它一面征伐附近小国,扩充实力;一面把它的都邑从周原迁到沣水西岸,建成丰京。它不断向东进逼的势态,加剧了与商朝的矛盾。周文王姬昌与周武王姬发通过讨伐商纣王,灭亡了商朝,建立了周朝。

早在夏商时期,我国已经形成了华夏居中、称为中国,夷、蛮、戎、狄配之东南西北的五方格局。这里的"中国"指王畿所在地,即夏王和商王直接统治的地区。夏、商、西周对王畿与四方诸侯之外的各族,或以其具体国名、部名称之,或泛称之为夷、蛮。东方民族可称戎、蛮,北方各族也可称夷、蛮,西方民族可称为夷,南方民族也可称为夷。不过,与之形成鲜明对比的是,华夏的所指基本维持不变。夏是大国、中土的意思,华则带有服饰"冠带之国"和蓄发右衽等含义,而当指代人们共同体时,华与夏没有区别,合一并称。原本夷戎与诸夏的限域与尊卑观念差异并不明显,但是随着华夏族经济与文化的迅速发展,其与各族之间的差距越来越大,华夏族的民族意识越来越强烈,周朝便开始强调华夷有别,夷夏大防。

武王伐纣,代商而立,册封天下诸侯,听从天子号令者皆为华,四周诸族皆为蛮夷。后来西周东迁,王室渐衰,万世一系的周王朝开始没落。为了图谋霸业,齐桓公以"尊王攘夷"为名,号令诸侯。当时的尊王攘夷更多的是一种政治诉求,它所强调的是在统一的周王室的诸侯联盟下,讨伐和对抗那些不听从周王室调遣的部落和国家。这句口号的目的一方面是为齐国在军事上称霸寻找借口,另一方面也是为自己树立光辉的道德形象。

周朝的"华夷之防"绝非僵化地按血统或出身来区分,而是强调是否接受华夏的制度、风俗和文化。凡是认同华夏文明的就是夏,相反,即使同为姬姓、同为黄帝后人,但靠畜牧为生的部落则被视为姬姓之戎,同样性质的姜姓之戎也被看作异类。华夏族的衣服为右衽,留满头发,结扎带冠、饰笄,即所谓"冠带之国"和"冕服采章"。相对华夏,四夷则衣服左衽、被发或断发,二者文化符号的差异非常明显:南方的荆蛮和吴越人皆断发、剪发、祝发,无冠;西方的戎人为被发。可见,华夏之防更多的是体现在文化礼制层面。

在西周时期各少数民族中,对周朝威胁最大的主要有两个少数民族:一个是位于现在淮河、徐泗一带和山东半岛沿海地区的东夷。东夷虽然与华夏族关系密切,但是直到春秋时期,他们在习俗礼仪上还存在以人祭鬼的现象。另一个就是犬戎,位于周朝的西境和西北方。犬戎曾经为周所败,并随同武王伐纣,但是到周穆王时期,双方矛盾再次激化。从此,西周政权陷入同时与东夷、犬戎长时期两线作战的窘境,消耗了周朝大量的财力物力。

从春秋到战国,是中国从奴隶社会向封建社会转变的大动荡、大分化的历史时期,也是民族大变动、大发展的历史时期。这个时期民族之间的斗争也促进了民族间的接触,矛盾逐渐化解而走向融合。夏、商、周、楚、越诸族在发展自身的同时,互相往来,互相渗透,互相吸收,在交流中融合。这种融合,还扩展到其他部分——蛮、夷、戎、狄。边疆各民族,特别是西北、北方各游牧民族不断进入中原。泰山东南的东夷,长江下游的吴、越,四川地区的巴、蜀,也逐渐融合于华夏。属于犬戎的秦,先是在西部战胜诸戎,继而打败韩、赵、魏三国,再向西、南、北扩充,兼并了周围的一些少数民族,一跃成为华夏民族的核心。华夏民族在民族大融合的熔炉中铸成,为统一的汉民族的形成奠定了基础。

从民族关系史的角度来看,先秦时期中国古代民族交往与融合的核心区域是在黄河流域,东西南北不同族属的人们通过几次大的民族迁徙,交错杂居,频繁往来,在政治、经济和文化上逐渐交融在一起。虽然这期间也经常发生各民族之间的冲突和战争,但是这并不足以改变民族融合一统的历史大趋势。

原典选读

【原典】

中国戎夷，五方之民，皆有其性也，不可推移。东方曰夷，被发文身，有不火食者矣。南方曰蛮，雕题交趾，有不火食者矣。西方曰戎，被发衣皮，有不粒食者矣。北方曰狄，衣羽毛穴居，有不粒食者矣。中国、夷、蛮、戎、狄，皆有安居、和味、宜服、利用、备器，五方之民，言语不通，嗜欲不同。达其志，通其欲：东方曰寄，南方曰象，西方曰狄鞮，北方曰译。

（选自《礼记·王制》）

【释读】

由中原居民与四方各民族共同构成的五方之民，各有不同的生活习性，不可转变。处在中原以东地区的民族称为夷，他们剪短头发披散着，身上刺着花纹，其中有不吃熟食的人。处在中原以南地区的民族称为蛮，他们在额头上刺着花纹，两足相向，其中也有不吃熟食的人。居住在中原以西的民族叫做戎，他们剪短头发披散着，穿兽皮制作的衣服，以畜牧为生业，不从事农业生产。处在中原以北的民族叫做狄，以禽兽的羽毛为衣，居住在洞穴里，也是以畜牧为生业，不从事农业生产。中原、夷人、蛮人、戎人、狄人这五方之民尽管生活习性不同，但各自都有自己认为安适的住所、自己认为好吃的口味、自己认为合适的衣服、自己认为便利的工具、自己认为完备的器物。五方的人民，虽然言语不通，嗜好不同，但当他们要表达各自的意思，沟通各自的想法时，有一类懂得双方语言帮助沟通的人。他们在东方叫寄，在南方叫象，在西方叫狄鞮（dí dī），在北方叫译。

秦汉时期的民族关系

公元前221年,秦始皇统一中国,开创了中国古代君主专制政治制度的先河。从此以后的两千余年间,皇权专制的中央集权制度构成了中国古代王朝政治的主干。在古代中国的辽阔疆域内,生活着众多的民族,他们在生产方式、文化习俗、社会制度、语言文字、思想宗教等方面都存在很大差异,因此各民族在交往的过程中难免会产生利益分歧和矛盾冲突。如何保证统一的多民族国家政治局面的稳定,秦汉时期统治者经过政治实践,给后世留下了一笔宝贵的政治财富。

毋庸置疑,秦汉时期民族政策的制定与调整,是与秦汉疆域的扩展紧密联系在一起的。夏曾佑《中国古代史》描述道:"秦又北逐匈奴,南开桂林、象郡,规模稍扩矣。"秦朝在地方行政管理上推行郡县制。这一制度后来不仅被汉朝统治者继承,而且有了新的发展。这主要体现在西汉在处理边疆民族问题时实行边郡制。汉朝把边疆地区新设的郡称为"边郡"或"初郡","边郡"与中原地区的郡县相比具有显著差异。具体来说,就是在边郡民族地区实行"因俗而治",赋予各民族首领政治空间,确保他们在本民族地区的势力范围,只要求他们每年按时赴中央朝贡,以表示对中央政府政治上的臣服。但又要体现出中央政府权力的政治存在,即边郡比照内地郡县官制,守、令、长等官吏一律由中央直接任免。

另外,在缓和民族矛盾方面,汉朝统治者大都采取和亲政策与开边互市,既维持了双方的和缓关系,又确保民族互通有无,促使了汉族文化的传播,推动了匈奴等边疆游牧民族文明的进步,由此也加快了匈奴等少数民族与汉族的融合。这在稳定社会,促进统一国家形成,推动整个社会进步方面起到了非常大的作用。

从华夏族到汉族的形成

关于汉民族的形成,学术界有多种说法,其中流行最广泛的是汉民族秦汉时期形成说。吕思勉先生在《中国民族演进史》中谈到:"我以为《中庸》里边'今天下车同轨,书同文,行同伦'这十二个字,是最表现得出我们民族形成的情形的。"最早提出了汉民族秦汉形成说。随后,范文澜先生在《试论中国自秦汉时成为统一国家的原因》一文中,根据民族形成的基本要素,即共同语言、共同地域、共同经济生活、表现于共同文化上的共同心理状态,将"车同轨,书同文,行同伦"重新进行了诠释。他认为,"书同文"就是"共同语言","长城之内的广大疆域"就是"共同的地域","车同轨"就是"共同经济生活","行同伦"就是"共同文化上的共同心理状态",因此,秦汉时期,汉民族的"四个特征是初步具备了",标志着汉民族的最终形成。

汉民族的形成首先离不开先秦时期华夏族与"诸夏"奠定的民族基础。先秦时期的夏、华、华夏、诸夏,虽然称谓有别,但都是指生活在中原地区的"冠带之国"群体,他们衣服右衽,留满头发,结扎带冠、饰笄,与周边四夷各族在文化习俗方面具有鲜明的区别。春秋战国时期,因政治的分裂,出现了周人、晋人、卫人、齐人、燕人、鲁人、宋人、楚人、秦人、韩人、魏人、赵人等等,但由于他们是同一个华夏族分裂而成,故而称为"诸夏"。

秦始皇统一中国后,实行"车同轨,书同文,行同伦",对汉民族的形成起到了重要的推进作用。秦始皇在位期间曾经四处巡行,西至陇西,北至北地,东北至碣石,东至芝罘、成山、邹峄、琅琊,南至会稽、衡岳,所到之处,皆刻石纪功。他巡行的地方,多是少数民族与华夏族交界的地区,民族冲突与斗争依然是比较严峻的,因此,他以巡行的方式彰显中央政府对各民族地区的重视,同时亦表明华夏族的势力范围。秦始皇还推行"徙民实边"的政策,把中原地区的大量豪民望族迁徙到临洮、蜀郡、临邛、雅州、楼烦、陇西、桂林、象郡、南海、上谷等边疆民族地区,不仅促进了民族融合,也提升了华夏文化的辐射力。

长城的修建和边疆地区的开拓,为汉民族的形成创造了活动空间。秦的"南戍五岭,北筑长城,以备胡越"等一系列经营国防的措施,无疑在汉民族与周边民族之间,特别是与北方匈奴族之间筑起了一道藩篱。据史载:"蒙恬北筑长城而守藩篱,却匈奴七百余里,胡人不敢南下而牧马。"这样,汉民族便在长城以内的广大疆域里初步确定了一个活动区域。不过,此时这个民族疆域范围还不十分稳定。秦末,匈奴族乘农民起义之机,大举南侵,占领了河套以南。于是汉一建立,就面临着与匈奴的疆域之争。汉民族为了巩固其疆域,不断加强对边防,尤其是长城这道藩篱的经营。汉武帝元朝二年(公元前127年)至太初四年(公元前101年),汉朝修筑了一条自敦煌至辽东一万一千五百余里的长城,屹立在汉民族的北方疆界上。伴随着长城的修筑,汉民族戍边和屯田也大规模开展起来。长期大规模的向长城沿线移民屯田,使长城沿线以内的地方渐渐产生了许多汉民族的居民点,从而改变了长城纯粹是战争防御线的局面,变成名符其实的南北民族的区域分界线。正如《史记·匈奴传》载汉文帝致匈奴单于书所云:"长城以北,引弓之国,受命单于;长城以内,冠带之室,朕亦制之。"

汉朝的统一与强盛为汉民族最终形成提供了现实基础。在秦末农民战争中,刘邦被封为汉王,从此便有了"汉"这个称谓,刘邦的军队又称为"汉军""汉兵"。西汉建立以后,"汉"这个名称得到更加广泛地应用。汉武帝时期,还出现了"汉人""汉民"之称。在与其他民族的关系中,华夏族无论是自称还是他称,都广泛运用"汉""汉人""汉民""汉兵""汉吏"的称呼。到东汉时期,"汉人"和"汉民"之称的使用更加频繁。应当特别指出的是,两汉时期的"汉人""汉民"等称谓,其所指已经远远超出先秦时期华夏族的范畴,说明从华夏族到汉族的演变经历了一个新的飞跃。这种发展,不仅表现为居住区域的扩大和人口的增加,还表现在内在联系的加强和民族特征的固化。

号称"天之骄子"的匈奴

匈奴最初居于阿尔泰山脉东南、大兴安岭以西、蒙古草原以南、青藏高原东北、华北平原西北的广大地区,是"披发左衽"的北方民族。《史记·匈奴列传》记载:"匈奴,其先夏后氏之苗裔,曰淳维。唐虞以上有山戎、猃允、薰粥,居于北边,随草畜牧而转移。"这种观点认为,匈奴人的先祖是夏朝的遗民,在向西迁移的过程中融合了月氏、楼兰、乌孙、呼揭及其他二十六国的诸多人群。

罗马历史学家留下的记载,匈奴人身材矮而粗壮,头大而圆,阔脸,厚眉,杏眼,颧骨高,鼻翼宽,上胡须浓密,而颏下仅有一小撮硬须,长长的耳垂上穿着孔,佩戴一只耳环。头戴皮帽,一条短毛皮围在肩上。身穿齐小腿的、两边开叉的宽松长袍,腰上系有腰带,腰带两端都垂在身前,袖子在手腕处收紧。宽大的裤子用一条皮带在踝部捆扎紧,鞋是皮制的。弓箭袋系在腰带上,垂在左腿的前面,箭筒也系在腰带上横吊在腰背部,箭头朝着右边。

在匈奴建国以前,东北亚草原被许多大小不同的氏族部落割据,这些部落"时大时小,别散分离"。当时分布在草原东南西拉木伦河和老哈河流域的,是东胡部落联盟;分布在贝加尔湖以西和以南色楞格河流域的,是丁零部落联盟;分布在阴山南北包括河套以南所谓"河南"(鄂尔多斯草原)一带的,是匈奴部落联盟。此外还有一些部落集团分散在草原各地。匈奴国就是以匈奴部落联盟为基础,征服了上述诸部落联盟、部落以及其他一些小国而建立起来的。

秦始皇统一中国后,于公元前214年命蒙恬率领30万秦军北击匈奴,收河套,屯兵上郡(今陕西省榆林市东南)。蒙恬从榆中沿黄河至阴山构筑城塞,连接秦、赵、燕三国旧长城5000余里,据阳山(阴山之北)逶迤而北,并修筑北起九原、南至云阳的直道,构建起北方防御线。蒙恬守北防十余年,匈奴慑其威猛,不敢再犯。

公元前3世纪,匈奴统治结构分为中央王庭、东部的左贤王和西部的右贤王,控制着从里海到长城的广大地域,包括今蒙古国、俄罗斯的西伯利亚、中亚北部、中国东北等地区。匈奴国的全盛时期是公元前209年至前128年,即冒顿、老上、军臣三单于时期,相当于秦二世元年到汉武帝元朔元年。到伊稚斜单于时期,国力由盛转衰。

西汉经过近70年的休养生息,经济实力、国力大大增强,对匈奴从战略防御转为战略进攻,发动了三次大战:河南之战(也叫漠南之战)、河西之战、漠北之战。此时正为伊稚斜单于在位时期。公元前119年,汉武帝派卫青、霍去病分东西两路进攻漠北。霍去病击匈奴至今蒙古国境内狼居胥山,卫青东路扫平匈奴王庭。右贤王率领四万余人投归汉朝,汉军共获俘七万多人,伊稚斜单于及左贤王带少数人逃走。

伊稚斜死后,子乌维立,乌维死,子詹师庐立,詹师庐死,季父呴犁湖立。在这十几年间,匈奴避居漠北休养生息,而汉朝因人力、物资损失很大,以及为了征伐朝鲜、西羌及西南夷,也暂时停止对匈奴用兵。

此后,汉朝在东部联合乌桓,西部派张骞两次出使西域,联络大月氏、大宛,以和亲、通商的方式联合西域诸国,压缩匈奴的空间。汉昭帝时,匈奴为缓和与汉的敌对关系,把扣留了19年的汉使苏武释放,以示善意,但匈奴骑兵仍然不断在北方边境出现。公元前73年,匈奴转攻西域的乌孙以索要公主,乌孙向汉求救,汉朝组织五路大军十几万与乌孙联兵进攻匈奴。公元前71年,汉朝与乌孙再次联兵20余万合击匈奴,大获全胜,直捣右谷蠡王庭。

同年冬,匈奴出动数万骑兵击乌孙以报怨,适逢天降大雨雪,生还者不足十分之一。是时丁零北攻,乌桓入东,乌孙击西,匈奴元气大伤,被迫向西迁徙以依靠西域,西域再次成为双方的争夺重点。双方反复激烈争夺车师之际,公元前60年,匈奴内部因掌管西域事务的日逐王先贤掸与新任单于屠耆堂争夺权位发生冲突。日逐王降汉,匈奴被迫放弃了西域。汉朝由此完全控制了西域,匈奴实力大减,已无力侵扰汉境。

到东汉初年,匈奴大量人口进入塞内。公元46年前后,匈奴国内发生严重的自然灾害,人畜饥疫,死亡大半,而统治阶层因争权夺利发生分裂。48年,匈奴八部族人共立呼韩邪单于之孙日逐王比为单于,与蒲奴单于分庭抗礼,匈奴分裂为两部。后日逐王比率4万多人南下附汉称臣,称为南匈奴,被汉朝安置在河套地区,而留居漠北的称为北匈奴。

公元73年,东汉政府派窦固等四路大军出击北匈奴,占据伊吾卢城(今新疆哈密)。公元89年,东汉政府派窦宪等联合南匈奴,共同出击北匈奴,俘杀一万三千余人,北匈奴先后有二十余万归附,余下的北匈奴被迫西迁到康居之地,此后逐渐融合在人类东西方交往的历史长河之中。

西域各族与汉、匈奴的关系

西域有广义和狭义之分。狭义的西域是指阳关、玉门关以西、葱岭（今帕米尔高原）以东、天山南北的广大地区；广义的西域是指除了狭义西域，还包括亚洲中部、西部、印度半岛、欧洲东部和非洲北部在内的广大区域。西域与中原地区的经济文化联系，由来已久。根据甘肃张家川回族自治县马家塬战国大墓发掘的成果，至迟到战国中后期，西域与中原地区、草原地区都已经有了频繁的往来关系。

匈奴自强大以后，对西域产生了巨大的影响力，先后征服西域各族。匈奴冒顿单于时期，击败月氏，迫使其西迁西域。《汉书·匈奴传》记载，汉文帝时期，匈奴再击月氏，"定楼兰、乌孙、呼揭及其旁二十六国，皆为匈奴"。匈奴以月氏王头颅为饮器，激起了月氏族的怨恨。匈奴在西域的不断扩张对中原汉王朝也构成了巨大威胁，因此，到汉武帝时期，汉朝就准备联合月氏和乌孙，共同征伐匈奴。

建元三年（公元前 138 年），汉武帝派遣张骞出使西域，寻访大月氏联合抗击匈奴。张骞这次出使前后历时 13 年，虽然未实现最初的出使目的，但是却沟通了中原与西域诸国的联系和交往，带回关于西域各族的相关知识和信息。两汉时期，人们通常称西域为"西域三十六国"，即乌孙、龟兹、焉耆、于田、若羌、楼兰、且末、小宛、戎卢、弥、渠勒、皮山、西夜、蒲犁、依耐、莎车、疏勒、尉头、温宿、尉犁、姑墨、卑陆、乌贪訾、卑陆后国、单桓、蒲类、蒲类后国、西且弥、东且弥、劫国、狐胡、山国、车师前国、车师后国、车师尉都国、车师后城国。

实际当时还有大宛、安息、大月氏、康居、浩罕、坎巨提、乌弋山离等十几个属于西域的国家。张骞返回汉朝后,根据自己的亲身观察和体会,着重向汉武帝介绍了乌孙到伊犁河畔后与匈奴的矛盾冲突,并建议招乌孙东返敦煌一带,与汉朝共同抵抗匈奴。这就是"断匈奴右臂"的著名战略。同时,张骞也向汉武帝建议,应该与西域各族加强友好往来。汉武帝采纳了张骞的建议。

元狩四年(公元前119年),张骞奉命第二次出使西域,不仅到了乌孙,还分遣副使持节到了大宛、康居、月氏、大夏等国。从此以后,汉朝与西域的往来关系越来越密切。

图2-1 "汉归义羌长"青铜印,新疆沙雅于什格提出土

资料来源:中国国家博物馆编《中华文明:古代中国陈列文物精萃》,中国社会科学出版社,2010年,第383页。

元封六年(公元前105年),乌孙王以良马千匹为聘礼向汉朝求和亲,欲与汉朝结为兄弟之国。汉武帝答应了乌孙王的请求,把江都王刘建的女儿封为细君公主嫁给乌孙王。汉武帝为细君公主准备了丰厚的物品和数百侍从作为陪嫁,通过和亲与乌孙建立了联系。太初元年(公元前104年),西汉在轮台(今新疆轮台县东南)和渠犁(今新疆库尔勒县西南)

设立使者校尉主管屯田事务。

细君公主去世后,汉朝又将楚王刘戊的孙女解忧公主嫁给乌孙王。解忧公主在乌孙生活了五十多年,"三为国母",所生子女,有的继承乌孙王位,有的在西域掌军政要权。解忧的侍者冯嫽深知诗文事理,作为公主使者常持汉节行赏赐于诸国,深得尊敬和信任,被称为"冯夫人"。她们的活动巩固和发展了汉朝同乌孙的关系。

神爵二年(公元前60年),匈奴内部分裂,匈奴在西域的日逐王先贤掸率众降汉,匈奴对西域的控制宣告瓦解。汉宣帝任命卫司马郑吉为西域都护,驻守在乌垒城(今新疆轮台东),管辖葱岭以东(今巴尔喀什湖以南)的广大地区,标志着西域各族臣属汉朝的开始。西域都护的设立,不仅有效推行了屯田,促进了边疆地区的经济发展,还保障了丝绸之路的畅通,架起了中西方交往的桥梁。

东北诸族的发展

东北地区各族,乌桓、鲜卑在秦汉时期被称为东胡,因其"在匈奴东,故曰东胡"。此外,还有夫余、挹娄、高句骊等,统称为东夷。东北地区的诸族,大致可以分为三个民族集团:一个是在汉文文献中以貊或貉统称的各民族,包括夫余、朝鲜、高句骊、沃沮、秽、秽貊等;一个是乌桓和鲜卑,被称为东胡;还有一个是挹娄。

秦汉时期,对东北地区政治影响较大的是乌桓族。乌桓又称乌丸,在春秋时期被划归"山戎",战国末期至西汉初称"东胡"。秦汉之际,东胡受匈奴压迫,后冒顿单于击破东胡,散众居于乌桓山者称乌桓,居鲜卑山者称鲜卑。匈奴还规定乌桓每年向匈奴输送牲畜和皮毛,欠交租税的乌桓人被匈奴贩卖为匈奴家族奴隶。

乌桓最先活动于今西拉木伦河两岸及归流河西南地区。乌桓人起初过游牧生活,至汉代产生了男女分工的家庭手工业。《后汉书·乌桓传》记载:"俗善骑射,弋猎禽兽为事。随水草放牧,居无常处。以穹庐为舍,东开向日。食肉饮酪,以毛毳为衣。贵少而贱老,其性悍塞。怒则杀父兄,而终不害其母,以母有族类,父兄无相仇报敌也。有勇健能理决斗讼者,推为大人,无世业相继。邑落各有小帅,数百千落自为一部。大人有所召呼,时刻木为信,虽无文字,而部众不敢违犯。"这些记载表明,乌桓社会习俗上保留着母系氏族的许多遗迹,尚处于原始社会末期向阶级社会转变的阶段。汉初,乌桓手工业有了一定发展,"妇人能刺韦,作文绣,织氀毹。男子作弓矢、鞍勒,锻金铁为兵器"。

元狩元年(公元前122年),霍去病击破匈奴左贤王地,徙乌桓于上谷、渔阳、右北平、辽东、辽西五郡塞外,即今老哈河流域、滦河上游及大小凌河流域之地,并在幽州置护乌桓校尉,监领乌桓,使其不得与匈奴相通连。公元前78年,乌桓为报世仇,掘匈奴单于祖茔,匈奴发兵两万进攻乌桓。汉兵趁机从背后突袭乌桓,斩首六千余级。

王莽执政时期,令乌桓不再向匈奴缴纳皮布税,匈奴遂劫掠乌桓人畜。王莽又以乌桓妻、子为质,驱使乌桓攻匈奴。乌桓多次要求遣返人质,都没有得到允准,部分人质自行叛逃,王莽遂下令杀死其余人质。乌桓被逼无奈,只能投降匈奴,背离了中原。

图 2-2　汉·鎏金神兽青铜牌饰,吉林榆树老河深夫余墓出土
资料来源:中国国家博物馆编《中华文明:古代中国陈列文物精萃》,中国社会科学出版社,2010年,第382页。

东汉初,乌桓与匈奴联兵扰乱代郡以东各地。后来匈奴内乱,乌桓乘机攻击,匈奴转徙漠北。汉光武帝刘秀调整民族政策,"以币帛赂乌桓",用金、帛贿赂乌桓大人,缓和了东汉与乌桓的关系,部分仰慕中原先进文明的乌桓人归附东汉。建武二十五年(公元49年)，辽西乌桓大人郝旦等九百二十二人降汉，贡献奴婢、牛马、弓及貂皮等。东汉朝廷封其渠帅、大人共八十人为王侯、君长，许其从塞外内迁，驻牧于辽东属国、辽西、右北平、渔阳、广阳、上谷、雁门、朔方等十郡障塞之内，其地大约相当于今东北大凌河下游、河北北部、山西北部和中部、内蒙南部、鄂尔多斯草原一带。并置乌桓校尉于上谷宁城(今河北宣化西北)，掌赏赐、质子、关市诸事。经汉明帝、章帝、和帝三世，东汉与乌桓保持了和平的关系。

东汉中后期，随着朝廷政治的腐败，东汉对乌桓等少数民族的压迫也与日俱增。朝廷将乌桓安置在沿边十郡，以汉法统治，把乌桓骑兵组成"乌桓胡骑"，充当反击匈奴、鲜卑和镇压农民起义的先锋。东汉末期，天下大乱，辽东、辽西、右北平三郡乌桓大破幽州，掠汉民十余万户。青州、冀州等地的汉民为了避乱，也投向乌桓，合计约二十余万户。公元190年，辽西乌桓大人丘力居的侄子蹋顿将辽东、辽西、右北平三郡乌桓统一起来，乌桓又一次强盛。在中原纷争中，袁绍因被曹操击败，其子袁尚投奔蹋顿，欲凭借乌桓之力，复图中原。建安十二年(公元207年)，曹操亲率大军征乌桓，大破蹋顿于柳城，得降虏二十余万人。曹操遂迁乌桓于内地安置，把健壮的乌桓人编为骑兵。这支骑兵勇猛善战，成为协助曹操统一北方的重要力量。

夫余，在公元前2世纪至公元5世纪活动于东北地区。《史记·货殖列传》称："夫燕亦勃、碣之间一都会也"，"北邻乌桓、夫余，东绾貊、朝鲜、真番之利"。这是我国史书对夫余的最早记载。大约在战国时期，夫余已为华夏诸国所知。夫余在玄菟北千里，北有弱水。弱水，即今嫩江或黑龙江。"土地宜五谷，不生五果。""出名马、赤玉、貂豽、美珠，珠大者如酸枣。""国有君王，皆以六畜名官。有马加、牛加、猪加、狗加。"各"加"分领数百至数千邑落。"邑落有豪民,名下户皆为奴仆。""有敌,诸加自战,下户俱担粮饮食之。"夫余与汉基本上保持友好关系。汉武帝时,夫余向汉朝贡。东汉初年,夫余不断遣使朝汉,而同高句骊、鲜卑对抗。汉安帝时,高句骊围攻玄菟郡,夫余王曾遣子尉仇台击破之,解救了玄菟。汉顺帝永和元年(公元136年),夫余王曾来洛阳朝觐,顺帝为夫余王演出黄门鼓吹和角抵戏为他送行。以后,高句骊日趋强大,向西发展,汉边军退至西盖马(今辽宁抚顺)。但夫余仍亲汉,西与鲜卑,南与高句骊对抗。东汉末,公孙氏势力在辽东兴起,夫余属辽东。公孙氏曾以同族之女妻夫余王,以利用夫余抑制高句骊和鲜卑。

挹娄,古为肃慎,在夫余东北。东滨大海,其地多山险。其人形似夫余,但语言不同。出产"五谷、牛、马、麻布"。西周时,肃慎向周朝贺,周成王曾命臣下作诗文以志纪念。汉代,其社会大概尚处于原始社会晚期。《三国志·乌丸鲜卑东夷列传》载,挹娄"无大君长,邑落各有大人。处山林间,常穴居,大家深九梯,以多为好"。挹娄人善用弓矢:"其弓长四尺,力如弩,矢用楛,长尺八寸,青石为镞……善射,射人皆入目。矢施毒,中人皆死。"秦汉之际,挹娄役属于夫余。由于挹娄人勇敢善战,据守山险,夫余奴隶主难以随意役使他们。汉代,中原与挹娄有了简单的交往,中原人知道挹娄"出赤玉、好貂",其貂被称为挹娄貂。挹娄社会发展较缓慢,到曹魏时,史称其"法俗最无纲纪",大概尚徘徊在原始社会末期。

四海之内

羌、氐、百越与西南夷

羌和氐是我国古代历史悠久的两个关系密切的民族。早在商代,羌和氐就与商为"敌国",是西戎的主要构成部分。

羌族最初分布地在河西走廊之南,洮、岷二州之西,其中心在青海东部古之所谓"河曲"及其以西以北地区。《后汉书·西羌传》云:西羌"滨于赐支,至乎河首,绵地千里。赐支者,《禹贡》所谓析支者也。南接蜀、汉徼外蛮夷,西北接鄯善、车师诸国。"羌族最初以畜牧、射猎为业,战国后期,羌族开始兼营农业。羌人传说中的先祖名无弋爰剑。《后汉书·西羌传》称:"河湟间少五谷,多禽兽,以射猎为事。爰剑教之田畜,遂见敬信,庐落种人依之者日众。"秦厉公时,无弋爰剑被秦掳去作了奴隶。他在秦地学会了农耕技术,逃回河湟地区,把自己学到的农业生产技术传授给羌人,从此羌族逐步改变了从前原始的射猎、游牧生活。

汉初,羌人曾臣服于匈奴。为了孤立匈奴,汉朝将部分羌人迁徙至陇西狄道(今甘肃临洮北)、临洮(今甘肃岷县)、氐道(今甘肃礼县西北)、羌道(今甘肃舟曲北)、安故(今甘肃临洮西南)等地。汉武帝时,设立了护羌校尉,管理西羌事务。汉宣帝时,中央派遣赵充国率领军队前往金城(今甘肃兰州),镇压湟水流域的羌人叛乱,并在西羌地区实行屯田。东汉时期,名将马援在临洮打败先零羌,开始把大量羌人迁往渭水流域和北地(今宁夏吴忠西南)、西河(今山西离石)等地。后来,由于东汉朝廷对羌人的深重压迫,引发羌人三次大规模的民族起义,给东汉朝廷造成了沉重打击。

氐族最初分布地在今甘肃东南、陕西西南、四川西北地区，即汉武都、天水、陇西、广汉等郡一带。《史记·西南夷列传》记载："自冉駹以东北，君长以什数，白马最大，皆氐类也。"自冉駹以东北就是西汉水、白龙江上游等地，这些地区自古就是氐族分布的所在。氐族处于汉、羌两族之间，与汉、羌两族很早就有密切联系，深受两族影响，但氐族仍然具有既不同于汉又不同于羌的民族特点。《魏略·西戎传》云："其俗，语不与中国同，及羌、杂胡同，各自有姓，姓如中国姓矣。其衣服尚青绛。俗能织布，善田种，畜养豕、牛、马、驴、骡。其妇人嫁时著衽露，其缘饰之制有似羌，衽露有似中国袍。皆编发。多知中国语，由与中国错居故也。其自还种落间则自氐语。其嫁娶有似于羌。"

氐族支系众多，各有称号。各部自有豪帅，不相统一。其中以白马氐最为强大，居于仇池（今甘肃西和、成县、文县一带）。汉朝向西和西南开拓，氐人部分内属，部分移居深山。汉武帝元鼎六年（公元前111年）拓氐人之地，设武都郡；仇池山势险要，氐族豪帅常据之以自固。其后，氐族虽有武装反抗，但往往为汉族统治阶级所镇压。氐族统属郡县后，长期与汉族错居，受汉经济、文化影响，差别日益缩小。

"百越"，中国古代南方越人的总称，分布在今华东、华南地区，因部落众多，故总称百越，也叫"百粤""诸越"。公元前223年，秦灭楚后，继而降服了居住在浙江一带的越族，建置会稽郡。接着又分别征服了居住在今温州一带的东瓯和今福建境内的闽越，设置闽中郡。公元前219年，令尉屠睢指挥50万大军，分五路南下，进攻今两广地区的南越和西瓯，遭到越族顽强抵抗。又因运粮困难，不能获胜，相持三年之久。秦始皇为了解决进攻南越的供应问题，派监御史史禄在今广西兴安县境内开凿一条连接湘水和漓水的运河——灵渠,沟通了粮道,才将越族打败。越族被迫藏于山林,准备反攻。后乘秦军不备,半夜出击,大败秦军,杀死了屠睢。公元前214年,秦军在任嚣和赵佗的率领下攻击百越,平定了百越之地,设置了南海、桂林、象郡三郡。次年,迁徙50万人戍守五岭,与越人杂居。公元前210年,秦将赵佗发动瓯骆之战,消灭雒瓯国,统一岭南。从此,岭南地区与中原地区紧密联系在一起,中原移民与越族人民共同劳动生活,加速了民族融合和这一地区经济社会的发展。

图 2-3 汉·五铢钱纹青铜鼓,广西岑溪出土

资料来源:中国国家博物馆编《中华文明:古代中国陈列文物精萃》,中国社会科学出版社2010年第1版,第384页。

秦汉时期在蜀群西南、西北广大地区有众多的少数民族和部落,总称为西南夷。其中,主要有夜郎、滇、邛都、嶲、昆明、徙、筰都、冉駹、白马、哀牢等。

西汉初年,内地和边疆各族经济同时得到发展的形势,为汉武帝开拓边疆活动提供了有利的条件。建元六年(公元前135年),武帝遣唐蒙出使夜郎,招抚夜郎侯多同,置犍为郡。接着又命司马相如招抚邛、筰,置一都尉、十余县,属蜀郡。元狩元年(公元前122年),张骞自大夏归国,建议开西南夷路,以通身毒。武帝派出的使者虽得滇王之助,但均被昆明夷阻留,未能成功。南越反,武帝欲自犍为郡发南夷兵,南夷不从,遂反,杀汉使者及犍为太守。元鼎六年(公元前111年)汉平西南夷,置牂柯郡(今贵州大部及云南东部)。夜郎侯迎降,汉封他为王。于是西南诸夷皆争求内属。武帝以邛都为越嶲郡(今四川西昌地区、云南丽江、楚雄北部),以筰都为沈黎郡(今四川汉源一带),以冉駹为汶山郡(今四川茂汶一带),以白马为武都郡(今甘肃武都一带)。元封二年(公元前109年),汉又出兵伐滇。滇降,以其地为益州郡(今云南晋宁晋城),赐滇王王印,使治其族。西汉末,夜郎王兴与钩町王禹、漏卧侯俞连年攻伐。汉遣使调解,兴等不从。成帝河平二年(公元前27年),牂柯太守陈立杀兴,灭夜郎。王莽时,西南夷连年起兵反抗,王莽派兵镇压,连年不克。东汉初,西南夷地区再次进入汉的版图。明帝永平十年(公元67年),又设益州西部属国,管理不韦(今云南保山)、嶲唐(今云南云龙)等地的哀牢族和云南(今云南祥云)、楪榆(今云南大理)、比苏(今云南云龙、兰坪)、邪龙(今云南巍山、漾鼻)四县的昆明族。十二年,哀牢王柳貌遣子率族人内附。明帝在其地置哀牢(今云南腾冲、龙陵、德宏州)、博南(今云南永平)两县,合益州西部属国所领六县为永昌郡。哀牢的土著君长被封为哀牢王,在郡太守辖下统领其部落,哀牢居地是自蜀通往掸、身毒一路的门户,地位特别重要。

汉开拓西南夷,在经济、文化上有积极的影响。在民族间纷争较少的情况下,当时的夷、汉两族才有更多交流生产的机会,汉族先进经济才有可能发挥积极的影响。西汉中期以前,西南夷各族以使用青铜器为主,铁质生产工具靠从蜀都输入。西汉中期以后,汉族移民带入的铁工具进一步推广。当一些地方受汉族经济影响,生产有所提高之时,汉文化也逐步为一部分夷族所接受。东汉章帝元和年间,王追为益州郡太守,"始兴起学校,渐迁其俗"。通过兴办学校,让当地夷族子弟入校读书,以改变其文化生活面貌。桓帝时,牂牁郡人尹珍"自以生于荒裔,不知礼义",乃入内地"从许慎、应奉受经书、图纬,学成,还乡里教授,于是南域始有学焉"。两汉的政治、经济、文化推动西南夷地区的发展,具有历史的进步意义。

原典选读

【原典】

　　匈奴,其先祖夏后氏之苗裔也,曰淳维。唐虞以上有山戎、猃狁、荤粥,居于北蛮,随畜牧而转移。其畜之所多则马、牛、羊,其奇畜则橐驼、驴、骡、駃騠、騊駼、驒騱。逐水草迁徙,毋城郭常处耕田之业,然亦各有分地。毋文书,以言语为约束。儿能骑羊,引弓射鸟鼠;少长则射狐兔:用为食。士力能毋弓,尽为甲骑。其俗,宽则随畜,因射猎禽兽为生业,急则人习战攻以侵伐,其天性也。其长兵则弓矢,短兵则刀铤。利则进,不利则退,不羞遁走。苟利所在,不知礼义。自君王以下,咸食畜肉,衣其皮革,被旃裘。壮者食肥美,老者食其余。贵壮健,贱老弱。父死,妻其后母;兄弟死,皆取其妻妻之。其俗有名不讳,而无姓字。

(选自《史记·匈奴列传》)

【释读】

　　匈奴的祖先是夏后氏的子孙,叫淳维。唐尧、虞舜时期以前就有山戎、猃狁、荤粥居住在北方蛮荒之地,随着畜牧活动而迁徙。匈奴人的牲畜大多是马、牛、羊,他们的奇特牲畜则是骆驼、驴、骡、駃騠、騊駼、驒騱。匈奴放牧顺遂着水草而迁徙,没有城郭和固定居住的地方,不从事农业生产,但是也各自分占土地。匈奴没有文字和书籍,用语言来约束人们的行为。他们的儿童即能骑羊,拉弓射击飞鸟和地鼠,待稍微长大就能射击狐兔:用作食物。成年男子都能弯弓射箭,全都充当披挂铠甲的骑兵。匈奴的风俗,平常无战事时,则随意游牧,以射猎飞禽走兽为职业。形势紧急时,则人人练习攻战本领,以便侵袭掠夺,这是他们生来的习性。他们长距

四海之内

离攻战的兵器用弓和箭,近距离交锋的兵器用刀和铤。战场形势有利就进攻,形势不利则后退,不以逃跑为羞耻。只要有利可得,就不受礼义约束。自单于首领以下,都以牲畜血肉为主食,穿皮革衣服,披着带毛的皮袄。强壮的人吃肥美的食物,老年人则吃剩余之物。匈奴看重强壮体健者,瞧不起衰老和体弱者。父亲死后,儿子可以娶后母为妻;兄弟死去,其他兄弟可以娶死者的妻子为妻。匈奴人有名却不避讳,但没有姓和字。

魏晋南北朝时期的中国古代民族

魏晋南北朝时期是中国古代民族在经济、政治、文化、社会等多方面大融合、大发展时期。西晋末年,华夏北部和西部的民族大举进入中原,控制了中国的北方,建立了诸多的政权,史称"五胡十六国"。东晋建立后,北方由北魏政权统一,中国历史进入到南北两大势力长期对峙的阶段,史称"南北朝"。一般来说,五胡是指匈奴、鲜卑、羯、氐、羌。由于这些群体的行为与中原的社会架构背道而驰,因此被史家视为"五胡乱华",迫使汉族"衣冠南渡",政权和人口向南方迁徙。汉族避居南方,进一步增强了与南方苗、百越等族的联系。大迁徙使得汉族与南北方少数民族杂居在一起,经济、文化上的往来也日益密切,中原成为民族融合的大熔炉。

魏晋南北朝时期的民族交流和文化融合无论在深度还是在广度上均超过了以往的任何一个时期,是中华民族形成的第一个关键阶段。在本章介绍的民族中,鲜卑族系无疑有最大的影响。

以山为号的鲜卑族

在魏晋南北朝时期,鲜卑族系是所谓"五胡乱华"的一大势力,从中国东北地区大举向西、向南迁徙,在中国疆域内建立诸多政权,对中国历史的发展产生了深远的影响。

关于鲜卑名字的解释,出现了多种说法,我们先介绍下面三种解释。一种释鲜卑为"带钩"。唐代的大学者颜师古在注释《汉书》时就认为鲜卑与"犀毗""师比"等不同写法均指"胡带之钩"。二是认为鲜卑有"祥瑞"之意。《史记索引》中就提到"鲜卑郭落带,瑞兽名也,东胡好服之",实际上是说东胡人喜好用一种神兽状的带钩。后人认为"郭落"在鲜卑语中有"兽"的意思,那么"鲜卑"即可释为"祥瑞"了。承袭这种说法,第三种观点说"鲜卑"源自部落酋长的名称,日本民族史学者白鸟库吉就将鲜卑释为满语的 Sabi(吉祥之意),乃是部落首领名称,后变成族称。

在不少人看来,鲜卑已经是一个很遥远的族称了,但这个名号的变体实际上还在我们的地理知识内。有不少学者认为现今俄罗斯境内的西伯利亚(Siberia),就是"鲜卑利亚","西伯"就是"鲜卑","利亚"一词指的是地方,如蒙古人居住的地方也可音译为"蒙古利亚"(Mongolia)。也有人陆续提出,现今中国境内的锡伯族与鲜卑人存在关系,"锡伯"(Sibe)即"鲜卑"。如果您今天到新疆伊犁哈萨克自治州察布查尔锡伯族自治县的民族博物馆,就会看到本地锡伯族历史是从"鲜卑"开始讲起的。

鲜卑名号常与大鲜卑山联系在一起,大鲜卑山是传说中的鲜卑发祥地,这个地方在史书中被多次提到,《后汉书》即载鲜卑"别依鲜卑山,故因号焉"。鲜卑人建立政权时,为了表达慎终追远的意思,也命名了不少鲜卑山,大鲜卑山具体在哪里长期以来成为一桩悬案。中国的史书比较注意记录各民族的族源,一般正史中还着重强调华夏与周边民族的血脉亲情,塑造共同的"祖源记忆"。《魏书》中记录鲜卑源流时,就提到鲜卑人的祖先是黄帝的子孙,说他"受封北土,国有大鲜卑山,因以为号",又说鲜卑人曾经"凿石为祖宗之庙于乌洛侯国西北"。公元443年时,乌洛侯国来北魏朝觐时报告说,乌洛侯国西北有北魏"先帝旧墟",这个石室"南北九十步,东西四十步,高七十尺,室有神灵,民多祈请"。同年北魏太武帝拓跋焘派遣中书侍郎李敞前往石室祭祀。《魏书·礼志》还收录了以拓跋焘名字署名的祝祭文,文中说"具知旧庙,弗毁弗亡。悠悠之怀,希仰余光"。据说李敞在此石室立桦木、献牲,"刊祝文于室之壁而还"。

1980年,内蒙古考古工作者在呼伦贝尔盟鄂伦春自治旗阿里河镇西北约10公里发现了这座石室,当地称之为"嘎仙洞"。"嘎仙"之名源于鄂伦春人的传说。确定嘎仙洞为鲜卑石室、北魏祖庭的关键证据就是刻于洞内的祝祭文,与《魏书》中的记载基本相符。这座石室位于大兴安岭北麓的深山密林中,坐落在离地25米的花岗岩石壁上,洞口西南向,洞内东西宽约28米,南北长超过90米,最高处有20余米,有两三千平方米之大,大致可以分为前、中、后三室。祝祭文就刻在距离洞口较近的西壁上,有19行,201字。此外,考古工作者在此发现了少量陶器、石器和骨器。至此,鲜卑人的祖居地和发源的石室重新为世人所知。

我们所说的鲜卑族系,是早期中国北方游牧民族的一大族系。早期史料中常称为东胡,故又可称为"东胡族系"。东胡并不是鲜卑族系的自称,而是源自匈奴。匈奴人自称为"胡",东胡出现的时间大致与匈奴相仿,又活动在匈奴的东部,故而称之为"东胡"。在东胡中,乌桓和鲜卑是两个出现较早的族名,乌桓在鲜卑之南,随着乌桓的南徙,鲜卑人也不断地追随乌桓的足迹,占据乌桓的故地。乌桓之名在史料中出现的比鲜卑要早,同前文中提到的依大鲜卑山命名的鲜卑族一样,乌桓人也被认为是依"乌桓山"而得名。一般来说,鲜卑族可分为三大部分,即东部鲜卑、北部鲜卑和西部鲜卑。

东部鲜卑

东汉以后,鲜卑逐渐强盛起来。东汉后期鲜卑出现了著名的首领檀石槐(公元156—181年在位),他在匈奴故地的大漠南北地区建立了强大的"檀石槐军事联盟"。这个军事联盟的统治比较松散,各部间争相雄起,兼并战争不断。到了公元3世纪中期,东部鲜卑的宇文部、段部、慕容部等先后兴起,南迁占有乌桓故地。

在檀石槐军事联盟中,慕容首领为中部大人之一,当时活动在今河北省平泉县北的今西拉木伦河（辽河上游支流）西段地区，后又迁徙到今辽宁西部地区。慕容部著名领袖慕容廆在公元289年依附晋朝，被封为鲜卑都督。公元307年，慕容廆自称鲜卑大单于，并逐渐占领整个辽西地区，势力逐渐强大。到了公元4世纪中叶，慕容占领中原地区。慕容部建立的政权，均以"燕"为名。最初有前燕，灭氐族建立的前秦，后在淝水之战后，又建立有后燕、西燕、南燕以及鲜卑化汉人建立的北燕。

段氏鲜卑在东汉中叶时即从辽东逐渐西迁，在4世纪初时，辖境东临辽水，西到今北京密云地区。当时段氏鲜卑与慕容鲜卑长期征战，在公元339年为慕容鲜卑所灭，部落四散，至公元356年时，余部被前燕彻底兼并，政治实体不复存在。段氏鲜卑人其后不少在诸燕政权和北朝中任职。

宇文鲜卑原属于匈奴，在语言和风俗上都与鲜卑有异。宇文部原在内蒙古阴山一带驻牧。北匈奴在1世纪西迁后，宇文部东迁至辽东与鲜卑人杂处，其后加入檀石槐军事联盟，宇文部首领任中部大人。这段时间宇文部逐渐鲜卑化，故而在史料中称他们为宇文鲜卑。公元4世纪中叶，在与慕容鲜卑的竞争中，宇文部、段部均以失败告终。此后，宇文部大部纳入慕容部的统治，后属拓跋部建立的北魏。到了北魏末期，宇文泰在西魏专政，他的子孙代西魏创立了北周政权。

北部鲜卑

拓跋鲜卑以及甘肃河西鲜卑的秃发部也称为北部鲜卑。在鲜卑诸族中，拓跋部是最东北的一支。其原居地在额尔古纳河与大兴安岭北段一带。前文中提到的大鲜卑山和嘎仙洞石室指的就是拓跋鲜卑部的族源地。东汉初年，拓跋部首先迁至今呼伦贝尔草原的呼伦湖放牧，其后又进入匈奴故地的河套北部阴山一带,并与原地的匈奴融合,通婚杂处。故而有人解释"拓跋"的含义时,就认为这个名号是鲜卑人父与匈奴(胡)母所生后代的意思。《魏书·序纪》暗示了这一看法,并加以神圣化,说此时的首领拓跋力微是其父与匈奴故地的天女结合而生。

拓跋力微在位时,其兄长秃发匹孤率其部从塞北迁居河西地区。秃发可能是拓跋的另一种汉字译音。而拓跋本部则在力微的领导下逐渐强大,今蒙古草原上的各个部落逐渐归顺,除了原有的"帝室十姓"外,归顺的异姓部落达到70个左右。到了公元3世纪末,力微子禄官统治时模仿匈奴和檀石槐统治鲜卑时的旧制,将拓跋联盟分为东、中、西三部,此后逐渐强大。4世纪初叶,其势力"西兼乌孙故地,东吞勿吉以西,控弦上马将有百万"。公元338年,拓跋首领什翼犍袭晋所封的代王位,仿照晋朝制度置百官、掌众职。376年,前秦发兵灭代国,不过仅仅十年后,什翼犍的嫡孙拓跋珪就在淝水之战后抓住时机,收拾旧部复国,并改称魏王,并在公元398年正式定国号为魏,迁都平城(今山西省大同市),史称北魏或后魏。拓跋珪即皇帝位后对内剪除守旧势力,对外大举讨伐北方柔然、高车、库莫奚等威胁,后进兵中原,在公元4世纪末将北魏发展成以黄河为限与东晋对立的大国。到了拓跋珪孙拓跋焘在位时,北魏更是将疆域拓展至淮河以南,其辖境东北起自辽西,西境更达到新疆东部,北至蒙古草原,南达秦岭淮河。自此中国历史进入到南北朝长期对峙的时期。

西部鲜卑

西部鲜卑主要包括三个鲜卑部落,即河西鲜卑、陇西鲜卑和源出慕容鲜卑的吐谷浑。河西鲜卑和陇西鲜卑在西晋末年十六国初年,西迁至甘肃陇右地区,建立有南凉、西秦政权,灭国后归属北魏,其遗民多同化于汉人和羌人当中。

河西鲜卑,是指活跃于今甘肃兰州黄河以西即河西走廊地区的鲜卑诸部。其中势力最大的是从拓跋鲜卑部分离出的秃发鲜卑。拓跋部的分裂是北方游牧民族历史舞台上演出了无数次的传统,同一父亲的儿子在继承父亲的财产时,往往是少子守家,长子率部迁徙。公元4世纪末秃发鲜卑首领乌孤建立南凉政权,定都青海乐都。乌孤弟利鹿孤统治时期迁都西平(今青海省西宁市),南凉开始兴盛,曾控制有今青海东部、甘肃西部和宁夏一部分地区,后在5世纪初为乞伏鲜卑建立的西秦所灭。建立南凉的秃发部是最早进入青藏高原的鲜卑人,与高原上的羌人多有接触,故而汉族的一些史书中有时搞不清楚其与后代兴起的吐蕃有何关系,称秃发鲜卑人为吐蕃王族的来源之一。除秃发鲜卑外,史载河西鲜卑部众还有乙弗鲜卑、麦田鲜卑、北山鲜卑等等。

陇西鲜卑的活动区域在今甘肃省黄河以东、陇山和六盘山以西一带,计有乞伏部、鹿结部、莫侯部、吐赖部等十数个部落,其中最强大者当属乞伏鲜卑,是鲜卑人和高车人融合后的部落联盟。他们从漠北地区南迁至内蒙古阴山山脉,在河套及今银川一带盘桓一段时间后,继续西迁至今甘肃榆中县、平凉市等地。公元385年,乞伏国仁趁前秦覆亡之际建立西秦政权,开始向甘肃西南部不断扩张势力。这一鲜卑政权与南凉一样,存在时间也很短暂。

有关吐谷浑的情况我们将在隋唐时代中予以介绍。

鲜卑人所讲的鲜卑语在魏晋南北朝时期一度成为仅次于汉语的有声望的语言,早期还享有"国语"的地位。现代研究者多喜用现代蒙古语族的语言对之加以解释,往往得到可以讲得通的结果。故而也可以说,鲜卑语是属于蒙古语族的早期语言。鲜卑君长早期依匈奴旧俗使用"单于"(有广大之意)这个称号,后使用"可汗"称号,与汉语中的君主、皇帝之意相同。

鲜卑人的社会组织单位是"落""邑落""部",邑有小帅,部有大人。这些单位都是政治和军事结合单位。檀石槐军事联盟时,鲜卑有三部六十余邑。这一类组织可能是以百户、千户等数量为单位。晋代的一些官印中仍可以看到"晋鲜卑帅善仟长""晋鲜卑率善佰长"等字样。

在魏晋南北朝时期,在民族融合方面最重要的现象就是鲜卑化和华化,长期以来,这两种相反的文化现象是鲜卑政权在意识形态领域最重要的问题。中国古代北方民族入主中原后,常常面临文化本位和学习汉文化的两难抉择。

所谓的鲜卑化是指不少北方汉人在生活习惯、思维意识和语言使用等方面受到鲜卑文化深刻影响。入仕北朝鲜卑政权的汉人多有精通鲜卑语者,据说能通鲜卑语的汉人"大见赏重"。孝文帝时期所发生的六镇之乱,也被定义为针对洛阳鲜卑贵族的反华化大起事。这些驻守北魏北方边镇的鲜卑化部将再度推广鲜卑语的使用,在中国北方掀起了鲜卑化的热潮。北齐政权的建立者高齐、高欢父子本属汉人,北周政权的创立者宇文泰、宇文觉父子是匈奴人的后代,他们均因鲜卑化较深,也可以视之为鲜卑人,他们的得力部属也多为鲜卑人。《北齐书》载高欢"每申令三军,常鲜卑语"。《隋书》也载宇文泰之子周武帝宇文邕"尝于云阳宫作鲜卑语谓群臣"。在北朝为官的汉人子弟非常重视学习鲜卑语,熟习鲜卑文化,颜之推的《颜氏家训》中曾记载了这样一则故事:

> 齐朝一士大夫尝谓余曰:我有一儿,年已十七,颇晓

书疏,教其学鲜卑语及弹琵琶,稍欲通解,以此伏事公卿,无不宠爱,亦要事也。

所谓华化或者说汉化,是指鲜卑人自觉或者不自觉地学习汉人的礼乐制度等文化。我们知道以北魏为代表的鲜卑政权入主中原后,被统治者绝大多数是汉人。北魏政权的华化政策最显著的是孝文帝改革,俗称孝文汉化。孝文帝幼时受汉人祖母冯太后抚养,及至公元493年亲政后,继承冯太后时期的政策,为了削弱部分鲜卑贵族的特权和稳定在中原地区的统治,采取了改革措施。改革的首要措施就是从平城迁都洛阳。在官制上实行"班禄制",为官员每季定时发给薪酬。在户籍制度上,为了改善平民依附世家大族难以收税的情况,实行"三长制",即设立邻长、里长、党长,便于编户管理和税收。为配合三长制,在土地制度上实行"均田制",计口授田。在风俗习惯上,实行了多项措施,如为免除故土之恋、真正使鲜卑人成为中原人,要求他们更改籍贯,不得自称"代人",而要称"河南洛阳人",死后就近安葬于洛阳,不得有叶落归根之举;在服饰上,不再穿"胡服"而改穿汉服。在语言上,实行禁胡语的政策,《魏书》载孝文帝曾经说"今欲断诸北语,一从正音",也就是放弃多音节的鲜卑语,改说单音节的汉语。当然他也说年龄在30岁以上的,忽然改变有不少障碍,可以变通,若是年龄在30岁以下在朝廷为官者,不改用汉语就要降职处理。在姓氏上,孝文帝下令把源于鲜卑语的复姓改为汉语的单姓。比如说皇族国姓拓跋氏改姓为"元",独孤氏改姓为"刘",等等。鲜卑人的华化,在孝文帝改革上就可见一斑。

鲜卑人对中华文化的一项重大贡献就是推动了佛教在中国的传播。鲜卑人在中国东北地区时是萨满教信仰,在南迁和西迁过程中,逐渐与由西向东传播的佛教接触,开始崇信佛教。著名的敦煌莫高窟、麦积山石窟、云冈石窟、龙门石窟、炳灵寺石窟等佛教石窟的开凿均与鲜卑统治者的大力提倡和扶持有关。

到了隋唐时期,鲜卑作为一个族群称号和政治实体不复存在,但是鲜卑后裔在这一时期仍影响着历史的发展。隋朝国姓杨氏和唐朝的国姓李氏均与华化鲜卑人有长期通婚关系,隋唐皇室是胡汉混杂的。隋文帝杨坚的独孤皇后、唐高祖李渊的窦皇后、唐太宗李世民的长孙皇后、唐睿宗李旦的窦皇后,都是鲜卑人。太宗李世民即是窦皇后所生,由此我们也许能够理解,为何李世民说过"自古皆贵中华,贱夷狄,朕独爱之如一"这样的话。隋唐时期宽松的民族政策和温和的民族关系也与长期的民族融合有关。

图3-1　北魏·骑马武士俑,陕西西安出土

资料来源:中国国家博物馆编《中华文明:古代中国陈列文物精萃》,中国社会科学出版社,2010年,第418页。

拓跋鲜卑政权留给后世的持续性影响是其姓氏"拓跋"一词。后世中亚和西亚以此词指称中国和汉人。13世纪时这个词被记为"桃花石",《长春真人西游记》中载"桃花石诸事皆巧。桃花石,谓汉人也"。《魏书》中说"北俗谓土为托,谓后为跋,故以为氏",当代学者的研究中验证了这两个词有土地主人的意思。

了解鲜卑族对于认识其后出现的东胡族系的其他民族也有重要的意义。我们后文中提到的一些族群都是从鲜卑人中分化出来的。柔然人自称为拓跋魏之后,吐谷浑人是从慕容部分化出来的,契丹人与库莫奚最初与宇文部一块游牧。蒙古人的先民室韦人在著名学者伯希和等研究者看来,就是鲜卑的同名异译。

居于羯室的民族

羯族又称羯胡,是公元4世纪活跃于北方山西一带的族群。出身于羯胡部落的石勒曾经建立后赵政权。羯胡在史书中不见于前代记载,涉及晋代的文献才开始出现这种"杂胡",而且多语焉不详,故而我们至今对于羯胡的认识还是很不全面的,很多问题需要探讨,没有确定的意见。

羯胡在中国的史书中被认为是"杂胡"的一种。什么是"杂胡"?陈寅恪先生说所谓的"杂胡",就是"小部胡、部落胡",也就是说其可能还不能算作一个完全的文化和民族实体,只是依附于某些大的民族存在。唐长孺先生也说"杂胡"即"杂种之胡",是不同部落间通婚的后裔。本部分对魏晋南北朝时期的一个小的群体——羯胡——做一介绍,也是为了大家来理解"杂胡"的问题。中国历史中,在这种大的文化和族群边界地带,所谓的"杂胡"是屡见不鲜的。

《说文解字》说"羯,羊羖犗也",指的是骟过的公羊,这个字也可以指性情上的强悍暴烈。从这个角度理解,羯之名很多情况下是对华夏以外北方民族的蔑称,不仅仅是指狭义的"羯胡"。如史籍中曾经提到的"胡羯""戎羯""羯贼""羯虏""羯胡""匈羯""羯寇"等。《晋书》中提到"八王之乱"所造成的惨剧时,就有"胡羯陵侮"这样的话。晋时"羯"用来指称杂胡或者胡人,不一定是特指我们后文要介绍的石勒部落。比如说建立前赵政权的首领刘渊、刘曜也被称为"羯胡"。《南齐书》中也把居住于今河西走廊黑河流域的卢水胡称为"羯胡"。

杂胡的得名是比较多样的,因地为名就是其中一个类型。石勒所在的羯胡一般来说是因为"羯室"这一地名而来。《魏书》中载:"羯胡石勒,字世龙,小字匐勒。其先匈奴别部,分散居于上党武乡羯室,因号羯胡。"上党武乡羯室在今山西省榆社县一带。被认为属于羯胡的卢水胡也是因地为名。卢水指的是流经今张掖和额济纳旗的黑河,这一流域是卢水胡长期活跃的地区。这种因地为名的现象与鲜卑的因山为名还不一样:鲜卑山被认为是鲜卑人的族源地,而羯室和卢水(黑河)并不具备族源地的特性。从这个角度出发,亦可以想见石勒所属的羯胡和卢水胡是"小胡""部落胡",并不是一个大的民族实体。羯人被认为是五胡的一支,五胡的次序是匈奴、鲜卑、羯、氐、羌。实际上,这一说法是前秦氐人领袖苻坚首先提出的,带有一定的随意性。有研究就提出五胡的说法可能与五德终始说相关,也有研究认为羯被列入五胡只是为了凑够"五"这个数字。我们在理解石勒所属的羯胡这个杂胡群体时,还不能简单地把其与匈奴、鲜卑、羌等大的民族实体等同起来。

"羯"如果作为自称,就不能按照前面所说的蔑称来理解了。关于"羯"的释名目前有两种主要的解释。一种是陈寅恪先生提出的,他认为羯人是康居人所招募的可以征战的勇士,称为柘羯,羯就是柘羯省称。《新唐书·西域传》载康居人"募勇健者为柘羯。柘羯,犹中国言战士也"。由此说,羯有战士、勇士的意思,与勇健有关。第二种说法认为羯的意思与石勒的汉姓"石"相关。加拿大汉学家蒲立本先生对这一说法进行了仔细的论证。他研究了以印欧语为代表的诸种西域语言,考证出"羯"的早期发音与西域诸语言中的"石头"一词可以对应。他说康居人早期曾集中居住在今乌兹别克斯坦的塔什干地区,而塔什干本身就是"石城"之意,中国史书中很早就称这片地区为"石国"。这个词汇是突厥人从印欧语中继承来的,读为[cac]。石勒用汉姓"石"考虑了这个意思。从"石"在古代文化中作为武器和其坚硬的特性出发,以上两种说法可以建立一定的联系。

关于羯胡的族源,也是莫衷一是。从目前的研究来看,羯胡属于西域胡是一种较为主流的认识。早期研究中,不少学者都认为羯胡应该是匈奴的分支,王国维先生就持此看法;《晋书·北狄传》中列有附属于匈奴的十九种杂胡,其中有羌渠部、力羯部等。《晋书·石勒载记》说石勒的先祖是"匈奴别部羌渠之胄"。从这两则史料来看,羯胡依附匈奴存在是无疑的,并且是十九种杂胡中的羌渠部。"胡"是匈奴的自称,前文中已经说鲜卑人被称为东胡,一字之别,就知道鲜卑人和匈奴人不属于一个文化系统,况且在界定羯胡时,还特别强调其是"匈奴别部"。史书中关于"别部""别种"用词是非常谨慎的,如我们前面提到的宇文部是鲜卑的别种,就暗示了宇文氏的匈奴来源。由此说,羯胡这种杂胡虽然依附匈奴而存在,但在基本文化面貌上,与匈奴应该有显著的区别。

认为羯胡是西域胡人的有三种看法:一是认为其是小月氏后裔;二是说其是中亚康居人的后裔,羯人来自康居人所在的"石国",甚至说依附匈奴的"羌渠"部就是康居的另外一种汉字译音;三说其是粟特人的后代,证据是唐代的安禄山属粟特人,而安禄山本人就被称为羯胡。

从上面的族源讨论来看,羯胡是西域胡人的看法比较可靠。无论是小月氏、康居还是粟特人的后裔,羯胡族源主体所使用的语言都属于印欧语系伊朗语族。由于陈寅恪、蒲立本等著名学者提出了很多羯胡是康居人后裔的证据,从这个视角出发,羯胡属于游牧民族。因为早期中亚讲印欧语伊朗语族语言的族群中，粟特人是定居群体，康居是游牧群体。两汉时期，康居人曾经羁属匈奴人，因而可能有一部分康居人随匈奴东来，跟着他们在今蒙古草原转战，其后又随其南迁至山西一带。

说羯胡是西域胡人，还有从他们外貌出发的证据。十六国时期的冉闵屠杀羯人时，史书曾记载当时的惨况是"于时高鼻多须至有滥死者半"。可见羯胡的面貌特征是"高鼻多须"，具有高加索人种的特征。

羯胡的主要信仰是"胡天"。因为史料记载不详，我们还不知道这个"胡天"是萨满教的"腾格里"（天神）信仰体系，还是从属于祆教系统（琐罗亚斯德教）的天神（阿胡拉·马兹达，创造一切代表光明的善神）。根据陈垣先生的研究，不少西域胡人信奉祆教，北齐、北周皇室受其影响有祭祀胡天的习惯。据说羯人建有祭祀场所"胡天祠"，史载在反抗冉闵的屠杀时曾有三千羯人聚集起来"伏于胡天"，祈祷佑助。

后赵的统治者石勒和石虎受佛教大师佛图澄的影响信奉佛教。佛图澄（232年—348年）是西域胡人，深通经藏佛理及方技咒语。《高僧传》说他"善诵神咒，能役使鬼物"。佛图澄在公元310年以79岁高龄至西晋传教，但最初收效不大。公元312年石勒准备进攻建康（南京）时会见佛图澄。据说这位佛教大师在石勒面前施展法术变出莲花，"即取应器盛水烧香咒之，须臾生青莲花，光色曜目"（《高僧传》），由此受到石勒的崇信，军国大事多咨询他的意见。佛教在中原的早期传播中，佛图澄是最重要的宣教大师之一。他弟子众多，其中有开启净土宗先声的释道安（312年—385年）。

羯胡石勒建立的政权，史称后赵。石勒本是南匈奴贵族刘渊的部将。公元308年，刘渊建立政权称帝，后改国号为"赵"，史称前赵，定都于今山西汾阳。前赵立国十年后即发生变乱,石勒乘机起兵并于今河北邢台地区建立政权,自称赵王、大单于,史称后赵。公元329年,石勒灭前赵,并于次年称帝。

后赵的统治区域强盛时占有除河西和辽东以外的中国北方地区。后赵前期实行"胡汉分治"的政策,称羯人为国人,以与被统治的汉人相区别,有专门管理羯人诉讼的有司衙门,并禁止说"胡"字。但总的来说还是参照汉法,保持了基本的稳定。石勒死后,他的侄子石虎夺位称帝。在史书中,石虎被描述为这一时期有名的暴君,说他好杀成性,骄奢淫逸。他攻城掠地时常采取屠城的措施。据说全国20岁以下、13岁以上的少女无论出嫁与否随时都有可能成为其后宫佳丽,"百姓妻有美色,豪势因而胁之,率多自杀"。为了行猎方便,他将黄河以北大片良田置为猎区,在其猎区"偷猎"者被称为"犯兽",要处以死刑。石虎政权的种种倒行逆施严重激化了社会矛盾和民族矛盾。石虎死后,诸子争位互相残杀,其养孙汉人冉闵(?—352年)利用后赵严重的政治、社会危机,推翻了后赵的统治。

冉闵的宫变尽杀石室宗室和羯胡人,胡汉之间的民族矛盾趋于激化。据说他认为所有的胡人都不可靠,甚至宣布六夷胡人有持兵器者一律斩首。他颁布杀胡令,宣称斩杀胡人首级送往首都城门者,"文官进位三等,武职悉拜牙门",诸胡之中无论贵贱男女老幼,死亡达20余万,造成"尸诸城外,悉为野犬豺狼所食"的惨剧。《晋书·石季龙载记》中说滥杀行为甚至殃及部分汉人,"高鼻多须至有滥死者半",就是说鼻子高一些、眼窝深一些、胡须浓一些的都有被杀的可能。

四海之内

高山河谷中的氐族

氐与羌都是中国西部青藏高原及其周缘地区的族群,彼此间有密切的关系,可称之为氐羌系民族。大体来说,氐族居住的地区较之羌族更近于华夏。在魏晋南北朝时期,中国北方游牧民族的迁徙路线是南迁和西迁,氐羌系民族则以东迁为主,进而流散各地。三国以降,也有不少汉族大姓和兵士南迁到今西南地区,与当地土著民族融合发展。

从史籍记载来看,氐人自号"盍稚","氐"作为他称是由地名而转化为族名,其传统分布地域在秦陇、巴蜀间的高山河谷地带,也就是今天四川、甘肃、陕西三省交界地区。氐有不少其他写法,如"氏""邸""坻""阺"等。关于这些字的解释,还要从当地一种自然现象说起。《汉书·扬雄传》中有一句话叫"功若泰山,响若阺聩",颜师古在注释时说,古代的巴蜀人把山石崩落的情形叫做"阺"。《说文解字》解释"氐"字时也称:"氐崩声闻数百里",又说秦人将山称为"阺",今甘肃天水地区的大山,古代文献中就称为"陇坻"。我们知道,甘、川、陕交界地区的地质结构是极不稳定的,"氐聩"(阺聩)实际上指的是由暴雨、地震、泥石流等自然灾害引发的山体滑坡、山石崩落现象。古代文献中对这一地区的"氐聩"多有记载,有时还当成是不祥之兆。由此看来,生活在"氐"地的土著居民就是这样因地得名的。

不少史书和后代的研究中喜欢把氐、羌分得很清楚。从前面的解释来看,氐人可视为氐地之羌。从语言系属来看,氐与羌都是讲汉藏语系藏缅语族语言的古代族群,他们之间应该存在方言的差别。从历史来看，羌的记载要比氐持久得多，故而可从把氐看做一种羌。很多文献中称呼氐人时都是氐、羌并用，比如说白马氐有时也称为白马羌。那么氐、羌两者有何区别呢？大体来看，可从经济类型上把氐看做是定居农业群体，而羌是游牧群体。当然这在史料中也要具体分析。氐人居住在"板屋"中，羌人在史料中有时被描述为居住在牦牛、羖羊毛编制的帐篷中。今天的藏族就有农牧二分的现象，农民居住在河谷之中，牧民则在高山及青藏高原腹地。从这个角度也不难理解氐与羌的大体区别。

从汉代到魏晋，在今四川绵阳北部、甘肃陇南的白龙江流域一带居住着一种氐人号称白马。一些学者也把今甘肃文县、四川平武县一带居住的"白马藏族"视为白马氐（羌）人的后裔。

前秦

前秦是氐族苻氏族创立的，据说苻姓源于蒲草，后改为苻，故也称为苻秦。氐族领袖苻洪曾被前赵刘曜封为氐王，后又投降后赵，并率领氐羌十多万户迁至关东，有一些甚至进入今河南北部。后赵灭亡之际，苻洪自称大单于、三秦王。不久苻洪被后赵石虎的部将毒死，其子苻健袭位，占据关陇地区。公元351年苻健定都长安，称大秦王，次年改成皇帝，定国号为秦，史称前秦。

苻坚在公元357年成为前秦政权皇帝，采取了一系列措施使前秦成为当时强盛的国家。他废除"胡汉分治"的制度，信用汉人，本人也大力宣扬"圣君贤相"的治国之道。在经济上，采取了一系列发展生产、劝课农桑的措施。他用了二十多年的时间统一了中国北方地区。史载前秦疆土"东极沧海，西并龟兹，南包襄阳，北尽沙漠"。当时的西域和北方民族政权都遣使与前秦发展关系,只有偏居东南一隅的东晋与前秦长期对峙。

公元383年,苻坚率领大军进攻东晋。这支军队号称百万,苻坚夸口说"投鞭于江,足断其流",实际上到达前线的先遣部队为30万。东晋以谢石为大都督,谢玄为前锋都督率10万兵士抗击。两军在是年入冬时相持于淝水。谢玄遣使商讨说如果对方可以稍稍后撤,待晋军渡河后,两军即可决战,免得拖延时间。苻坚认为这是良机,可趁晋军半渡时围歼。可是待苻坚军队后撤时却发生了问题,军队后撤的步伐不能停止,连先遣将领也马倒被杀。降秦的东晋将领此时大喊"秦兵败矣",致使军队大乱,溃败四散。谢玄渡河后乘胜追击,《资治通鉴》描述秦军的溃败情形时说:

> 秦兵大败,自相蹈藉而死者,蔽野塞川。其走者风声鹤唳,皆以为晋兵且至,昼夜不敢息,草行露宿,重以饥冻,死者什七八。

这就是有名的"淝水之战",我们熟悉的"风声鹤唳""草木皆兵"等成语都从这次战役而来。淝水之战后,前秦衰落,原来被前秦所统治的各族纷纷自立,4世纪末被后秦和西秦所灭。前秦没能很好地整合多民族国家的治理问题,其败亡留给后世不少历史经验。其中一条就是作为前秦核心力量的关中氐族被分出很大部分出镇四方,导致国家危难之际,其核心军事力量被严重削弱。

后凉

后凉的创立者是氐人吕光,这个政权的存在时间不足20年,非常短暂。国号"凉"因凉州(今甘肃省武威市)而得名,为了区别其他诸凉政权,后世称之为"后凉"。

吕光家族是前秦的世家大族。公元383年,苻坚命吕光统兵七万讨平西域。吕光大胜,据说西域三十余国相继归附。淝水之战后,前秦统治不稳,首都长年告急。公元385年,吕光率众东返,竟被前秦凉州刺史发兵阻于河西的酒泉。吕光大败来军,占领今甘肃武威地区,自称凉州刺史、护羌校尉。他听说苻坚被后秦姚苌所杀后,自立一方。其后自立为大凉天王,史称后凉。吕光死后,诸子争位。公元403年,处于河西要道上的后凉受到南凉、北凉、后秦交相攻逼,终为后秦姚兴所灭。

仇池杨氏政权与羌人政权

仇池在今甘肃陇南地区,仇池政权为氐人杨氏所立,杨氏氐人是陕西汉中地区的氐人于东汉末年迁至。在中原地区变乱纷争之际,杨氏氐人前后建立了多个政权,计有:前仇池国(296—371年)、后仇池国(385—443年)、武都国(447—477年)、武兴国(478—553年)以及阴平国(477—580年)。仇池政权偏居一隅,在中原诸政权纷乱之际,保持了相对的稳定,其势力延续超过380年。公元580年,仇池政权为即将开创隋朝的杨坚所灭,氐人流散。

除上述氐人建立的政权外,魏晋南北朝时尚有羌人建立的后秦(384—417年)、宕昌国(?—564年)、邓至国(430—554年)等。如前所述,氐、羌不应分得那么清楚,故而也列在本节当中。

氐人从史籍记载来看是农业定居民族。"板屋"是氐人所住的房子,《诗经》中就曾提到西戎板屋。氐人传统分布地区"山多林木"(《汉书·地理志》),板屋的营建是就地取材。《水经注·渭水部分》提到天水地区"乡居悉以板盖屋"。《南齐书·氐传》中讲仇池地区的情况时也说氐人"无贵贱皆为板屋土墙"。有关这一地区的居民营建板屋的记载从古至今持续下来,顾颉刚先生民国时到甘肃西南部地区考察时所写的日记能让我们对这种板屋有一个直观的认识:

> 当地人云:"筑屋之善者,外不见木,内不见土",盖外垣为版筑,而室内则上下四方靡非木版,即此想见当地森林之富。(《西北考察日记》)

如果您今天到甘肃南部和四川西北部地区旅行,仍能看到当地汉、藏群众所营建的传统"板屋"建筑。关于氐人的经济生活,《魏略》中说他们"俗能织布,善田种,畜养豕、牛、羊、马、驴、骡"。氐人以善织布而闻名,他们的"殊缕布"行销到中原地区,这种布的特点是异色相间。《说文解字》中提到有些与布有关的词,都说是氐人所织。氐人女性所穿的衣服称为"衦露",《魏略》说这种麻布衣"有似中国袍"。

氐羌所讲的语言是藏缅语族的早期语言。史载苻坚又被称为"苻诏",当时前秦流行的童谣说"河水清复清,苻诏死新城"。陈寅恪先生认为"诏"是王的意思,苻诏就是苻王。此语有同南诏之"诏"。《旧唐书·南诏传》就载"夷语王为诏"。现今藏语中"王"一词写为"rje"(音"节"),发音也与"诏"接近。可见"诏"是藏缅语的一个很古老的同源词。

氐羌政权的存亡只是中国历史的倏忽一瞬,似乎微不足道。若从文化史来看,这些政权因为与一位译经大师联系在一起,就增添了许多光彩。这位大师就是鸠摩罗什(Kumārajiva,334—413年),他与真谛、玄奘等为中国佛教史上有名的大译师。鸠摩罗什生于龟兹国(今新疆库车一带),十几岁时就因精通佛法而声名鹊起。公元379年,苻坚曾派人延聘其到前秦传法。吕光受命征讨西域时,鸠摩罗什被俘,此后有近二十年的时间在凉州传法译经。姚兴灭凉后,鸠摩罗什抵后秦首都长安。《资治通鉴》说:"秦王兴,以鸠摩罗什为国师,奉之如神,亲帅群臣及沙门听罗什讲经。"当时佛教传播的盛况是"公卿以下皆奉佛。由是州郡化之,事佛者十室而九"。鸠摩罗什在佛教传播史上的贡献是巨大的。他将大乘佛教中观学派等教法介绍到中国,所传弟子有什门四圣、八俊、十哲之称。他译有《金刚般若波罗蜜经》《佛说阿弥陀经》《金刚经》等多部经典,其译经受到后代学者的推崇,有的甚至认为他的"旧译"超过玄奘的"新译"。《高僧传》记载他圆寂前曾发誓说"若所传无谬者,当使焚身之后,舌不焦烂",待火化后果然是"薪灭形碎,唯舌不灰"。

四海之内

编发左衽的柔然

从公元4世纪末到6世纪中期,继匈奴和鲜卑之后,在大漠南北和中国西北地区活跃的民族就是柔然与敕勒(高车)。本节介绍的柔然在最强盛时,在中国北方的黄金草原上任意驰骋,势力遍及大漠南北地区。长期以来,柔然与北魏政权处于尖锐对立的状态,是与北魏对抗的最强大势力。

柔然一名在史书中有"蠕蠕""芮芮""茹茹""蝚蠕""檀檀"等多种不同的写法,除"檀檀"外,其他写法算是同音异写。从字面来看,"蠕蠕""蝚蠕"显然有轻蔑的意思。由于柔然人长期活跃于北魏的北境,与拓跋政权之间征伐不断,拓跋氏"以其无知,状类于虫,故改其号为蠕蠕"(《魏书·蠕蠕传》),认为柔然人智力低下有如蠕虫。柔然人自己当然不会使用"蠕蠕"一词,云冈石窟中的《茹茹造像题记》中有"大茹茹国"等字,说明柔然人倾向使用"茹茹"二字。

"柔然"应是这个族群的自称。关于其意义,有以下几种说法:一是认为柔然有"聪明、贤明"的意思,接近蒙古语的 sečen 一词;二是说近于蒙古语的"礼义、法则"(yosun)一词;三是认为柔然是因山为名,这一说法是蒙古史学家周建奇先生提出的,他认为"柔然"一词与蒙古语中表示山脉的 nirugu 一词发音接近。

一般认为,柔然也是从属于东胡或者鲜卑族系的一个民族。我们先来看看史书中的一些不同说法。《魏书·蠕蠕传》中既说其为"东胡之苗裔",先世"出于大魏",又说他们是"匈奴之裔";《宋书》《梁书》的相关部分则说其是"匈奴别种";到了《南齐书·芮芮虏传》中则提出柔然是"塞外杂胡"。怎样理解上述说法呢？柔然贵族应该是从拓跋鲜卑部落中分离出来的：有些史书中就把柔然社仑可汗称为鲜卑社仑，其先出于大魏也是他们觐见北魏皇帝时自己提出来的。说柔然人与匈奴人存在关系，是因为柔然人曾经附属于匈奴，并融合有一些匈奴部落联盟的成分，故而说其为"塞外杂胡"。但柔然也区别于匈奴，"匈奴别部"的"别"已经点明了柔然与匈奴的文化异质性。

在欧洲历史文献中，阿瓦尔人（Avars）是活跃于欧亚腹地的古代游牧民族，至今在俄罗斯的达吉斯坦仍有部分遗民。有西方史学家认为阿瓦尔人是柔然人的遗民。

柔然的核心部落称为郁久闾氏，其先祖木古闾氏据说是鲜卑拓跋部掠获的奴隶。木骨闾是被主人赐予的名字，据说是头秃的意思。3 世纪末期，木骨闾因罪集合百余人逃离拓跋氏族的统治，"亡匿于广漠谿谷间"，依附别部而生存。木骨闾死后，其所属部落在儿子车鹿会的带领下逐渐发展壮大，开始以"柔然"为部落名号。此时柔然仍役属于拓跋鲜卑，"岁贡马畜、貂豽皮，冬则徙度漠南，夏则还居漠北"。此后，柔然逐渐分为两部：一部在其原居地今内蒙古河套东北和阴山一带；一部向西发展，从河套西至今阿拉善盟的额济纳旗。

公元 391 年，北魏开国君主拓跋珪向柔然发起进攻，柔然两部迫于压力均向北魏归降，一部分柔然人远遁漠北。此时，建国初期的北魏政权与后燕、后秦、西秦、南燕等诸政权各相雄长，其主要注意力在进取中原地区，这给了柔然得以喘息发展的时机。柔然首领社仑（山仑）打败高车诸部落，占有今蒙古国鄂尔浑河和土拉河流域的水草肥美地区，在蒙古高原逐渐站稳脚跟，势力一步步壮大，周边部落纷纷归附。

《魏书》中说此时柔然的势力所及"西则焉耆之地,东则朝鲜之地,北则度沙漠,穷瀚海,南则邻大碛",这是说柔然的势力西逾阿尔泰山,达伊犁河流域和准噶尔盆地,与西域城邦诸国相接,东面到大兴安岭,南以大漠为界与北魏对峙,北至贝加尔湖。公元402年,柔然首领社仑建立可汗王庭,自称"丘豆伐可汗",建立柔然汗国。此后的八九十年间,是柔然的兴盛时期,与北魏政权长期对抗。

公元429年,北魏拓跋焘大败柔然,柔然首领大檀率余部西逃,元气大伤,据说彼时"国落四散,窜伏山谷,畜产布野,无人收视"。此后,双方关系平静了一段时间,两国之间还有和亲。后双方因争夺西域再起冲突。公元460年,柔然吞并高昌,公元470年又进攻于阗。为断北魏通西域的商路,柔然在公元472—473年进攻敦煌。北魏也于此间连续出兵漠北,袭击柔然。北魏孝文帝即位后,则与柔然保持了稳定的关系。

从5世纪后半叶开始,柔然政权由盛转衰。特别是高车领袖在487年率众脱离柔然控制后,柔然失去对西域的控制,柔然国与高车国长年征战,势力愈加衰落。6世纪初,柔然汗国发生内讧,可汗宗族投降北魏。北魏的政策是保存柔然,分其势力,用"以夷制夷"的方式牵制兴起的高车势力。北魏灭亡后,柔然一度复兴,与东、西魏之间基本保持了友好关系。6世纪中叶,被柔然役使的锻奴——突厥部落日益强大。之后,柔然逐渐被突厥人击破。公元570—580年,柔然汗国覆亡。留居漠北的柔然人融合于突厥和契丹人当中。

柔然人以游牧为生,"无城郭,逐水草畜牧,以毡帐为居,随所迁徙"(《宋书·索虏传》),所讲的语言与鲜卑一样,可视为蒙古语族的早期语言。柔然的社会和政治组织形式也与早期的鲜卑基本相同,如在军事组织中实行十进位的层级组织,"千人为军,军置将一人,百人为幢,幢置帅一人"。柔然的政治体制对后来的突厥等游牧国家产生了重要影响。

柔然人的婚姻形态是氏族外婚制,不能在本氏族内取妻,有收继婚和报嫂婚的习惯法。收继婚是指女性在丈夫死后转嫁给丈夫兄弟或者夫家其他男性。报嫂婚是收继婚的一种,专指女性在丈夫死后转嫁给其兄弟。中国史书中经常记载北方游牧民族的这一类习俗,以图通过这种在华夏看来是乱伦的传统证明其野蛮性。从人类学、民族学的角度来看,收继婚是游牧民族在生计上为了防止家族财产分割的一种手段,有其存在的合理性和必然性。《北史·后妃传》中曾记载北齐皇帝高欢娶柔然公主为妻,高欢死后,其子高澄"从蠕蠕国法蒸公主,产一女"。

柔然的萨满教信仰在史书中有比较具体的例子。《魏书》中说柔然可汗丑奴的儿子祖惠走失,就是一位被称为"地万"的巫师找到的。这位巫师告诉丑奴:"此儿今在天上,我能忽得",并择日在湖中设置帐屋,斋洁祈请。一夜之后"祖惠忽在帐中,自云恒在天上"。这位女巫先前就为丑奴所信,找到王子后,更将丑奴封为圣女,娶为妻子。柔然语言称呼妻子为可贺敦,这与今蒙古语称呼"夫人"的"哈屯"(qatun)是同一个词汇。

四海之内

坐在高车上的民族

> 敕勒川,阴山下,天似穹庐,笼盖四野。天苍苍,野茫茫,风吹草低见牛羊。

这首我们耳熟能详的北朝乐府诗《敕勒歌》,所描绘的景象就是敕勒人所居住的地方。敕勒也称高车,与柔然同为4世纪末到6世纪中期活跃于大漠南北和西北地区的古代民族。从高车开始,突厥系民族渐渐在北方草原崛起,成为一大势力。

高车人或者说敕勒人有很多名称,均是因他称而起。如"丁零"("丁令""丁灵""钉灵""狄历")是早期匈奴人对高车的称呼,此名在先秦两汉时在有关匈奴的相关记载中常出现。高车或者敕勒(铁勒)是南北朝时期的称呼。其中,敕勒是鲜卑人所称,又因为敕勒人善使车轮高大的车子,汉语称之为"高车"。

关于高车的族源,《魏书·高车传》记载一则狼生神话,说匈奴单于要将美貌至极的两个女儿置于高台之上,用天婚的形式配给天神,历经三年都没能嫁出去。到了第四年,一只老狼以高台为穴,长久不去。小女儿就认为狼是天生神物,说"吾父处我于此,欲以与天,而今狼来,或是神物,天使之然",下高台与老狼婚配,成为高车的祖先。这则神话曲折地反映了多方面的信息。如高车人曾经依附匈奴而存在,故而神话中说高车人是匈奴人的外甥,并不是真正的匈奴人。史书上也说"其语略与匈奴同而时有小异"。这则神话也反映出高车人与突厥语民族的关系。狼生神话是突厥系民族一种主要的族源传说,大多数研究者都主张高车人属于突厥族系。

在《史记》等早期史书中,高车人以"丁灵"之名出现。据说丁灵人在公元前3世纪就与匈奴人同时存在,在今贝加尔湖一带游牧。在冒顿单于(公元前209—前174年在位)在位期间,丁灵人被匈奴征服,不少人成为匈奴人的奴隶,地位极其低下。从那时起到东汉初年,丁零人与匈奴不断发生冲突,直到公元87年,丁零人与鲜卑和西域诸族等联合起来,击败北匈奴,逐渐强大。2世纪中叶,鲜卑人尽有匈奴故地,建立檀石槐军事联盟,其时鲜卑人"兵马甚盛,东西部大人皆归焉"(《后汉书·鲜卑传》),丁零人仍是少数没有臣服鲜卑人的游牧民族。

三国时期,丁零人大部分仍然在北海(今贝加尔湖)游牧,也有一部分迁徙到今阿尔泰山、伊犁河流域及塔城地区。《魏略》中称在北海故地的为"北丁零",西迁的为"西丁零"。此后丁零人也跟其他北方游牧民族一样南迁入塞,五胡十六国和北魏时期,史籍中有很多"翟"姓的丁零人存在,但未能建立大的政权。

到了南北朝时期,丁零多以高车或敕勒之名存在。停留在鹿浑海(今蒙古国哈拉和林西北)和弱乐水(今蒙古国土拉河)等地的高车人在4世纪末逐渐势大,成为北魏和柔然的威胁。北魏王朝发起一系列战争征讨高车,据说诸部大惧,不少内附。这一期间,高车与相邻的柔然在蒙古高原地区也战争不断,互有胜负。除仍居于贝加尔湖的东部高车外,北魏开国皇帝拓跋珪经过一系列的战争,基本将高车各部置于北魏的统治之下。为了防止他们再次联合为患,拓跋珪采取了"离散诸部,分土定居"的政策。北魏第三位皇帝拓跋焘在位期间征服了东部高车。公元5世纪初,拓跋焘大破高车,将原居于今贝加尔湖地区的数十万高车人南迁,从今河北承德到内蒙古包头一带的漠南地区都有高车人的分布。《北史·高车传》记载了漠南高车人的富足生活:

> 由是国家马及牛、羊遂至于贱,氊皮委积。文成时,五部高车合聚祭天,众至数万,大会走马,杀牲游绕,歌吟忻忻。其俗称自前世以来,无盛于此会。车驾临幸,莫不忻悦。

因敕勒人(高车)居漠南,其所居故有敕勒川之称。《敕勒歌》所体现的平和景象与上面的记载是相符合的。但因为处于北魏和柔然的夹缝之中,高车各部的平静生活并不能长久保持。长期以来高车人没有建立统一的政治组织,很多部众被柔然役属,也受到北魏政权的压迫。直到5世纪末,高车副伏罗部的首领阿伏至罗率众十余万脱离柔然,自立为王,被尊称为"大天子"(高车语记为侯娄匐勒)。这一部分高车人迁徙至今新疆东部一带,与北魏政权常有使节相往还。柔然长期以来一直是这部分高车人的主要敌人。到6世纪中前期,阿伏至罗开创的高车政权在内忧外患中覆灭。

高车人部族比较庞大,史载其有六氏十二姓。六氏之中的"袁纥部"即是后来的回纥。在阿伏至罗成为诸部族首领前,各部落之间各有君长。《魏书·高车传》载:"其迁徙随水草,衣皮食肉,牛羊畜产尽与蠕蠕同,唯车轮高大,辐数至多。"说明高车的社会组织和经济类型与柔然没有多大区别。高车人在彼时唯一显著的标识就是使用高大的车子。即便是被拓跋焘迁至漠南生活以后,仍然是"乘高车,逐水草"。他们所使用的这种车子与蒙古人等使用的"勒勒车"可能是同一形制。勒勒车有草原之舟之称,是蒙古等民族主要的传统运输工具,不管是草原、沙漠、雪地,勒勒车都适于通行。勒勒车具备了敕勒人所用之高车的基本特点,其车身较小,车轮高大,一般直径在一米五六左右,车轮辐条数为三十六根。传统上勒勒车一般用榆木或桦木制成,易于制作和修理。从这些晚期的民俗资料中我们不难想象到敕勒高车的形制。

在婚俗方面,据说高车人婚聘喜用牛马。下聘礼时,男方用车将马圈住,女方亲党自行入栏取马,待上马出栏后,男方会惊吓马匹,如女方亲党不因惊吓坠马,此马即作为聘礼随女方而去,如若坠马,女方亲党可以入栏再取,直到他们认为聘礼数目满意为止。迎娶之日,男女双方宾客在女方家随意就坐,食马奶制品和熟肉,饮宴要持续一天,隔天男方才会将新娘带回夫家。据说此时男方亲党被允许随意取用女方家良马,"父母兄弟虽惜,终无言者"。

在丧葬习俗方面,据说高车人采用不填坑的土葬方式。死者以坐姿被置于土坑之中,"张臂引弓,佩刀挟槊",显示死者生前的英容,但并不掩土。在信仰习俗上,高车人有关于雷震方面的驱邪习俗。据说他们在雷击之时会向天空射箭并大叫,并举族拔帐而去,等秋日马肥时,再到雷击的地方,埋下公羊,燃火拔刀,同时请萨满女巫举行驱邪的仪式。高车人的马队环绕雷击处百圈而止;每人将所带的柳木插在地上,用乳酪浇灌;妇女们则用兽皮裹羊骨置于头上,像汉人的冠冕一样,将头发缠在头上。

前引高车族源神话中说高车人"好引声长歌,又似狼嗥"。研究者们认为这可能是一种萨满仪式,通过学习祖灵的声音,让神灵附体进而占卜、治病。

四海之内

南方诸族的变迁

"衣冠南渡"一词,是唐代史学家刘知几在其著作《史通》中提出的。"衣冠"一词特指华夏文明,"衣冠南渡"是说中原或者说华夏文明南迁。实际上,这既是文明迁徙,更是人口迁徙。中国历史上有过三次比较大的人口南迁。这三个时间节点,一是西晋末年永嘉之乱后,二是唐安史之乱后,三是北宋末年,宋徽、钦二宗为金所擒之后。这三次大的人口迁徙均因避乱而起,而主要原因都与当时北方民族的南下有关。

"衣冠南渡"在史学界特指西晋永嘉之乱后,大批士家大族和庶民百姓随晋元帝渡江南迁,这是中原人口、政权和文化的首次大规模南迁。魏晋南北朝时期的民族大融合,不仅表现在北方民族南下,还表现在汉人南迁后与南方诸族的融合、发展。

西晋惠帝时,发生八王之乱,北方各族趁中原内乱之机,纷纷入侵。公元311年,前赵政权攻破洛阳,挖掘陵墓,焚毁宫殿,西晋皇室、大臣、百姓三万余人被杀,晋皇室遗族南下在建康(今南京)建立东晋政权,大批臣民在此前后南迁,史称"永嘉之乱,衣冠南渡",中国历史开始进入南北朝时期。华北士族南迁,号称"侨姓",仍以中原望族标榜,最显赫者有琅琊王氏、陈郡谢氏、陈郡袁氏、兰陵萧氏等。王仲荦先生考证说从公元307年到466年的160年间,北方流民分为七个阶段南迁,流亡南下的地区包括荆州、扬州、梁州、益州等地。

图 3-2　东晋十六国形势图

来源网址：http://www.360doc.com/content/11/0209/23/5579293_91734350.shtml。
http://home.olemiss.edu/~gg/hstrymap/03040439.jpg。

西南夷是对今四川、云南、贵州等地非汉民族的总称。《史记·西南夷列传》曾经记载了一个庄蹻入滇的故事：战国时候楚王派遣大将庄蹻攻占西南地区，庄蹻征服夜郎国，一直打到滇池地区。后来庄蹻所部归路不畅，"以其众王滇，变服从其俗以长之"，也就是说庄蹻虽然在当地称王，但已经入乡随俗，与其部众一同融入到土著居民当中。中原地区的华夏向四周扩张时经常演绎这一类"英雄祖先"的故事，以说明华夏与其周邻的密切关系。魏晋南北朝时期，随着汉人陆续迁入西南地区，他们与西南夷各族的融合发展进入了新的阶段。

《华阳国志》是中国最早的地方志书，所记述的正是这一阶段西南夷各部的基本情况。总体来说，"夷人大种曰昆，小种曰叟，皆曲头，木耳环，铁裹结。无大侯王，如汶川、汉嘉夷也"。任乃强先生解释说，这部分人秦汉时曰氐，晋时曰夷。

大体来说，认为西南夷的很大部分人讲藏缅语族语言是没有问题的。他们中很多与今天的藏族、彝族、白族、羌族等民族存在渊源关系。"叟"是西南夷语言中指称人群的词汇，青藏高原东部边缘地区，从北到南都有大量名为"叟"的群体。据《华阳国志》记载，今四川西昌附近有"斯叟"，云南滇池地区有"夷叟"。在前文提到的氐羌地区，此时记载有"氐叟""青叟"，说他们"多羌戎之民"。可见西南夷与史料中比较常见的氐羌系民族有密切的关系。

从东汉末到两晋期间，西南夷各族在历史发展中，出现了两种比较的大的势力，一种称为"夷帅"，一种称为"大姓"。夷帅，又称"叟帅""叟大帅""夷率"等，基本指的是西南夷诸族中的世袭贵族首领。"大姓"一般来说是汉族移民中的统治阶层，是秦汉以后陆续进入西南地区的汉族官吏、商人和遗民中分化出来的。"夷帅"与"大姓"两者有一定的区别，但是越到后面越不明显。有的研究既说大姓是夷化的汉族移民，又说是汉化了的当地各民族的统治者，两者其实都有一定道理，所反映的都是民族融合。比如说雍姓的雍闿是汉族豪民的后代，但也被冠以夷帅所用的"耆帅""豪率"等称号。南中也有些大姓自称"方土大姓"，即土著大姓，显示其是汉化的西南夷土著居民统治者。"夷帅"与"大姓"之间还通过联姻的方式加强各自的势力，这更加生动地反映了汉、夷之间的融合过程。

西汉以后，随着移民屯垦政策的实施，不少军屯和民屯中的将士在西南地区安家落户，与当地土著居民接触、融合，其中不少人成为雄踞一方的豪族大姓。"大姓"由于管理屯政，掌握大量土地，庇护有不少夷、汉流民，这些人成为他们的私人武装，平时为"大姓"耕田服役，战时为兵。"大姓"还有专营盐、铁的权利，为其政治发展奠定了物质基础。

《华阳国志》记载的南中大姓事迹就有数百起之多，其中又以爨、孟、雍等在历史上较为著名。爨姓在公元 5 世纪末控制了云南大部分地区。诸葛亮"七擒孟获"的孟获就是孟氏大姓，在南中的势力仅次于爨姓。三国时期，不少南中大姓意图利用中原纷争的机会壮大势力。蜀国丞相诸葛亮曾经南征讨伐南中大姓，对大姓造成一定程度的打击。但是诸葛亮实行的"南抚夷越"的政策，主要还是利用大姓稳定蜀汉的统治。爨姓、孟姓等大姓都到蜀国为官，反而使得大姓不断发展壮大。西晋政权几次想废除南中大姓的统治，均以失败告终。大姓与大姓，大姓与西晋政权之间的争夺不断。东晋初年，晋政权在南中的统治彻底失败，南中的爨姓称强，逐渐控制南中的大部分地区。

南蛮是早期史籍中对中国南方各民族的一种泛指。在以华夏为中心的五方格局之下，"南蛮"是带有贬称的意向。狭义上，"南蛮"指称荆楚地区。我们这里主要介绍百越。

百越有时也包括在"南蛮"当中，分布于华南各地，是华夏对南方越地各民族的一种泛称。比较大的越族有吴越、扬越、东瓯、闽越、南越等。如吴越指今江浙地区，闽越指今福建地区，南越指今两广地区等。越人所讲的语言，传世的有汉代学者刘向所著的《说苑》中保存的"越人歌"，现代学者多用壮侗语加以解释。

魏晋南北朝时期，越人中记载比较集中的为僚人和俚人等。僚人又称为獠、乌浒等，现代的壮族、布依族等与古代僚人相关。晋代张华的《博物志》说"荆州极西南界至蜀，诸民曰僚子"，其大体居住在现在以贵州为中心涉及云南、广西、四川周边诸省的地区。僚人在成汉政权时期向蜀地迁徙，渐与汉人杂居，"大为民患"。

这一阶段的史书中记载了不少僚人的奇怪风俗，比如说妇女七月即临产，出生的婴儿放在水中，试验能否浮水，不能的会被弃养。婴儿长大后又会拔去上齿两颗作为装饰物等等。又说僚人有杀人祭祀的传统,"所杀之人美鬓髯者,乃剥其面皮,笼之于竹,及燥,号之曰鬼,鼓舞祀之,以求福利"。僚人有较高的金属铸造水平,所铸的大口宽腹的锅称为"铜爨",方便煮熟食物。以僚人为代表的越人住居是一种干栏式建筑,以木柱为底架,房屋悬空于底架之上。如《魏书》中记载,僚人"依树积木,以居其上,名曰干栏"。干栏式建筑既有防潮之用,底架又可容纳家畜、储放杂物。

俚也称乌浒蛮,与僚有很密切的关系,常常合称为"俚僚"。其大体分布区域是广西壮族自治区东南部、广东省西南部和北部,也是壮侗语民族的先民之一。到唐代时,史料中"黎"逐渐取代"俚",后来俚(黎)人向南发展的一支,就是现今生活在海南的黎族。

参考文献:

[1]《晋书》、《魏书》、《北齐书》、《周书》、《北史》、《南史》、《华阳国志》、《资治通鉴》。

[2] 王钟翰主编:《中国民族史》,中国社会科学出版社,1994。

[3] 林幹:《中国古代北方民族通论》,内蒙古人民出版社,2007。

[4] 林幹:《东胡史》,内蒙古人民出版社,2007。

[5] 林幹:《突厥与回鹘史》,内蒙古人民出版社,2007。

[6] 马长寿:《氐与羌》,上海人民出版社,1984。

[7] 杨铭:《氐族史》,吉林教育出版社,1991。

[8] 孙功达:《氐族研究》,甘肃人民出版社,2005。

[9] 那木吉拉:《中国阿尔泰语系诸民族神话比较研究》,学习出版社,2010。

原典选读

【原典】

　　永桥以南,圜丘以北,伊洛之间,夹御道东有四夷馆,一曰金陵,二曰燕然,三曰扶桑,四曰崦嵫。道西有四夷里:一曰归正,二曰归德,三曰慕化,四曰慕义。……北夷来附者处燕然馆,三年已后,赐宅归德里。正光元年,蠕蠕主郁久闾阿那肱来朝,执事者莫知所处,中书舍人常景议云:"咸宁中单于来朝,晋世处之王公特进之下。可班那肱蕃王仪同之间。"朝廷从其议,又处之燕然馆,赐宅归德里。北夷酋长遣子入侍者,常秋来春去,避中国之热,时人谓之雁臣。东夷来附者,处扶桑馆,赐宅慕化里。西夷来附者处崦嵫馆,赐宅慕义里。自葱岭已西,至于大秦,百国千城,莫不款附。商胡贩客,日奔塞下,所谓尽天地之区已。乐中国土风因而宅者,不可胜数。是以附化之民,万有余家。门巷修整,阊阖填列。青槐荫陌,绿树垂庭。天下难得之货,咸悉在焉。

　　　　　　　　　　　　(选自《洛阳伽蓝记》卷三《城南》)

【释读】

　　(宣阳门外四里)浮桥永桥以南,圜丘以北,伊水和洛水之间,沿着御道东侧建有四夷馆,分别名为金陵馆、燕然馆、扶桑馆和崦嵫馆。沿着御道以西设有四夷里,分别叫归正里、归德里、慕化里和慕义里。……北方民族来归附中原的,安置在燕然馆,住满三年以后,朝廷赐其宅第,在归德里定居。北魏孝明帝正光元年(520年),柔然可汗郁久闾阿那瓌来投奔朝廷,当时主持政事者不知道应该如何处置。中书舍人常景建议说:"晋武帝咸宁年间,北方单于前来朝觐,西晋将其排列在王公特进位次之下。如今不妨将郁久闾阿那瓌的朝班次序排位于蕃王与仪同之间。"朝廷采纳了常景的建议，又将郁久闾阿那瓌安排住进燕然馆，随后在归德里赐宅居住。北方民族首领派遣子嗣来朝廷服侍皇帝者，时常秋季来朝，到来年春季辞归，为的是回避中原的暑热，当时人们称这批人为"雁臣"。东部地区民族来归附者，朝廷将其安置在扶桑馆，赏赐宅第，居住在慕化里。西部地区民族来归附者，先安置在崦嵫馆，然后在慕义里赐宅居住。自葱岭（帕米尔高原）向西，直到欧洲罗马，众多的国家和城邦，都相继来北魏洛阳诚心归附。各民族的商人团队频繁往来于中原和边塞之间，真所谓行遍天下啊。那些崇尚中原地区文化而定居下来的各族人民，不可胜数。因此，当时洛阳城里归附中原的各族民众就有上万余家。宅第有序，巷道齐整，城镇和村落交错分布。大道两旁青槐遮蔽，房前屋后绿树成荫。全天下最稀有珍奇的货物，全都能在洛阳城里找得到啊！

隋唐时期的中国古代民族

隋唐结束了东晋、南北朝时期的长期分裂局面,重新统一了今日中国的大部分地区。突厥族系在这一时期取代鲜卑族系,成为北方游牧民族的主角。而长期默默无闻的藏缅语族民族(氐羌族系)也在这一时期建立吐蕃、南诏等大的政权。契丹、室韦、靺鞨等族群在东北地区孕育发展,他们在隋唐以后相继登上中国历史的大舞台。

从同一时期的世界历史来看,隋唐、突厥、回纥、吐蕃等都是气象雄伟的大的地方政权。包括丝绸之路在内的内陆欧亚通道在这一时期更趋活跃,商贸往来和文化交往超过了以往时期。隋唐时期的民族关系大体上是开明和开放的,这不仅得益于前期的民族融合,也源于各政权之间的相对均势。中国各民族之间进入了既分也合的新时期。

　　文字和书写文献的大发展是这一时期的重要特点。在汉字影响不断扩大的同时,不少民族都发展出各自的文字和记事传统,故而在中国历史上第一次大规模地发出了自己的声音。中国民族历史的书写从而也进入新的阶段。突厥学、回鹘学、藏学等领域也多是从解读他们的古代文献开始的。

以狼为图腾的突厥族

"突厥"这一译名大致出现于6世纪中叶,其含义一般释为一种头盔。《周书》说:"金山形似兜鍪,其俗谓兜鍪为'突厥',遂因以为号焉",这是说突厥是以发源地金山的形状而得名。金山即今新疆北部的阿尔泰山,为突厥人的发源地,"阿尔泰"(Altai)为金之意。成书于11世纪中后期的《突厥语大词典》解释"突厥"时,认为是"最旺盛时期"的意思。在草原民族中,头盔与权势联系在一起,因此这两种解释有一定的联系。

我们在介绍高车时,已经介绍到突厥系民族的狼生神话。突厥人的狼生神话在史料记载中更为详细。据说突厥部落一开始附属于匈奴、柔然(茹茹)等部族,并曾在阿尔泰山(金山)之南为柔然人打铁,故而曾被柔然可汗蔑称为"锻奴"。突厥人的核心氏族"阿史那氏"在草原部族的兼并战争中遭遇灭顶之灾，只剩下一男孩被断足遗弃。有一匹母狼将男孩喂养大，并与其婚配。后来他们又遭到追杀，《周书·突厥传》载"狼遂逃于高昌国之北山。山有洞穴，穴内有平壤茂草，周回数百里，四面俱山。狼匿其中，遂生十男"。阿史那即这十男中的一子，自此子孙繁衍，"相与出穴"，成为突厥部落的先民。这则神话有两个神话母题值得注意，一是狼生说，一是突厥祖先居住的洞穴——先祖之窟。我们在讲到鲜卑族源时提到拓跋鲜卑的族源地鲜卑石室也是这样一个洞穴。蒙古族学者那木吉拉先生在比较神话学的基础上，认为在古今北方游牧民族的族源神话中这两个母题占有重要地位。维吾尔族的《神狼救助维吾尔》、哈萨克族的《额尔捷涅·孔乃蛮人的传说》都蕴含了上述两大母题。拉施特的《史集》中记载的蒙古族族源叙事"额尔古涅·昆传说"也与《周书》等史籍中记载的逃亡故事相关。由此我们知道狼生神话与先祖避难之窟在北方游牧民族的族源神话中是广泛流传的。

《周书·突厥传》中说："侍卫之士，谓之附离，夏言亦狼也。"今突厥语言称狼为bori，根据古无轻唇音的原则，"附离"与bori可以对音。有研究就认为突厥汗国的核心氏族阿史那其名就与"狼"有关，《隋书》说突厥王庭"牙门建狼头纛，示不忘本也"。在《史记》《汉书》也常见称为"符离""蒲泥"的部族，《汉书》中还有乌孙王名为"拊离"的。《蒙古秘史》中也载蒙古人是苍狼（字儿帖赤那）与白鹿的后代。"狼"图腾作为古代北方游牧民族的一大母题，在突厥系民族中表现得尤为明显。

突厥的发展可以划分为三个段落，即前突厥，东、西突厥以及后突厥。

隋唐时期的中国古代民族

图 4-1　唐·三彩釉陶载乐骆驼，陕西西安鲜于廉墓出土
资料来源：中国国家博物馆编《中华文明：古代中国陈列文物精萃》，中国社会科学出版社，2010年，第497页。

前突厥

公元6世纪中叶，突厥已经成为北方草原上的一大势力，在首领阿史那土门（伊利可汗）的带领下与柔然、西魏长期征战。在公元552年，突厥大败柔然，进据蒙古高原的大部分地区。木杆可汗即位后，东驱契丹，西击吐谷浑，突厥的势力进一步壮大。公元556年左右，伊利可汗之弟室点密西征，最终兼并了柔然、高车等部，灭嚈哒国，突厥真正成为北方草原的主人。这时突厥的版图东至辽河之滨，北到贝加尔湖，西达里海，西南延伸至阿姆河以南的吐火罗斯坦。王庭大致在今蒙古国杭爱山脉北麓鄂尔浑河上游地区。这个庞大的突厥汗国在室点密西征时就酝酿了分裂。室点密征服西域诸胡国后，被封为西部可汗，名义上受到东部可汗的统治,实际上已经是独立的势力。东、西突厥大体以今阿尔泰山(金山)为界,东为东突厥,西为西突厥。

东突厥

东突厥强盛时期包括东至大兴安岭、西至阿尔泰山的广大地区,其控制的核心部族在蒙古高原南部,北部则是韦纥(回纥)、覆罗等铁勒诸部。突厥汗国分裂后,东突厥长期臣服隋朝,接受册封。隋朝利用东西突厥之间的矛盾和东突厥内部的汗位之争,大体上保持了对东突厥的控制。启民可汗在位时,岁岁朝贡,东突厥与隋朝的友好关系达到顶峰。公元599年,隋文帝将义成公主嫁给启民可汗。公元607年,启民可汗亲来朝觐,隋炀帝为炫耀隋朝的富足和强盛,大排乐舞,据说为演员缝制的衣服用光了东、西两个都城的彩色绸缎。同年启民可汗上表说"愿率部落变改衣服,一如华夏",隋炀帝赐他参拜时可以不用通报,"位在诸侯王上"。

隋末各地纷纷起事,突厥此时转向强大,控弦之士达百余万,双方的强弱关系发生逆转。李渊起兵时就得到东突厥的大力协助。据说始毕可汗病逝后,唐高祖李渊在长乐门为其举哀,并令群臣至突厥使节馆舍吊唁。此后,启民可汗的另外两子处罗可汗和颉利可汗相继即位。按照草原民族的收继婚习俗,嫁与启民可汗的义成公主先后嫁给他的三个儿子始毕、处罗和颉利可汗。7世纪20年代,颉利可汗连年用兵,进逼唐朝北疆,至公元626年时,颉利可汗的兵锋直指唐都长安。已经即位的唐太宗李世民在距长安仅20多公里的渭水便桥处与颉利可汗谈判。颉利可汗见渭水一畔的唐军军容严整,双方遂斩白马盟誓,突厥撤军。

此后,由于颉利可汗用人不利,又连年用兵,突厥由盛转衰,薛延陀、回纥等部众纷纷叛走。公元627年,唐朝利用突厥内乱的机会,以李靖节度兵马向突厥大举进攻,并在公元634年大败突厥,俘虏颉利可汗,至此东突厥灭亡。唐朝的疆土进一步开拓,归降的十多万突厥人被安置在从今北京地区到今宁夏地区的北部边疆地区。

西突厥

西突厥的核心部族是十姓部落。当时室点密西征时,其手下的10万部众由十大首领统领。据说西突厥首领各持有西突厥可汗授予的一箭,故西突厥又号称"十箭"(Onoq)。十部又分为左右两厢,每厢五部。左厢五部首领官称为"啜",右厢五部首领官称为"俟斤"。西突厥在公元7世纪中叶时,已经有胜兵数十万人。除十姓部落外,当时的葛逻禄、铁勒若干部落以及西域讲印欧语的不少城邦国家也都依附西突厥。汗国的南牙(冬都)在鹰娑川(今新疆库车西北),北牙(夏都)设置在碎叶河的千泉(今哈萨克斯坦楚河西畔)。后来随着西突厥的开疆扩土,汗庭又屡有迁置。

处罗可汗时,附属西突厥的非核心部众经常叛离,统治很不稳定,他后来在内乱和隋朝的交逼下降隋。此后射匮可汗继西突厥大汗位。在其统治时期,西突厥的疆土大为拓展,据说东至今阿尔泰山,西至今咸海。到其弟统叶护可汗即位时,西突厥称霸西域,汗庭迁至石国(今乌兹别克斯坦塔什干)。唐朝按照远交近攻的策略与西突厥彼时维持了较好的关系,以便对付东突厥。

公元7世纪中期,咄陆可汗泥孰病逝,后西突厥又陷入内乱,汗国以今伊犁河为界分裂为两部,称南北两庭。两庭征战不休,后北庭的乙毗咄陆可汗击败南庭,重新统一西突厥。公元657年,唐朝派大将苏定方等征讨西域,俘获可汗阿史那贺鲁,西突厥灭亡。《新唐书》载阿史那贺鲁被俘后请死说:"我,亡虏也,先帝厚我,我则背之,今天降怒罚,尚何道?且闻汉法杀人必都市,我愿就死昭陵,谢罪于先帝也",也就是说他自感有愧于唐太宗的厚待,自请在李世民的陵墓旁就死。唐高宗赦免了他,其死后葬于东突厥末代首领颉利可汗墓旁。唐朝后来在西突厥故地设置了安西大都护府和北庭大都护府。

后突厥

东突厥灭亡约半个世纪后,因常常受到朝廷的征调,东征西讨,突厥贵族渐渐产生复国的想法。阿史那家族在公元7世纪末至8世纪中期建立后突厥政权。公元682年,颉利可汗族人阿史那骨咄录率领七百人占领黑沙城(今内蒙古呼和浩特西北)反抗唐朝。阿史那骨咄录自称颉跌利施可汗,他向东征讨契丹,向北讨伐九姓铁勒,向南屡屡进犯唐朝北疆,后突厥汗国逐渐壮大。

默啜可汗继后突厥汗位后与武周政权关系微妙,表面上臣属,实际上默啜可汗内心比较轻视武周政权,不断与唐朝争夺势力范围。公元698年武则天遣其侄武延秀去后突厥娶默啜可汗女儿为妃,默啜可汗侮辱他说,"我欲以女嫁李氏,安用武氏儿邪!此岂天子之子乎",并扬言要助李氏恢复唐朝。公元716年,默啜可汗征讨九姓铁勒时,由于轻敌被溃散的九姓铁勒战士袭杀。其后,在骨咄禄的儿子阙特勤的帮助下,毗伽可汗即位,阙特勤被任命为左贤王,掌兵马大事。毗伽可汗时期与唐朝维持了友好关系,吐蕃联络他共同进攻唐朝的信息也被他转给唐朝。公元731年,阙特勤亡故时,唐朝还派专使吊唁,并遣工匠协助为其立碑纪念。《阙特勤碑》在19世纪末被俄国学者在今蒙古国呼舒柴达木湖畔发现,成为了解突厥历史和文化的重要资料。公元745年,回纥怀仁可汗杀死突厥白眉可汗,献于唐朝长安,立国半个多世纪的后突厥汗国灭亡,著名的阿史那家族退出了草原帝国的历史舞台。

突厥人所讲的语言是阿尔泰语系突厥语族的早期语言。突厥人是典型的游牧民族,其游牧业起源很早,有不少研究都指出今蒙古语中不少畜牧业词汇均是从突厥人那里继承的,由此也可以判断蒙古语族民族学习了不少突厥人的游牧知识。同时我们也可以看到反方向的影响,突厥的政治文化受蒙古语族的柔然影响极深,很多名号都是从柔然汗国继承的。突厥人尽管没像鲜卑等民族一样入主中原地区,但其也有从中原借鉴的官号。从阿尔泰语研究的先驱兰司铁开始,很多研究都认为突厥语官号 beg 一词源自汉语的爵号"伯",唐代汉字对译为"匐"。这个词影响甚大,维吾尔族以前的贵族称谓"伯克"即由此而来。蒙古语中的别乞/别吉(beki/begi)、女真语的孛堇(bögin)、勃极烈(bögilə)、满语的贝勒(bəilə)、贝子(bəisə)均与这个从汉语来的突厥语词汇有关。

突厥人在北方游牧民族中较早使用文字记录母语。这些文字因多块突厥文碑铭的出土而得到研究。突厥文大致是在公元5世纪时创制并使用的。突厥文是一种拼音文字,通常由右向左横写。突厥文碑铭是保存突厥历史、文化的重要材料。如《毗伽可汗碑》在提到突厥政权的灭亡时写道:

> 因诸匐(伯克)与民众缺乏融合,又因兄弟相争,诸匐与民众水火,遂令突厥民众之旧国瓦解。

这反映了统治上层内部及与民众的双重矛盾。《隋书·突厥传》也提到突厥与别部之间"仇敌怨偶,泣血拊心,衔悲积恨"。

突厥之王者称可汗,其子弟称为"特勤",汉文又记为"地勤""敕勤"等。突厥别部领兵的称为"设"。当然这些名号在魏晋时期的北方游牧民族中都已使用。在东突厥,除可汗王庭外,突厥将其他地区分为东西两部,各部领兵之首领为"设",有时也派小可汗管辖。西突厥首领称为"叶护",这也是可汗子弟及宗族中地位仅次于可汗的官号。《旧唐书·突厥传》载:"其官有叶护,有特勤,常以可汗子弟及宗族为之。"突厥有一整套独特的官制系统,《通典》《册府元龟》等书记载甚详。由突厥可以看到北方游牧民族建立政权后的基本组织形式,此不赘述。

在文献和考古文物中,我们知道突厥人使用十二生肖纪年。《布谷特碑》(6世纪)、《毗伽可汗碑》(8世纪)、《磨延啜碑》(8世纪)等突厥碑铭中出现了"兔年""羊年""虎年"等纪年方式。如《毗伽可汗碑》提到:

> 朕父可汗,狗年十月二十六日崩,猪年五月二十七日举行葬礼。

十二生肖纪年以12年为一循环,较难确定具体年代。这种纪年方式对于欧亚腹地民族的历法有深远影响,后来又加入阴阳五行等观念,构成了60年纪年周期。

突厥人以万物有灵为基础的萨满教观念为基本信仰。他们敬日、祭祀祖先及天地神祇,认为汗的权位来自上天的加持,突厥碑铭中曾提到"朕是同天及天生突厥毗伽可汗"等语。对于战争等事,突厥人习用占卜。后来很多在欧亚腹地有影响的宗教都陆续传入突厥,对突厥文化产生了影响。琐罗亚斯德教(祆教、拜火教)是早期欧亚腹地很有影响力的一大宗教,有文献显示,突厥人曾经信仰过这种宗教。唐代段成式的《酉阳杂俎》中就说"突厥人事祆神","王及百姓不信佛法,以事火为道"。景教(聂斯脱里派)东传后,西突厥中有人信仰此教。法国学者沙畹引用西方史料说6世纪中后期,景教已经传到康居一带的突厥人中,某些突厥军人额头刺有十字符号。从《隋书·突厥传》的记载来看,景教大概在佗钵可汗时期(公元572—581年)传入突厥。唐代新罗僧人慧超在《往五天竺国传》中说西突厥某王"甚敬信三宝;王、王妃、王子、首领,各各造寺,供养三宝",说他们"足寺足僧,行大乘法"。

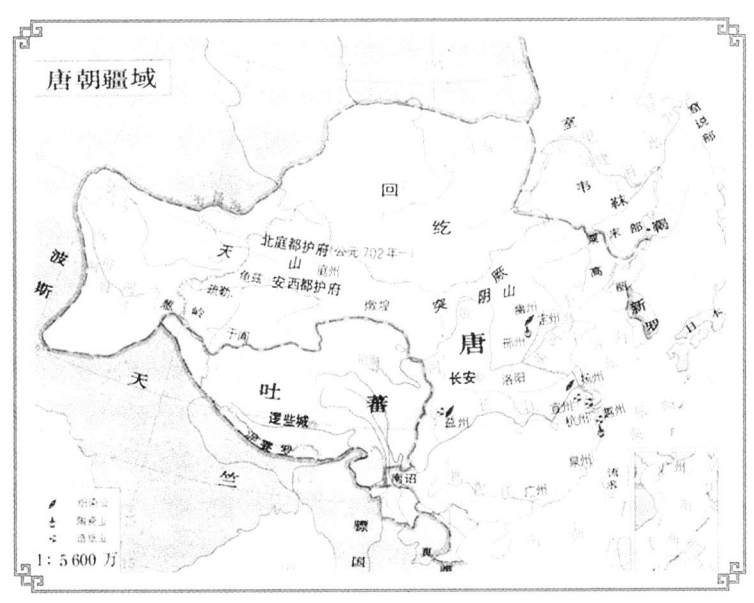

图 4-2 唐朝疆域

图片来源:http://www.renwen.com/wiki/%E4%B8%AD%E5%8D%8E%E6%B0%91%E6%97%8F。

四海之内

马背民族吐谷浑

吐谷浑源于辽东鲜卑的一支。约在公元 3 世纪末,吐谷浑部从辽东长途跋涉逐渐迁居至今甘肃、青海等地区驻牧。汉文和藏文史料均称呼其部众为阿柴,汉文一般写为"阿柴虏",藏文一般写为 A zha(读若"阿夏")。吐谷浑本是部落首领名称,后成为这支鲜卑人的族称。之所以如此,有研究认为此名本就是由两个词组成的官号。如罗新先生认为吐谷浑与突厥人名"暾欲谷"均是同一名号 Tonjuquq 的汉字异写,这个词由 ton 与 juquq 两个名号组成。这样来看,"土"(ton)意为头、首,"谷浑"(juquq)与汉文史料中译音为"翕侯""叶护"的名号对应,是地位次于可汗的官名。这个解释与吐谷浑本人的出身也是相符的。

吐谷浑父有二子,长子吐谷浑,少子若洛廆。吐谷浑的地位不及若洛廆,他是庶出长子,而若洛廆为正室嫡系。按传统,若洛廆可继承其父的地位和大部分财产。当其父健在时,吐谷浑分得七百户人统领。从汉文史料的记载来看,两兄弟及其所统领的部众间存在紧张关系,这种紧张关系后来竟然以"马斗"为导火索爆发出来。《宋书·鲜卑吐谷浑列传》载:"浑与廆二部俱牧马,马斗相伤",若洛廆认为自己是父亲地位的继承者,既然两兄弟分家,那么吐谷浑就应当率众远徙,避免两部马群共用草场以致争斗相伤。正如吐谷浑所言:"斗在于马,而怒及人",他最终决定"拥马西行"。吐谷浑部众向西迁徙一段时间后,若洛廆有悔意,遣使说和,劝吐谷浑东归。吐谷浑以"我是卑庶,理无并大"为

由,以马为"天启",卜策是否东归,《宋书·鲜卑吐谷浑列传》记为:

> 今以马致别,殆天所启。诸君试拥马令东,马若还东,我当相随去。

据说若洛廆的使者意图将吐谷浑所有的 2000 匹马拦住赶回,马群向东移动不到三百步,"欸然悲鸣突走,声若颓山",不愿东归。使者也认为这并非人力可为,吐谷浑遂率众"西附阴山""假道上陇",最终停留在今甘、青、川三省交界地方,逐渐发展壮大。

吐谷浑的迁徙是通过这种马斗和以马为天启的叙事反映出来的。从这个侧面我们也可以获知马在游牧民族中占有极重要的地位。

吐谷浑政权的前期在甘肃西南部及与四川的交界处,也就是西倾山附近的洮河流域。公元 4 世纪中后期,吐谷浑首领视连在位期间将部落迁徙到今青海地区,树落干执政后,政权核心稳定在今海南藏族自治州及其周边地区,所以史书中也称其为河南国,指其核心部落在黄河以南地区。吐谷浑政权统治核心区域称沙州或莫贺川。莫贺为蒙古语族语言 mangha,意为沙子。这个沙地在今青海海南州贵南县的穆格塘。其在沙州地区有四大戍区:清水川、赤水、浇河、吐屈真川。其中清水川在今海南州兴海县的曲什安河,赤水在今甘肃和政县一带,浇河在今海南州的贵德县一带,吐屈真川一般认为是茶卡盐池。到伏连筹(公元 490—529年)继位时,吐谷浑的势力达到顶峰,《南齐书·河南传》载其势力范围:

> 东至垒（叠）川，西临于阗，北接高昌，东北通秦岭，方千余里。

可见势力已经拓展到今新疆东部地区。后期吐谷浑向北迁徙到青海湖周边地区，定都布哈河入青海湖处的伏俟城。

到了唐时，吐谷浑的地缘政治格局发生大的逆转，同时面临唐与吐蕃的崛起。被唐攻击时常常退保白兰，进入白兰羌所在地区避难，白兰即今阿尼玛卿山地区。公元635年，吐谷浑首领伏允被唐将李靖等击败，吐谷浑分为东西两部，东部归顺唐朝，西部以鄯善为中心，后降吐蕃。公元663年，吐谷浑大臣素和贵叛降吐蕃，吐谷浑终为吐蕃所灭，一部分人被唐安置在河西走廊。后吐谷浑逐渐融合到当时西北的各民族当中，族称不复存在。

吐谷浑立国于群羌之地，当南丝绸之路要冲，其社会文化受到了多方面的影响。吐谷浑在青藏高原立国的过程中长期受到了羌文化的濡染，表现出很多特质。比如吐谷浑王族世系中很多名字有联名制的现象。联名制是藏缅民族文化的一个基本特点。吐谷浑前三代王的名字：吐谷浑、吐延、叶延就有父子联名的特点。当然，纵观汉文史料的记载，这种联名是断断续续的。吐蕃崛起后已经把吐谷浑视为与青藏高原其他政权一样的诸邦国之一。

宗教方面，佛教从东西两个方面均进入到吐谷浑地区。据说公元514年，吐谷浑首领遣使到梁朝，要在益州（今成都地区）"立九层佛寺"；公元540年，又"求释迦像并经论十四条"。

吐谷浑因属于鲜卑之一支，故其所讲语言也是蒙古语族早期语言。敦煌出土的藏文文献P. T. 1283(2)号写卷《北方若干国君之王统叙记》中就说契丹人"其食物衣着与吐谷浑同。……其语言与吐谷浑大体相同"(王尧译文)。

青海骢

吐谷浑的马在汉文史籍中备受推崇,被称为"青海骢""龙驹"等。《周书·异域传》载:

> 青海周回千余里,海内有小山。每冬冰合后,以良牝马置此山,至来冬收之。马皆有孕,所生得驹,号为龙种,必多骏异,世传青海骢者也。

《周书》所载的青海骢这种龙驹配种之事只能当成是一种传奇:运送来青海海心山的母马,似乎是通过某种神秘力量(龙)受孕的。以今天的自然地理来看,青海湖的海心山,长1000米,宽约600米,距湖南岸30多公里。在吐谷浑时期,运送优良的母马至海心山,必须安排专人饲养才能生存,这又需要不断补给草料和人生活的必备品,而这些在当时都是难以实现的。据说隋炀帝相信了这个神话,在大业五年(公元609年)付诸实验,结果以失败告终。《隋书·炀帝纪》载:

> 秋七月丁卯,置马牧于青海渚中,以求龙种,无效而止。

实际上,史料中已经指出了吐谷浑的良马其实是土马与波斯马交配的品种。《魏书·吐谷浑传》在叙述完上述传奇后,又补充说:

> 吐谷浑尝得波斯马,放入海,因生骢驹,能日行千里,世传青海骢者是也。

这个说法总算是为"龙驹"传奇找到了一点原型。其他关涉吐谷浑的汉文文献中亦多载此二说,让我们可以明确这一虚一实两种叙事的对应关系。

青海骢之"骢"从汉字训诂来说,是指青白色的马。前文所述龙驹之事,历史语言学学者卓鸿泽先生认为是源于《一千零一夜》中《辛巴达航海旅行的故事》。阿拉伯的民间故事集《一千零一夜》(中国又称为《天方夜谭》)源远流长。这一系列故事很早就在阿拉伯地区口头流传,大约在公元8世纪末、9世纪初时出现了手抄本。《辛巴达航海旅行的故事》中,"第一次航海旅行"就提到了类似的故事。辛巴达远航途中,所乘之船遇险沉没,漂流到一个荒岛之上。他在岛上路遇一人正在监视拴在海滨的骏马,这个人告诉他说海马闻到岛上母马的味道后,会尝试上岸与母马交配,而后人们会跑出来把海马吓跑。母马怀孕后所生的小马"每匹值一库银子","生得美丽无比"。

这个故事各方面的细节比龙驹故事要全面得多。如故事明确提到这些牝马有人看管,也提及与牝马交配的是海马,尽管这种水牛般的海马也是不存在的动物,等等。虽然在细节上有差异,但在故事的基本框架上,两者是接近甚至是相同的。两者的母题要素比较见下表:

	基本母题
辛巴达第一次航海见闻	1. 大海 2. 健壮的牝马 3. 荒岛 4. 海马 5. 监管马的人
《周书·异域传》	1. 海 2. 良牝马 3. 海心山 4. 龙

可以看出前四项两者是对应的,只是海马换成了"龙"。由于汉文史籍在叙述这个"虚"的故事时,又提到这个故事的实际情况是选择了"波斯马",故而我们认为这两个故事源于同一

母题是合理的。此外,吐谷浑和吐蕃、波斯及阿拉伯保持着间接或者直接的政治、经济和文化往来。在青海省西南部地区的古代墓葬中即经常出现波斯文物,如波斯织锦、银币等等,曾有一枚波斯文的银币写有"伟大的王中之王"。由此也不难推测龙驹故事与辛巴达航海旅行故事的继承关系。

助唐平叛的回纥

Uyghur 一词,当代译为维吾尔,古代则有不同的汉字译音。公元 4 世纪时写为"袁纥",《隋书》中记为"韦纥",唐时为"回纥"(廻纥)。《新唐书·回鹘传》说"袁纥者,亦曰乌护,曰乌纥,至隋曰韦纥",可知"乌护""乌纥"也是两种译音。到了公元 788 年时,当时的回纥可汗给唐朝去信请求在汉文中使用"回鹘"一词,据说是"义取廻旋轻捷如鹘也"(本书一般统称为回纥,然而,以 788 年改名为界,之前称为回纥,788 年之后,称为回鹘)。当然这只能理解为回纥人想在汉字译音上取美称。一般认为,在古突厥语中 Uyghur 有团结、联合、同盟辅助的意思。元代时这个词译为"畏兀儿"。

回纥作为突厥系民族,其起源可以追溯到公元前的丁零,但是比较详尽的记载从《魏书》开始,那时他们是高车人的一支。《魏书·高车传》载高车(敕勒、铁勒)六部中有"袁纥氏"。《隋书·铁勒传》说铁勒人种类繁多,其中傍白山(今天山)中"则有乌护"。回纥牟羽可汗(公元 759—780 年在位)时,将回纥人的立国年代上溯到 300 年前,彼时正是高车人在准噶尔盆地建立高车国之际,可知回纥人与古高车的密切关系。

下面我们介绍一则混入摩尼教元素的回纥王族起源传说。元代《道园学古录》收录的《高昌王世勋之碑》提到一种树生说:在蒙古高原的色楞格河、土拉河两河间,天光降于树,"树生瘿,若人妊身然,自是光恒见者"。树感光而孕后生五个孩子,最小的一位后来成为回纥人的君主。

回纥汗国的核心由两个集团组成,一个是九姓乌古斯,一个是回纥十姓。据拉施特《史集》记载,贝加尔湖以南有两处地区:一处有十条河,即今鄂尔浑河流域,古称嗢昆水,为突厥语"十日"之意;一处有九条河,即今土拉河流域,突厥语意为"九河"。生活在十条河地区的为十姓回纥,居住在九条河地区的为九姓乌古斯。十姓回纥,顾名思义就是"十个部落的联合"。九和十明显是吉祥数字,是虚数。前面介绍过西突厥中有"十箭",其他北方民族有"九姓鞑靼""九姓室韦"等,回鹘汗国时还设有九个宰相。

隋时回纥人分布在今蒙古国的色楞格河流域,彼时健俟斤及其子菩萨为首领。唐贞观元年(公元627年),回纥与薛延陀等部叛离东突厥。回纥首领菩萨大破追击的突厥军队,并在今蒙古国土拉河流域建立牙帐。东突厥灭亡后,薛延陀与回纥两部在漠北称雄。公元646年,回纥在唐的配合下,灭薛延陀汗国。唐成功招抚回纥,并在回纥所在地设置瀚海都督府。此后回纥曾多次协助唐朝攻打西突厥、高丽。武则天时期,后突厥强大,一部分回纥人被迫南迁到今河西走廊中部地区。公元744年(唐玄宗天宝三年),回纥首领骨力裴罗攻占突厥故地,建立回纥政权,称"骨咄禄阙毗伽可汗",汗庭设在今杭爱山北部,唐朝给他的封号是"怀仁可汗"。《新唐书·回鹘传》说这时回纥汗国的控制地区是"东极室韦,西金山,南控大漠,尽得古匈奴地",也就是说回纥控制了东到额尔古纳河,西至阿尔泰山的漠北广大地区。唐与回纥长期保持友好关系。

公元755年(唐天宝十四年),唐发生"安史之乱",唐的洛阳和长安两京沦陷,北方大片领土被叛军占领。唐玄宗次年入蜀避乱,其子继位,是为唐肃宗。唐政权岌岌可危之际,回纥可汗通知唐朝其可以帮助讨伐安禄山。公元757年和公元762年,在回纥军队的帮助下,唐收复西京和东京。安史之乱造成的破坏是巨大的,回纥帮助唐朝在七年之间结束叛乱,使国家政局重归平稳,贡献巨大。当然唐朝也为此付出了巨大的财富和政治代价。回纥可汗曾在国门立碑说"唐使来,当知我前后功"。

公元780年,唐代宗卒后唐德宗继位。彼时,唐朝的外患以吐蕃为甚,故而采取"北和回鹘,南通云南,西结大食、天竺以困吐蕃"的政策。同时,回纥也面临吐蕃崛起的威胁。唐、回纥、吐蕃在西域地区开始角力。在这种情势下,唐与回纥保持了友好关系,两国和亲。唐与回纥屡屡和亲,其费用甚巨,成为唐朝财政的沉重负担,但也确实起到了稳定双边关系的作用。其后回纥继立的多位可汗都得到唐的册封。公元8世纪初,回纥的势力日盛,发兵南入漠南,西击吐蕃。唐担心回纥入侵,不断加强边防力量。

公元9世纪中前期,回鹘内部的统治逐渐不稳,继立可汗多被弑杀。当时,回鹘地区又发生疫情,连降大雪,政治和畜牧经济都受到重大破坏。回鹘西北部的黠戛斯(即今所译之柯尔克孜、吉尔吉斯)乘机崛起,并在公元840年进攻回鹘汗庭,回鹘政权最终瓦解。

回纥人是突厥系民族,故而在文化的很多方面与我们前面介绍的高车、突厥是相同的。这些方面我们就不一一介绍了。

回纥人早期是萨满教信仰,在8世纪中期信仰了摩尼教。摩尼教在中国也称明教,其学说表现是建立在多元文化基础上的混合。摩尼教教义是其创始人摩尼在公元3世纪中叶将佛教、基督教和祆教的教义混合而成。摩尼教教义认为,世界的本源状态是光明与黑暗对立的世界,这是初际;在中际时,黑暗入侵光明,两者发生大战,世界因而破灭;在后际时,恢复到初际的状态,但是黑暗已经被永远囚禁。摩尼教是宗教对话和融合的先驱,当今世界出现的很多新兴宗教(如巴哈伊教,旧译大同教)都是融合很多世界性宗教教义而成的。公元277年,由于波斯萨珊朝君主巴赫兰一世视其为异端,摩尼被抓入狱,受尽酷刑而死。据说基督教神学家奥古斯丁也做过九年的摩尼教徒。《回鹘毗伽可汗圣文神武碑》记载牟羽可汗(公元759—780年)时,曾经有"妙达明门、精通七部"的摩尼教传教士进入回纥传教,回纥上下逐渐信仰摩尼教,"薰血异俗化为蔬饭之乡,宰杀邦家变为劝善之国"。回纥的摩尼教深受唐朝的影响,据说长安还设有大云光明寺。

有研究者认为,前引回纥王族起源传说,就说明其受到了摩尼教思想的影响。里面的二水、天光、五儿等要素都是摩尼教神话传说的基本要素,反映了摩尼教的历史观。志费尼的《世界征服者史》也记载了类似的传说。就连回纥可汗的名号也受到摩尼教思想的影响。据王小甫先生等人的研究,回纥有不少以"登里"为名的可汗,"登里"即"腾格里"(Tengri),意为天。在"登里"一名前,回纥喜用"爱/蔼"、"君/军"等词冠之于前,实际上这是突厥语的 Ai(月亮)、kun(光明)两词,指的是摩尼教的月神和日神,是摩尼教中广受崇拜的拯救之神。由于契丹人也受到回纥的影响,其族源传说的母题实际上也是借自摩尼教塑造的回纥族源神话。

回纥人与粟特人贸易频繁,又皈依摩尼教,故而受到粟特人很大的影响。如《九姓回鹘可汗碑》等多块可汗纪功碑使用粟特文记录。不过那时回纥人仍主要使用突厥文,现有多块突厥文的回纥碑铭传世。回鹘西迁之后,回鹘人借鉴了粟特文字母,形成了回鹘文,这种文字的使用期限是公元8—15世纪。其字母可以追溯到叙利亚文,属于腓尼基字母体系。甘肃敦煌和新疆吐鲁番地区曾经出土有大量的回鹘文文献,包括宗教经典、商业契约、民间文学等等。回鹘文被蒙古人借用后逐渐形成传统蒙古文,至今仍然在中国蒙古族中沿用,而满文、锡伯文又是在蒙古文的基础上改制的。由此可见回纥人仅在文字上就为中国的多元文明留下了一笔丰厚的遗产。

东北诸族的变迁

我们在前文介绍的东胡族系秦汉时期即在东北地区孕育发展,与他们同时的还有讲通古斯语族语言的挹娄(肃慎)、勿吉、扶余等。这一族称消失后,在这一地区继之而起的是靺鞨、室韦、库莫奚和契丹等。东胡族系在魏晋南北朝时期勃兴后,在隋唐时期转入低谷。隋唐时期是东北地区族群再一次孕育和发展的时期。隋唐以后,这些族群又登上中国历史发展的大舞台。本节对东北地区几个主要的族群做简单介绍。

勿吉和靺鞨均属于肃慎族系,同一族称在不同时期的汉字译音:大体来说,南北朝时称勿吉,隋唐时称靺鞨,他们讲的是通古斯语族的早期语言。其活动范围大体在长白山以北的松花江、黑龙江、乌苏里江的三江流域,东临日本海。靺鞨之鞨在早期文献中也写为"羯",照此看两者的发音差距不大。

隋时,靺鞨大体有白山、粟末、黑水等七部,各部相距二三百里。在公元7世纪初形成了北部以黑水部、南部以粟末部为核心的两大部落联盟。

黑水靺鞨

黑水靺鞨分为十六部,其分布区域大体上是:东至库页岛,西在嫩江与室韦为邻,北达鄂霍次克海,南与粟末靺鞨、高丽相接。黑水靺鞨以渔猎为生,居住在通古斯人典型的地穴当中。故《新唐书·北狄传》说他们"居无室庐,负山水坎地,梁木其上,覆以土,如丘冢然。夏出随水草,冬入处"。其俗喜编发,"缀野豕牙,插雉尾为冠饰,自别于诸部"。

公元 726 年,唐在黑水靺鞨地方设置黑水都督府,以其首领为都督,另派官员至其地监领。到了公元 9 世纪中前期,契丹崛起,黑水靺鞨转而依附契丹,这时他们有了新的名字——女真。

粟末靺鞨与渤海国

粟末靺鞨的一部分在隋末迁居于今辽宁省朝阳市一带,未迁走的受到高丽的控制。后高丽亡国,唐朝在公元 668 年又将这一部分迁回上述地区。武则天镇压契丹叛乱之际,粟末靺鞨与"高丽余种"度辽河避难,首领大祚荣在今吉林省哈达岭一带大败唐军,并在 7 世纪末建国称王。公元 713 年,唐招抚大祚荣,封其为渤海郡王,他遂以渤海为号。渤海国的辖地包括今东北地区东部、朝鲜半岛北部及俄罗斯的滨海边疆区。

渤海国与唐朝往来频繁,学习了不少唐朝的衣冠制度,史书中称其为"海东盛国"。《新唐书·北狄传》盛赞渤海的物产丰富,其中特别提到渤海产稻,这说明渤海人早在 1000 多年前就成功地在北纬 43 度及以北地区引种水稻。猪的饲养是通古斯人畜牧经济的一大特点,今黑龙江阿城市一带的猪最为名贵。

到了 10 世纪前半叶,契丹崛起。公元 925 年,契丹首领耶律阿保机亲征渤海,最终灭亡渤海政权。不少渤海人并入中原、高丽及以北的女真地区。

室韦

我们前文已经提及,一些学者认为室韦可能是鲜卑的同名异译。室韦也写作"失韦""失围"。因其与契丹人有紧密的亲缘关系,故《隋书·契丹传》说:"室韦,契丹之类也。其南者为契丹,在北者号室韦"。室韦中的蒙兀室韦被认为是后来崛起的蒙古人中的核心部落。

汉文史料记载室韦人在南北朝时期居住于今嫩江以西的大兴安岭地区,属于林木中百姓,其分布区域东起嫩江东岸及今结雅河(精奇里江)中上游,西至石勒喀河流域,南以今洮儿河与契丹毗邻,北达外兴安岭。由以上室韦的分布我们知道,室韦人与契丹一样夹在突厥系民族和通古斯系(肃慎系)民族之间,受到两者的影响。《魏书》记载其语言与契丹、库莫奚等同,而《新唐书》又说其语言与靺鞨相同。了解到室韦人这样一种地缘生境,就可以理解讲蒙古语族早期语言的室韦,为何其语言存在突厥语和通古斯语的成分。后来室韦人西进,其畜牧业知识很多是从突厥系民族那里学习的,故而今天蒙古语中的不少畜牧业用语都是使用突厥语词汇。

在婚姻、丧葬、居住方面,室韦人的风俗习惯,体现了北方游牧民族的一些共同点。新旧《唐书》记载室韦存在服役婚,"男先就女舍,三年役力,因得亲迎其妇。役日已满,女家分其财物,夫妇同车而载,鼓舞共归"。在丧葬方面,室韦实行树葬。在森林中生活的室韦人,为避免蚊虫及野兽,有在树上建屋的"巢居"。

室韦偶尔到中原朝贡。由于在大的帝国夹缝中生存,室韦对于唐朝是"归附不常"。8世纪中后期,唐在室韦地区设置了室韦都督府。室韦的宗主国突厥汗国被回纥攻破后,回纥又在9世纪中叶为黠戛斯所灭。漠北的回纥部众离散,而黠戛斯人也返回天山西部地区驻牧。这就为室韦人向东迁徙留下了空间。这时契丹崛起,向北进攻室韦,迫使室韦人不是归属契丹,就是向西迁徙,室韦部众进入新一轮的整合期,部落名号也发生了改变。如蒙兀室韦大约在 10 世纪初从额尔古纳河迁徙到今鄂毕河(斡难河)和大肯特山(不儿罕山)地区,辽时史料中就将蒙兀室韦称为"萌古"了。

库莫奚

库莫奚也属于东胡族系,为鲜卑宇文之别部,同契丹是异种同类。库莫奚长期与契丹毗邻而居,同契丹一同活动于松漠之间。松漠之地,大致在辽河上游,今内蒙古西拉木伦河与老哈河一带,此地多松林,兼有沙地,故有此名。至隋时,库莫奚在汉文史料中省去"库莫",单称"奚"。

由于强调库莫奚是宇文之别部,又说他们与契丹是"异种同类",故而也有猜测库莫奚是匈奴后裔。我们知道附属宇文部的匈奴早在公元 2 世纪时就已经自号鲜卑了,所以当库莫奚在汉文史料中出现时,说他们是东胡是没有问题的。

4 至 7 世纪初,库莫奚分为五部活动,每部设一俟斤主事。7—9 世纪,奚族的军事政治实力与契丹不相伯仲,唐将奚与契丹并称为东北地区的"两蕃"。这一时期,除原有的畜牧业外,农业耕作开始出现和发展。9 世纪中叶以后,契丹渐强,奚族由盛转衰,并在 9 世纪末期为契丹役属。一部分奚人不堪契丹的苛政,迁徙至今河北省怀来县北部,奚族自此分为东、西两奚部。至 10 世纪初,契丹首领耶律阿保机平服了奚族的反叛,奚成为契丹的一部分,不少奚人也渐被契丹同化。

奚人的社会组织在辽末时还存在,直到女真人灭辽时,其社会组织才被女真打乱、整编,很多奚人被迁徙到中原地区,奚之地也迁入女真人。这些政策对奚族的解体有实质性作用。到了 12 世纪后期,奚人或被女真人同化,或与汉族融合,金代以后不见于史籍记载。

有关契丹的部分我们在后文中将有详细的介绍，这里我们只了解一下契丹的名号及族源。契丹（Khitan）一词在汉语中指的是中国古代的北方游牧民族，在中古蒙古语中指的是辽代控制的中国北方地区。蒙古西征时，这个词汇进入斯拉夫语族、拉丁语族等西方国家的语言当中，指称中国及汉人。《马可波罗游记》中就将控制华夏的元朝称为契丹。现今在蒙古语族和突厥语族的很多语言中这个词意指汉族，与汉文语境中"契丹"的所指大为不同。

"契丹"名义有很多解释。《金史》中认为是镔铁的意思。其族源叙事为"青牛白马说"。据《辽史·地理志》记载，有神人和天女，分别乘着白马和青牛顺着老哈河与西拉木伦河（辽河的两条支流）而下，在两河交汇处相遇婚配，生八子繁衍成契丹八部。实际上二河交汇处无山可寻，故而杨富学先生等认为这个始祖传说被回纥的摩尼教改造过。

契丹人讲的是蒙古语族的早期语言。我们前文已经提及，由于他们早期活动在松漠之间，处于肃慎族系和突厥族系的夹缝之中，故而在语言和文化上都受到了双方的影响。契丹王室的后族长期以来即来自回纥的萧氏（述律氏）。据王小甫先生的意见，契丹的"君基太一神"即回纥语的 kün-ai-tängri，为摩尼教的日月天神。契丹的生计类型是游牧兼以渔猎，反映了其受通古斯人影响的一面。契丹的早期始祖中也有戴野猪头、披猪皮的，这与通古斯人善养猪的生计与文化也有联系。

契丹人早期与库莫奚一同游牧渔猎。公元 4 世纪末库莫奚被北魏拓跋珪所败后，契丹人才与库莫奚"分背"。其时契丹有八部之分，八部间实行世选制，没有世袭首领。隋时，契丹曾经臣服于突厥汗国，八部之中的大贺氏被委任为"俟斤"。唐太宗时，契丹归附唐朝，后来唐在契丹地设置松漠都督府。但此后,唐与契丹的关系摇摆不定,契丹时附时离。唐末,契丹逐渐强大。公元907年,耶律阿保机被推选为首领,他逐渐控制和统一了契丹各部,并在916年称帝,建国号契丹(后改称辽),是为辽太祖。

南方和西南诸族

莫徭

莫徭是今瑶族的先民。公元 6 世纪时,莫徭分布在中国南部的南岭山区一带。《梁书·张缵传》载"莫徭蛮"居住在湘州界零陵、衡阳等郡,他们依山为险,不在中原政权的控制之下。汉文史料中附会说,莫徭是因"自云先祖有功,常免徭役,故以为名"。中原对其进一步熟悉之后,《隋书》所载的莫徭分布进一步扩大,说他们遍布环洞庭湖及湘、资、沅、澧诸江河流域。

不少诗词对莫徭的生活做过描述,从中可以看出莫徭营狩猎和刀耕火种的生活。如杜甫的《岁晏行》中说,"渔父天寒网罟冻,莫徭射箭鸣桑弓";刘禹锡也在一些诗歌中说他们"火种开山脊""箭头余鹄血,鞍傍见雉翘"等等。槃瓠是莫徭的始祖神。唐以后的史籍中,不再称"莫徭",这一群体以"瑶""蛮瑶"等名称出现。

东谢、南谢、西谢、西赵、牂牁诸蛮

以上所列诸"蛮"均分布在以贵州为主的地区,物产、风俗也大致相同。除牂牁为地名外,前四种均以氏族首领的姓氏为名。他们与今天的侗、水、仡佬、布依族等有比较密切的关系,所讲的是侗台语族的早期语言。

东谢蛮主要分布在今贵州黔东南和黔南地区;南谢蛮主要分布在今贵州南部和广西北部;西谢蛮主要居住在今贵州

中西部一带。以上三"蛮"均以"谢"为姓氏。《旧唐书》说他们每年都换新地开垦,并"巢居"(干阑式建筑)。谢氏是贵姓,据说因为高贵而不能嫁人,所以有溺死谢姓女婴的习惯。百姓见贵人时,"皆执鞭而拜"。在婚俗上,他们的新娘嫁到夫家时,新郎必要外出躲避,十余天后才能归家。

西赵蛮大体分布在今贵州东部的思结县一带,人口约有一万多户。

牂牁蛮之名源于古之牂牁郡,其地包括今贵州大部分以及云南、广西的部分地区,故牂牁蛮实际上是贵州一带古代民族的泛称。公元 620 年,首领谢龙羽遣使入贡,被唐封为"夜郎国公"。唐开元中期以后,赵氏成为首领,被委以黔中都督之职。

南平僚

僚人是侗台语族台语支民族的先民。南平僚分布于唐代的南平州,在今贵州省独山县以西地区。据说男子着左衽衣,女子着通裙,也就是以两片横布从中贯头而穿。《太平广记》载:

> 南方有僚妇,产子便起,其夫卧床褥。饮食皆乳妇,其孕妇疾皆生焉,其妻亦无所苦,炊爨樵苏自若。

从人类学的角度而言,这实际上是一种产翁做褥的习俗,男子假扮成产妇"坐月",借以突出自己在生育子女中的决定作用,带有父权制特征。

西原蛮、黄峒蛮

西原蛮大体分布在广西西南部一带,为壮族的先民之一。公元621年以后,唐朝以当地世袭首领为官,实行羁縻控制。西原蛮有制大型铜鼓的习俗,铜鼓是一种社会地位的象征。唐时,这一地区"黎庶甚重,粮粒丰储"。在文字上,并借鉴汉字字形和造字法,使用"土俗字"。

西原蛮是一个较大的泛称,其又有黄峒蛮、乌武僚、乌浒等不同名称。黄峒蛮是因地得名,以黄氏首领居住黄橙峒而名。黄氏强盛后,曾在8世纪中期号中越王,分封诸王,据说有20万之众。

俚

《隋书·地理志》记载公元6世纪的俚人"巢居崖处,尽力农事","刻木以为符契,言誓则至死不改"。其主要分布在岭南一带。俚人的首领称为"倒老"(都老)。

南越首领冼氏曾称雄岭南一带。冼夫人是俚人中杰出的女性领袖和政治家。她多次协助南朝平定南越乱局,隋时又率岭南民众归附隋朝,被封为谯国夫人,被南越民众尊为"圣母"。冼夫人故去后,后人建有许多寺庙祭祀她,据说仅在今茂名地区就有超过200座冼太庙。

汉、晋间称为西南夷的,在隋唐时代被冠以各种"蛮"的称呼,但他们多数是讲藏缅语族语言的先民,不同于南方之蛮。

乌蛮

乌蛮在汉晋时期是西南地区一部分讲藏缅语族语言的"叟"民,如越嶲、昆明等等。到唐时,这些西南氐羌系统的族群经过分化整合,很大一部分在史料中被称为"乌蛮"。乌蛮之内,又有不少小的名称,如卢鹿蛮、独锦蛮、栗粟蛮、磨些蛮等等。除栗粟蛮、磨些蛮等外,基本上是今天彝族的先民。

乌有"黑"之意,我们知道彝族尚黑,很多自称"诺苏","诺"即黑之意,"苏"意为人。"乌蛮"之"乌"应取的这一层意思。

乌蛮可分为东、北、西三个部分。东部之乌蛮基本上是南诏统一云南前的"东爨乌蛮"。北部之乌蛮,百户以上设"大鬼主",百户以下设"小鬼主"。《新唐书·南蛮传》说他们"土多牛马,无布帛,男子髽髻,女人被发,皆衣牛羊皮。俗尚巫鬼,无拜跪之节"。又说"其语四译乃与中国通",这是说唐与他们的联系较少,双方尚不熟悉,沟通时要经过重重翻译。西部之乌蛮主要分布在今洱海周围一带。唐朝初年时,此部分乌蛮有蒙舍诏、蒙嶲诏、越析诏等六个部落,也称"六诏"。一般认为,越析诏后来发展为今纳西族,其他五诏是今滇西地区的彝族先民。

白蛮

白蛮之"白",汉、晋时记音为"僰",为"羌"之别种。《水经注·江水注》引《地理风俗记》解释说"僰"字从人,僰人是"夷中最仁,有人道,故字从人"。这当然是说他们与中原联系较为密切,但是僰字应该是白蛮的一种自称。

我们在魏晋南北朝时期已经介绍过爨姓,这一姓氏当时就是汉族移民与西南夷融合后形成的大姓。唐代樊绰的《蛮书》中曾说"西爨,白蛮也",可见爨氏统治区内的西部形成以白蛮即僰人为主的状况,爨氏已经完全融合到白蛮当中。白蛮即僰人,是今白族的先民。《云南志略》即说:

> 白人,有姓氏。汉武帝开僰道,通西南夷道,今叙州属县也。故中庆、威楚、大理、永昌皆僰人,今转为白人矣。

和蛮

和蛮之"和"据说有山之意。《蛮书》中说"谷谓之浪,山谓之和,山顶谓之葱路"。"和蛮"指的即是居住在山上的民族,为今哈尼族的先民,后来又记为"和夷""和泥"等,"和"意为山,"泥"(尼)意为人。一般认为和蛮是从昆明等叟人中分化出来的。和蛮主要分布在今滇南的红河州、文山州一带。现在哈尼族讲的是藏缅语族彝语支的哈尼语。

由于居住在山上,故其农业生计也是在山坡进行,至今哈尼族梯田仍蔚为壮观,被列入世界遗产名录。和蛮与乌蛮、白蛮一样由鬼主统治,鬼主也是这些藏缅族群的一种主要的民间信仰。由此可以想见,"鬼主"即是部族首领也是宗教职业者,他们可能是通过巫术等形式来树立权威的。

磨些蛮

磨些蛮,汉晋时称为"摩沙夷"。大约在南北朝时期,摩沙夷在今云南省宾川县境内建立了"越析诏"。关于越析诏我们在介绍乌蛮时已经提到。磨些或者摩沙即今之摩梭人,民族识别时归属于纳西族。磨些蛮的畜牧生计比较发达,《蛮书》说他们"土多牛羊,一家即有羊群""男女皆披羊皮"。公元737年,南诏兼并越析诏后,南迁的一部分磨些蛮又北迁回今四川盐源、盐边一带。

金齿、茫蛮

金齿、茫蛮是今傣族的先民。汉晋时期,他们有"滇越""掸""鸠僚"等不同名称。"金齿""茫蛮"是他称而不是自称。《蛮书》中说"金齿蛮,以金缕片裹其齿"。据说傣族的男子喜欢用金、银饰齿,作为美与富的象征。至于"茫蛮"的称呼,

《蛮书》说"茫是其君之号"。

关于他们的经济生活,《蛮书》载其"象大如牛,土俗养以耕田,仍烧其粪",说明他们大量驯象,据说是"一家数头,养之代牛耕"。

朴子蛮、望蛮

朴子蛮是今布朗族和德昂族的先民,而望蛮是今佤族的先民。一般认为他们都是从汉、晋与南北朝时期的"闽濮"中分化出来的。

朴子蛮后来被南诏兼并。《蛮书》中记述他们的基本情况时载:

> 朴子蛮,勇捍矫捷,以青娑罗段为通身袄。善用泊箕竹弓,深林间射飞鼠,发无不中。

望蛮为今佤族,"望"与"佤"是同音异写。望蛮的生计大体与朴子蛮相同。

南诏

南诏是8世纪中前期在中国西南部兴起的国家,主要居民是前文提到的乌蛮和白蛮。南诏也是唐时的大国,《新唐书·突厥传》说"唐与蛮夷更盛衰,尝与中国抗衡者有突厥、吐蕃、回鹘、云南是也",云南即说的南诏。

隋末唐初时,滇西洱海地区的乌蛮、白蛮等逐渐强大起来,形成了以六诏为核心的部族集团。由于蒙舍诏在其他五诏之南,故而又称之为南诏。彼时,六诏之间实力相当。7世纪初以后,蒙舍诏的力量最为强大。公元738年,在唐的支持下,蒙舍诏首领皮罗阁兼并其他五诏,在今洱海地区称王,以其族姓"蒙"为国号,并向唐称臣。

公元748年,阁罗凤继王位后,利用唐朝意图压服爨氏各部的机会,拉拢他们进一步扩大势力。唐在西南地区的军政长官与阁罗凤的矛盾进一步加深,双方剑拔弩张。阁罗凤不得已向吐蕃求救,吐蕃与南诏结盟。吐蕃赞普赤德祖赞与阁罗凤结为兄弟,称阁罗凤为"赞普钟"(btsan po gsung),意为"赞普之弟",这也成为南诏的第一个年号。此后,攻打南诏的七万唐军几乎全军覆没。公元779年,唐军终于大破南诏与吐蕃联军。不久,南诏归附唐朝,献地图、方物。唐册封异牟寻为南诏王。《新唐书·南诏传》载异牟寻向唐保证说:"贞元皇帝洗痕录功,复赐爵命,子子孙孙永为唐臣"。是年,异牟寻迁都阳苴咩城,即今大理旧县城西三塔附近。公元794年,异牟寻再被册封为南诏王,自此世称南诏国。

8世纪末9世纪中期,南诏的势力最为强盛。据《新唐书·南诏传》的记载,最盛时的疆域是东拒爨,东南到今越南北部,西达印度,西北与吐蕃接壤,南到泰国北部,西南入缅甸中部,北抵大渡河以南,东北进入今贵州辖境。南诏国末期,汉人郑氏世袭清平官(国相)一职,垄断大权。897年,南诏王隆舜被郑氏所杀。902年,郑氏杀死南诏王族800多人,南诏最终灭亡。

南诏曾经多次更改国号。如公元878年,南诏王隆舜改国号为大封民,据说封近于僰和白,是其自称。南诏行父子联名制,即父亲名字的末字为儿子名称的首字。除民间信仰外,佛教是南诏的主要宗教。南诏境内的白蛮受汉人影响较深,据说语言接近中原汉语,只是四声不与中原同。洱海白蛮的语言经过融合后形成新的白语。乌蛮也在立国过程中受到白蛮的影响。但在讨论南诏主体民族的一些文化现象时仍要将乌蛮和白蛮分开来看。比如在丧葬上,乌蛮多行火葬,白蛮多行土葬。白蛮的土葬是二次葬,三年以后要捡骨重葬。

南诏的经济以畜牧业和农业并重,洱海和滇池地区是南诏两个经济发展水平最高的地区。农业以水稻为主,兼有多种谷类和豆类。其冶铁技艺也很高超,现存云南省弥渡的南诏铁柱,柱高三米,分五次铸造,衔接而成。

青藏高原上崛起的吐蕃

> 在天之中央，大地之中心，世界之心脏，雪山环绕，一切河流之源头，山高土洁，地域美好，人聪睿而英勇，风俗纯良，在快马可以奔驰的辽阔大地上……
> ——P. T. 1286 敦煌藏文写卷《赞普世系》（王尧、陈践先生译文）

与华夏的"五方四夷"格局一样，每个民族都有自己的文化和地域中心观。在所引的赞辞中，吐蕃人就是这样自豪地赞美自己的家乡。青藏高原的总面积超过 250 万平方公里，藏语称其为"卡瓦坚"（ka ba can）、"岗坚"（gangs can）等，均有雪之地域的美称。在吐蕃人看来，这片雪山环绕的地域是世间一切大河的源头，再美好不过了。

青藏高原及其周缘地区是讲藏缅语族群赖以生存的家园。公元 7 世纪，吐蕃帝国从西藏雅隆河谷地区崛起，逐渐控制了青藏高原及其周缘地区，发展为与唐、阿拉伯等并立的大帝国。吐蕃帝国的崛起，结束了青藏高原上诸邦国并立的时代，开启了藏传文明影响欧亚腹地的新纪元。今日藏族以"博"（bod）为自称的族群文化认同和文化地域观念，是吐蕃帝国留给藏人的遗产。

吐蕃的名号分为自称与他称。其自称为"博"（bod），据说有农业地区之意，吐蕃政权即崛起于今西藏山南地区的雅隆河谷农业区。也有意见认为"博"（bod）一词与本教之"本"（bon）系为一词。"吐蕃"和英语等语言中仍然习用的"Tibet"

(图博特)均是他称。关于这两种他称与自称"博"有何关系,没有确定的意见。Tibet 一词可能是突厥人使用后逐渐传遍西方世界的。一般来说,辅音韵尾"t"是突厥语族和蒙古语族用来形容人群复数的尾音。这个词在汉文文献中有"图白忒""土伯特"等不同译音。

《新唐书·吐蕃传》等汉文史料中由于认为吐蕃与秃发音近,故而认为吐蕃是鲜卑"南凉秃发利鹿孤之后"。吐蕃之"蕃"从域外朝鲜、越南、日本等保存的语音来看,其发音今近于 fān。吐蕃的族源,就其自身的解释系统来说有多种。创世神话中既有与盘古开天辟地类似的《斯巴宰牛歌》等,取混沌后化生的母题;也有与东北亚民族中的卵生说类似的传说。在人类起源上最有代表性的是猕猴来源说。藏族史籍《贤者喜宴》记载说观世音菩萨化身为猕猴居住在布达拉,在岩洞静修时,一个罗刹女变身为美女,祈请与猕猴结为夫妻,并威胁说若不得允,将与恶魔结婚祸害众生。观世音菩萨和诸度母也说他与罗刹女结合有助于利他事业:

> 善哉!雪域藏地,释教昌盛永存,善知识者川流不息,珍贵伏藏将会开启,获得三功德之加持。(黄颢、周润年译文)

猕猴遂与罗刹女婚配,生下由六道轮回之生灵投胎而来的六个猴崽。这六个猴崽繁衍众多,后走出森林被菩萨示以不种自熟的谷物,后来又学会了农业种植知识,成为人类。我们若剔除这则神话传说中的佛教因素,其朴素的故事与恩格斯在《家庭、私有制和国家的起源》中劳动变人的叙述是颇为接近的。通过这则故事,我们也知道雪域藏地的不少神话传说都是附着了佛教外衣的。

吐蕃的历史可以划分为若干个阶段。在吐蕃帝国及其以前可分为史前时期、诸邦国时期、吐蕃时期。佛教进入吐蕃后，按照一般教法史的观念，还可以根据佛教弘传的特点，将吐蕃及其以后的藏族历史分为前弘期和后弘期。

青藏高原的新石器时代文化有不少共同属性，比如说建筑喜用石料、屈肢葬、洞室墓等。考古学家俞伟超教授很早就将甘青地区的马家窑、齐家等文化类型归属于羌戎文化系统。如果我们将青藏高原的这些新石器文化遗址整合起来，也可以称之为吐蕃属文化。

在诸邦国时代，青藏高原上存在很多大小不一的政权和部族组织。汉文史料中记载的有苏毗、白兰、羊同（象雄）、多弥、附国等。吐蕃的最高统治者称为"赞普"，"赞"（btsan）一词本是世间的一种力量强大的精灵，引申为"雄伟强壮"，"普"（po）是男性的后缀词。赞普家族为"悉补野氏"，我们熟知的松赞干布是吐蕃的第 33 代赞普，根据藏史的世系，松赞干布早期祖先的历史多属于神话传说。如最初的天赤七王，据说是由天上沿着天绳（rmu thag）而下的，后来天绳中断，不能返回，终变成人世间的领袖。

悉补野部的势力向北发展到拉萨河流域，定都逻些（今拉萨），势力进一步壮大，随后继续向北兼并苏毗，向西征服羊同（象雄）。公元 7 到 9 世纪中，在吐蕃灭吐谷浑，攻取黄河上游和青海地区后，唐、吐蕃之间围绕青藏高原东缘、东北缘和西域地区反复争夺，时战时和，多次会盟。公元 670 年，吐蕃攻占安西四镇，势力进入今塔里木盆地。《资治通鉴》载吐蕃赞普都松芒布结在位时，"地方万余里，诸胡之盛，莫之能比"，说吐蕃"尽据羊同、党项及诸羌之地，东接凉、茂、巂等州，南临天竺，西陷龟兹、疏勒等四镇，北抵突厥"。

悉补野政权起源于河谷农业地区，其立国后经历了一个游牧化的过程,政治设置受到游牧制度的很大影响。《新唐书·吐蕃传》提到吐蕃赞普,"有城郭庐舍不肯处,联毳帐以居,号大拂庐,容数百人",暗示游牧生活在吐蕃贵族看来高于定居农业生活。拂庐是青藏高原游牧群体中常用的黑帐篷(sbra nag),用牦牛毛织成。吐蕃曾经作为礼物送给唐朝。

松赞干布是吐蕃的一代英主。他在吐蕃地区制定新的行政区划,颁布法律和官制,设置了标识职衔的"告身"制度,为吐蕃的进一步发展奠定了基础。后佛本斗争成为吐蕃覆亡的导火索。吐蕃末代赞普朗达玛即位后,实行反佛教的政策。公元842年,佛教僧人拉隆·贝吉多吉将朗达玛刺死。后来诸子争夺赞普位,部落四散,吐蕃不复统一。

藏文属于元音附标文字,一般认为是松赞干布的大臣吐米桑布扎从印度学习借鉴而来,属于婆罗米文字系统。藏文的使用是内陆欧亚文明史的一件大事。后来藏文成为藏传佛教的典范宗教语言文字,随着藏传佛教的传播被内陆欧亚的不少族群使用和借用——元代的八思巴字就是在藏文的基础上创制的。在汉藏语系的语言中,藏文的创制时间仅次于汉文,并早于西夏文、缅甸文、彝文等文字。古代藏文文献有写卷、碑铭、简牍等,其中尤以敦煌发现的藏文文献种类多、数量大。

吐蕃的宗教信仰以本教和佛教为代表,两种宗教都参与吐蕃的政治生活,佛本斗争是吐蕃政治的一个重要方面。佛教的正式传入是在松赞干布时期,彼时大唐和尼泊尔的两位公主为吐蕃带入了佛像和经典,兴建了大昭寺和小昭寺。佛教在吐蕃真正落地生根是在赤松德赞时期。佛教大师寂护等入藏传法,兴建了桑耶寺,有七位吐蕃贵族子弟剃度出家,佛法僧三宝聚全。除寂护外,另一位著名的佛教传教士是莲花生大师。据说他在藏地示现多种神通,降服了不少本地神灵,也吸收了本教的一些内容,并留下密法,开创了藏传佛教密宗。

唐与吐蕃之间往来频繁,唐蕃古道是双方联系的主要通道。唐人称赞吐蕃人"慓悍果决,善学不回"。文成公主是汉藏友谊的一大象征,从唐输入到吐蕃的不少技术知识都跟她的入藏有关。吐蕃的金银器制作在当时享有盛名,其制作工艺和图案风格熔铸了欧亚大陆多种文化,反映了吐蕃的开放胸襟。马球是吐蕃具有代表性的一大体育运动,也是这时从吐蕃传入唐的。藏语称马球为"波罗"(spo lo),国际学术界公认 Polo 一词源自藏语。唐代马球运动风行一时,宫廷设有宏伟的球场,并与当时的渤海、高丽、日本、吐蕃、突厥等开展马球比赛,成为文化交流的盛事。《封氏闻见记》载吐蕃派遣使臣迎娶金城公主时,唐蕃间进行马球比赛。唐章怀太子李贤墓(陕西省乾县)还保存有打马球壁画。

参考文献:

[1]《隋书》、《旧唐书》、《新唐书》、《资治通鉴》、《蛮书》。

[2] 王钟翰主编:《中国民族史》,中国社会科学出版社,1994。

[3] 林幹:《突厥与回鹘史》,内蒙古人民出版社,2007。

[4] 林幹:《中国古代北方民族通论》,内蒙古人民出版社,2007。

[5] 周伟洲:《吐谷浑史》,广西师范大学出版社,2006。

[6] 杨圣敏:《回纥史》,广西师范大学出版社,2008。

[7] 王小甫:《中国中古的族群凝聚》,中华书局,2012。

[8] 那木吉拉:《中国阿尔泰语系诸民族神话比较研究》,学习出版社,2010。

[9] 卓鸿泽:《历史语文学论丛初编》,上海古籍出版

社,2012。

［10］罗新:《中古北族名号研究》,北京大学出版社,2009。

［11］山口瑞凤著,许明银译:《西藏》,全佛文化事业有限公司,2003。

［12］王尧、陈践译注:《敦煌古藏文文献探索集》,上海古籍出版社,2008。

［13］巴卧·祖拉陈瓦原著,黄颢、周润年译注:《贤者喜宴——吐蕃史译注》,中央民族大学出版社,2010。

［14］高永久:《西域古代民族宗教综论》,高等教育出版社,1997。

原典选读

【原典】

贞观四年,李靖击突厥颉利,败之,其部落多来归降者。诏议安边之策,中书令温彦博议:"请于河南处之。准汉建武时,置降匈奴于五原塞下,全其部落,得为捍蔽,又不离其土俗,因而抚之,一则实空虚之地,二则示无猜之心,是含育之道也。"太宗从之。秘书监魏徵曰:"匈奴自古至今,未有如斯之破败,此是上天剿绝,宗庙神武。且其世寇中国,万姓冤仇,陛下以其为降,不能诛灭,即宜遣发河北,居其旧土。匈奴人面兽心,非我族类,强必寇盗,弱则卑伏,不顾恩义,其天性也。秦、汉患之者若是,故时发猛将以击之,收其河南以为郡县。陛下以内地居之,且今降者几至十万,数年之后,滋息过倍,居我肘腋,甫迩王畿,心腹之疾,将为后患,尤不可处以河南也。"温彦博曰:"天子之于万物也,天覆地载,有归我者则必养之。今突厥破除,余落归附,陛下不加怜愍,弃而不纳,非天地之道,阻四夷之意,臣愚甚谓不可,宜处之河南。所谓死而生之,亡而存之,怀我厚恩,终无叛逆。"

(选自《贞观政要》卷九《论安边》)

【释读】

唐太宗贞观四年(630 年),兵部尚书李靖打败突厥颉利可汗,突厥部落很多都归顺了大唐。于是,朝廷下诏商议安定北部边疆的政策。中书令温彦博建议说:"请陛下仿照东汉建武年间,把降服的匈奴安置在五原郡边塞附近的做法,把突厥人安置在黄河以南地区。这样做,既可以保全其原有的部落编制,使其作为中原的强大屏障,同时又避免让他们远离故土,也不改变他们的习俗,从而便于实行招抚政策。

如此,一来可充实人口空虚的边塞,二来可体现朝廷对他们的诚心,这才是包容化育各民族的正道啊!"唐太宗李世民赞同温彦博的提议。而秘书监魏徵却坚决反对说:"匈奴等族自古以来从未像这样惨败过,这是上天要诛灭他们,也是我朝社稷神武的表现。况且他们世代与中原为敌,与百姓结下了数不清的仇怨,陛下鉴于他们主动归降,才没有将他们处死。应当把他们发配到黄河以北地区,令其居住在故地。匈奴等族人面兽心,与我华夏不是同类,他们强大时就来侵掠,衰落时就来顺伏,完全不顾及恩信道义,这是他们天生的本性使然。秦汉时,他们就这样祸害中原,所以当时朝廷常常派猛将去攻打他们,收夺他们在黄河以南的居地,在那里设置郡县加强管理。陛下如今让他们在中原内地居住,并且降兵达几万,乃至十万之众,几年以后,他们繁衍的人数还会成倍增长。让他们生活在我朝的腹地,离京城如此之近,将来可能会成为心腹之患,所以千万不可把归降突厥安置在黄河以南啊。"温彦博又反驳说:"天子对于万事万物来说,不管天地间的一切事物,只要归服我朝,就一定要涵容化育。如今突厥兵败,余部前来归降,倘若陛下对他们不加以怜悯,反而弃他们于不顾,这绝不是天子应有的胸襟。阻拒各边疆民族的政策,臣下虽愚钝,但却认为绝不可施行,而应把他们安置在黄河以南地区。常言道置之死地而后生,陷之亡地而后存,突厥在遭遇大难时,感受我朝对他们的优厚恩泽,那么终归不会有叛乱发生。"

五代宋辽金时期的中国古代民族

唐朝的大一统之后,历史重新进入合久之后的分离。一时间,马蹄声急,战鼓响彻,群雄如春笋拔节。这其中,不少民族政权走到历史前台,与汉族政权一起谱写出了一段段不平凡的篇章。尤其在中国北部,内迁的几个边疆民族建立的政权都对历史产生了深刻的影响,如契丹人创建的辽朝、党项人创建的西夏、女金人创建的金朝等。

松漠之间的契丹族

契丹人是我国古代游牧民族。根据古文献和现代学者们的研究,契丹与库莫奚、宇文鲜卑均源于"东胡—鲜卑"族系。张正明所著《契丹史略》中明确指出,契丹源出鲜卑,是鲜卑宇文别部的一支。陈述在《契丹政治史稿》中认为,"鲜卑宇文手下并有契丹之族,佚、悉、乞得,或为契丹别译。契丹之族也是东北群狄的合体,而非一系繁衍,而其附近之族,特别是语言相同相近和经济生活联系密切的,在历史过程中,日趋接近、结合,自当如细流汇入大江,形成一族。民族并非血统集团,其他系属不同的小部,由于长期接触融合,他们自然也就成了契丹人"。

《辽史·太祖纪》上记载过一个流传久远的关于契丹族源的历史传说:一男子乘白马沿土河而下,一女子驾青牛沿潢河而下,两人相遇在木叶山,结为夫妻,他们生下八个儿子,分地以居,后来便繁衍成八个部落。这个传说表明,契丹八部之间早年可能存在血缘关系。契丹不同部落内部都有耶律氏和萧氏也证明了这一点。只是随着族群的不断发展,契丹各部、各氏族间的成分变得日益复杂了。

契丹本为自称,有镔铁或刀剑之意,族称最早始于《魏书》。《魏书》也是最早为契丹族作传的正史。《魏书·契丹国传》记载:契丹国,在库莫奚东,异种同类,俱窜于松漠之间……稍滋蔓,有部落,于和龙(今辽宁省朝阳市)之北数百里。据此可知,当时的契丹在东北已具有相当的影响。而史书上记载的契丹居住地"松漠之间"应属模糊的地域概念,元代学者胡三省有过这样的解释:"契丹国,自西楼东去四十里,至真珠塞,又东行,地势渐高,西望松林郁然,数十里,遂入平川。"显然,松漠并非一个确切的地名,而是对契丹居留地代表性景观的描述。

唐末五代时期,契丹族迎来了非常重要的发展阶段。正如《新五代史·四夷附录》所言:"隋、唐之间,突厥为大,其后有吐蕃、回鹘之强。五代之际,以名见中国者十七八,而契丹最盛。"契丹族的强盛离不开一位标志性的领导人物——耶律阿保机。阿保机生于872年(唐咸通十三年),"耶律"是他的族姓,"阿保机"是他契丹语名字。他身材魁梧,懂谋略,善骑射,《辽史》上说他"身长九尺,丰上锐下,目光射人,关弓三百斤"。他生于迭剌部的世里氏家族,其祖先自唐中期的涅礼立遥辇氏为可汗起,世代充任部落联盟中的夷离堇,夷离堇的职责是统率军马,故阿保机的家族是世袭的权贵。阿保机叔父为夷离堇时,夷离堇之上又置"于越"一职,"于越"总揽联盟的军政大权,有时权力比可汗还大。901年,阿保机取得夷离堇的职务,903年,他又成为于越,"总知军国事"。907

年,他取代辇遥氏的痕德堇可汗,实为强取,成为契丹的新首领。按照惯例,可汗实行的本是家族世选制,但阿保机取得可汗位后,拒不让位,这引起他的那些同样具有参选可汗资格的兄弟们的强烈反对,由此爆发了历史上的"诸弟之乱"。兄弟们的叛乱前后三次,历时三年有余,阿保机最终平定了这些反叛,但对部落的经济还是造成了很大的破坏。

平定贵族叛乱后,阿保机在龙化州(今通辽市西部八仙筒)以东的金铃冈筑坛称帝,国号大契丹,《旧五代史》记载:"天祚末,阿保机乃自称皇帝,署中国官号。其俗旧随畜牧,素无邑屋,得燕人所教,乃为城郭宫室之制于漠北,距幽州三千里,名其邑曰西楼邑,屋门皆东向,如车帐之法。城南别作一城,以实汉人,名曰汉城,城中有佛寺三,僧尼千人。其国人号阿保机为天皇王。"称帝建都的同时,阿保机造文字、定法律、设官职、练军队,并不断扩张疆域,他攻打五部奚,攻击乌古,讨伐黑车子室韦和鞑靼。他又一举灭掉了号称"海东盛国"的渤海国。阿保机以渤海故地建东丹国,并以其长子耶律倍为东丹王,赐天子冠服,建元"甘露"。契丹本无文字,以木刻记事,阿保机建国后,命人创制了文字。这时创建的契丹文字参考了汉语偏旁,称为"契丹小字",后阿保机弟又仿回纥文制契丹小字。契丹字前后使用了300年,1191年,金明昌二年时才废止。

阿保机死后,契丹族的对外扩张并没有放缓脚步。阿保机的儿子辽太宗耶律德光时,后唐大将石敬瑭受到后唐李氏皇族及内臣猜忌,为图自保,也为夺取皇权,他主动向契丹求援,并许以称臣割地。耶律德光出兵,助石敬瑭建立后晋,石将幽云十六州割让给契丹。割地实是留下了无穷后患。石敬瑭拱手送给契丹的幽蓟山前七州,古来即中原防范北方游牧民族南下的有利屏障,军事意义重大。自石晋割地之后,

**图 5-1 辽·金面具，内蒙古哲里木盟奈曼族
青龙山辽陈国公主与驸马合葬墓出土**

资料来源：中国国家博物馆编《中华文明：古代中国陈列文物精萃》，中国社会科学出版社，2010年，第624页。

中原已无险可守，从此，北方游牧民族南下侵扰的大门便打开了。事实也正是如此，石敬瑭去世后，契丹很快与后晋交恶，并分兵三路大举南下。最初后晋的抵抗还有一些效果，但契丹设计诱降了后晋统率杜重威，耶律德光的军队不久就攻进了开封城。后晋皇帝石重贵本想殉国，但他贪生怕死，最后无奈投降。947年，耶律德光入主开封，他本打算在中原另立一个傀儡皇帝，但在开封的所闻所见令这位契丹首领大开眼界，他开始艳羡中原皇帝的地位。初步平定了开封城内的秩序后，耶律德光决定在开封登基。是年二月初一，他袭中原皇帝冠服入座后晋宫廷正殿，并令金吾六军、卤簿仪仗以及太常乐舞都列庭于左右。他下诏改元大同，大辽国正式建立。就这样，耶律德光成了中原和塞北的共主。耶律德光虽然过了把当中原皇帝的瘾，但他对中原行政机构的正常运作却一窍不通。他纵容契丹骑兵以牧马为名四处抢劫粮草、财物，名曰"打谷草"。"打谷草"影响之恶，《新五代史》中有记载："（京城）东西二三千里之间，民被其毒，远近怨嗟。"此外，他还借口"赏军"，向都城及诸州民众、官员"括借"钱帛，

《通鉴》载,"自将相以下皆不免。又分遣使者数十人诣诸州括借,皆迫以严诛,人不聊生。其实无所颁给,皆蓄之内库,欲辇归其国。于是内外怨愤,始患苦契丹,皆思逐之矣"。而对后晋原有的地方官员,他一律不用的硬性条例更是破灭中原知识分子们的幻想。耶律德光对中原地区如此不当的统治方略激起了各地民众的强烈反抗,沙陀人刘知远亦在晋阳(今山西太原)称帝,公开与契丹为敌。至此,耶律德光已没办法在中原立足,不得已,他决定北返。后晋的文武百官几千人,诸军吏卒数千人,宫女、宦官数百人等也都被迫跟随耶律德光前往塞外。走时,耶律德光还掳走后晋府库帑银、"括借"为名抢来的财物以及大量的珍贵图书文物。

耶律德光为太宗,太宗后又历七主,即世宗、穆宗、景宗、圣宗、兴宗、道宗、天祚帝。就像中国古代大多数皇帝继位时一样,世宗、穆宗、景宗在继位过程中经历了十分复杂的宫廷权力斗争。圣宗时,为了能在内外各种错综复杂的矛盾中变被动为主动,圣宗和承天太后想到了以攻为守的方法,于是,公元1004年,承天太后与圣宗亲率大军南下攻打宋朝。宋朝猝不及防,朝野为之震动。宋真宗惧敌,因宰相寇准的劝阻,才勉强至澶州督战,结果宋军士气大增,在澶州城下射杀了辽统帅萧挞览。辽军受挫,又怕孤军深入腹背受敌,便提出议和。宋真宗早有此意,两方一拍即合。真宗利用降辽的大将王继忠与辽方暗中联络,接着又派曹利用去与辽谈判,1004年12月初,双方订立了"澶渊之盟",盟约商定,宋朝每年须送予辽朝10万两银、20万匹绢,宋辽双方应各守疆界,互不侵扰。宋朝还接受了辽朝坚持的"南北两地、古今所同"的观点,同意双方互称南北朝,约为兄弟之邦。宋真宗比辽圣宗年长,故真宗为兄,圣宗为弟,这种手足之称,亦为宋真宗和辽圣宗的继承者们所沿用。澶渊之盟后,虽猜忌无法避免,但宋辽之间还算是实现了较为稳固的和平。直到辽兴宗亲政时,兴宗认为宋与党项羌人建立的西夏国的冲突,为辽朝要挟宋朝提供了良好的契机,于是他向宋朝提出各种指责,并派人去与宋仁宗交涉。宋仁宗亦派人出使契丹,对辽表示了妥协和退让。使节提出宋可以与辽联姻,亦可增加岁币,但二者须选其一。使节又劝说辽兴宗,对辽而言,增币要比议婚有利,如果辽能使夏对宋称臣,岁币金帛不止10万,可增至20万。原来辽和西夏结盟共御宋朝,但重熙十一年(1042年)宋对辽增币之后,辽宋恢复和好,辽又令西夏国元昊与宋议和。元昊多有怨愤,但仍不得不从。总的来说,增币之后,就宋辽夏三方的关系而言,宋辽之间少有争端,而辽夏之间却不时出现了紧张和对峙。

自从澶渊之盟以后,契丹统治者的汉化就在日益加深。和平环境下汉族士人入仕契丹统治集团者日多。契丹贵族也渐渐以不读汉书为耻辱,他们效仿宋朝,大力兴办科举。但这时,契丹贵族的军事实力却在削弱,国力也不比从前。辽兴宗崇尚佛教,在他的提倡下,到道宗时,僧尼已多达几十万,这些人毕竟是不劳而食者,由此社会负担进一步加大。兴宗对爵位的赏赐也到了滥行的地步,致使官僚队伍臃肿,腐败横生。养活大批官吏、大兴佛事以及时有的对西夏的战事,再加上对宋的军事防备,这一切都加剧了辽后期的社会矛盾。契丹辽国共经历了九位皇帝,前后209年,1125年,辽国最后一个皇帝——天祚帝为女真人建立的金朝所灭。

辽朝灭亡后,辽朝贵族阿保机八世孙耶律大石召集残部西征。大约1132年,大石在中亚的八拉沙衮称帝改元,他自称菊儿汗,意为可汗之上的可汗,又称"天佑皇帝"。1218年,西辽为成吉思汗的蒙古帝国所灭。

值得一提的是,为了有效地统治疆域内的不同民族,契丹人建立了比较有特色的制度。一是四时捺钵制。捺钵为契丹语，意为行帐、行宫等。契丹本为游牧民族，逐水草居，辽建国后，皇帝游猎所设营帐为捺钵。圣宗后，四时捺钵有了固定的地点和制度。四时捺钵并非单纯的游乐和休闲，它是辽帝从事政治活动的一种独特形式。捺钵是皇帝的行宫，有关游牧各部的重大问题会在这里商议、决策，汉地的重要政务也会在这里"取旨"处理。二是北南面官制。辽太宗占领燕云十六州后在中央设置南面官、北面官的双轨统治机构，即《辽史》所谓"以国制治契丹，以汉制待汉人"。按照《辽史·百官志》记载，统治契丹及其他游牧民族，一律任用契丹贵族。统治汉人及旧渤海国人，杂用汉人和契丹贵族。三是投下军州制。契丹贵族在扩张初期劫掠了大量人口，他们将这些人口聚集起来建成州府，称为投下军州。澶渊之盟后，战事减少，投下军州亦不断减少。

契丹社会早期流行原始的萨满教，后来佛教占据了国教的地位。现今我国北方还有不少辽代的佛教遗迹，比如巴林左旗的洞山石窟，赤峰洞山的灵峰千佛洞，东北地区的朝阳北塔、林西白塔、大明城塔等。辽灭亡后，契丹族逐渐融入到女真、蒙古、汉等民族之中，契丹称谓慢慢不再见于史册，但契丹族的文化却绵延下来，并对我国北方各民族产生了深远的影响。

四海之内

兴起于白山黑水的女真族

女真人原居黑龙江流域,与肃慎、挹娄、靺鞨等古代少数民族历史承继渊源紧密。大约五代时或更早一些始称女真。女真人建立金朝前,曾长期处在辽朝的统治下。辽朝攻占了渤海国,女真人曾为渤海国奴役。《三朝北盟会编》记载:(辽征服女真后)阿保机以女真为患,将女真几千户强宗大姓移置辽阳(今辽宁辽阳)之南,分散其势力,阻断其沟通。迁入辽阳祖籍者名曰"合苏款",所谓"熟女真"者是也。……居粟沫之北,宁江之东北者,地方千余里,户口十余万,野处于旧界外,散居于山谷间,自推雄豪酋长,小者千户,大者几千户,则谓之"生女真"。生女真的完颜部即为建立金朝的主体。完颜部的历史可以追溯到函普。他是女真族最早见诸文献记载的首领,可视为女真之始祖。10世纪末,完颜部在酋长绥可(献祖)的率领下,迁徙至按出虎畔(今阿什流域)定居。景祖乌古乃时,以完颜部为中心的生女真军事部落联盟形成。辽统治间,朝廷不停地向女真人索求贡品,并且鱼肉女真百姓。最令女真人愤慨的是来自"银牌天使"的侮辱。辽朝派至女真的使者腰佩银牌,称银牌天使。《三朝北盟会编》记载,银牌天使来到女真居地后,女真下层人家未出嫁的姑娘须每夜轮流伴宿,谓之"荐枕"。后来辽朝派至女真地的各种使者络绎不绝,他们不问婚嫁与否和门第高低,看到漂亮女子便要求荐枕,这引起了女真各阶层激烈的反抗。1112年,女真各首领觐见天祚帝时,天祚帝对他们表示了不敬。这使女真首领完颜阿骨打内心里对辽统治者的仇恨燃烧起来。1114年9月,完颜阿骨打进兵宁江州,对辽宣战。女真军队很快攻克宁江州,不久又以少胜多,取得出河店大捷。早在氏族社会后期,女真部落中就成立了被称作"猛安"和"谋克"的联盟组织。"猛安"(女真语"千"的意思)或"谋克"("百"之义)指的是氏族、部落首领生产或行军时率领之人数。1114年,阿骨打发展了"猛安"和"谋克",规定100户为1谋克,10谋克为1猛安,猛安、谋克遂成为女真人集军事、政治、生产三方面职能为一体的社会组织。1115年,阿骨打称帝,是为金太祖,改元收国,国号大金。至于大金国号的本义,史书上有不同的记载。《金史·太祖本纪》云:"辽以镔铁为号,取其坚也。镔铁虽坚,终亦变坏,惟金不变不坏。金之色白,完颜部尚白。于是国号大金。"《金志》云:"以其国产金及有水源,故称为大金。"

阿骨打即位后,采取一系列措施巩固和发展新的政权。他取消了传统部落联盟的形式,将权力向中央集中;他变革旧俗,严格限制扩大奴隶来源;他体察民心,招抚流亡者,积极组织生产。他还命人创制了本民族的文字。建制改革的同时,阿骨打继续进攻辽朝。护步达冈之战,他采取集中兵力进攻敌人中军的战术,又一次以少胜多。1120年,经过几次海上往返交涉,宋和金缔结了"海上之盟"。据《三朝北盟会编》载,盟约中包含:宋金夹击契丹,金取中京,宋取燕京一带;金许燕京一带旧汉地汉州与宋;宋许以输契丹岁币旧数50万两匹之银绢与金。宋金夹击,金太宗继承太祖遗志,完成了灭辽大业。本来,海上盟约只不过是金太祖为最终灭北宋而采取的暂时的战略决策,1125年,时机稍一成熟,金太宗便下诏,分东西两路伐宋。

金军南下,并连克数州。宋徽宗闻讯,慌乱不已。他命皇太子赵桓为开封牧,使其监国,又慌忙内禅,赵桓在危难之时成了皇帝,是为宋钦宗。金军迅速渡过黄河,朝着汴京围拢而来,徽宗出逃,钦宗亦想弃城,被李纲谏止。李纲积极修筑工事,死守汴京城,金军强攻不下,死伤数千。正在李纲率领军民奋力抗战之时,宋钦宗却派人去与金朝请罪讲和。金朝提出了一系列的割地赔款条件,宋朝一一答应,为了讨好金人,宋钦宗还罢黜了李纲官职。可不久,金兵再次围汴。几个月后,金兵攻克了汴京。《宋史》载,1127 年 2 月,金朝废徽、钦二帝为庶人。四月,又掳徽、钦二帝、皇后、太子、宗戚及官吏、内侍、工匠、倡优等 3000 人北去。这就是历史上著名的靖康之耻。北宋就此灭亡。

金灭北宋后,1127 年 5 月,康王赵构即位,改元建炎,是为宋高宗,南宋开始。南宋之初,迫于形势,宋高宗任用李纲为相,宗泽为东京留守。李纲提出了不少具有建设性的主战主张,但赵构却是主和的,任相仅 75 天后,李纲又被罢免。其后,金兵又南下。宋高宗一路南逃至杭州、越州、明州,以致避往海上。金兵从明州入海追击了 300 里,不及而返。再后,金兵又多次南下。然而,南宋在宋将岳飞、韩世忠与张浚等人的努力下,最终抵御住了金朝的进攻,南宋转危为安。

1135 年,金太宗病故,谙班勃极烈完颜亶即帝位,是为金熙宗。熙宗即位后,为加强王朝统治,也采取了一系列改革措施。例如:废除女真传统的勃极烈制,参照辽宋制度,设置三师、三省,又设置行台尚书省,颁行新官制,定封国制度,修建都城等。随着这些措施的施行,王朝得以稳固,但在是否坚持伐宋的问题上,大臣们发生了分歧。1137 年,金熙宗听从主和派的建议与南宋主和派宋高宗和秦桧议和。但这引起了主战派完颜宗弼的不满,1140 年,他率军攻下了河南、陕西。但再度南征时,却被岳飞与刘锜击败,而岳飞却于郾城之战后再度北伐逼近汴京。正当金军失利、宋军士气高涨时,南宋统治者又准备议和了。韩世忠、岳飞等诸将正浴血奋战,力主议合的秦桧却把持了朝政,他竭力排斥主战派,致使岳飞被杀。1141年,金宋签订了绍兴合议。《金史》载,合议主要内容如下:金宋间西起大散关,东以淮河为界;宋割京西唐(今河南唐河)、邓(今河南邓县)二州和陕西西商(今商县)、秦(今天水)之半,陇西、成纪余地,以及和尚原、方山原等地;宋向金奉表称臣,金主生辰、正旦,宋遣使称贺;宋每年向金贡纳银绢二十五万匹两;金归还宋徽宗棺椁与高宗生母韦氏。

金熙宗后期,辅政的宗干、宗弼相继去世,皇后裴满氏又干预朝政,再加上皇嗣迟迟不得确立,金熙宗开始酗酒,并滥杀无辜。他荒淫无度,喜怒无常,致使众叛亲离。1149年,宗干第二子史称海陵王的完颜亮等人谋反,刺杀了金熙宗。完颜亮自立为帝,改皇统九年为天德元年。完颜亮通过宫廷政变登上皇帝宝座,上台后的第一件大事自然是镇压异己,稳定局势。他生性多疑、凶狠残暴,前后三次较大规模的杀戮活动冤枉了不少人。但也因为蓄谋已久并通过宫廷政变才取得皇位,做了皇帝后,海陵王很想有一番作为。《金史》记载,天德二年,他"以励官守、务农时、慎刑罚、扬侧陋、恤穷民、节财用、审才实七事诏中外"。他划定政区,整顿吏治,将金熙宗期间的"三省六部制"改为"一省六部制",即废除中书省、门下省,只保留尚书省。作为中央政权最高执行机构,尚书省由皇帝直接控制。他废除了元帅府,改为枢密院,削弱了都元帅的兵权。1153年,海陵王改燕京为中都,并迁都燕京,此举开辟了燕京的新纪元。他又将诸宗室亲族及其所属诸猛安悉数迁往中都及山东等地,以防止反叛。他仿中原王朝制度,设国子监以教育生员,对科举进行了改革,又罢黜了世袭万户职,改变了贵族子孙相继专揽威权的状况。海陵王一系列的施政改革,无不强化了金王朝的中央集权统治。海陵王一直胸怀抱负,想要南下吞灭宋朝,迁都燕京的同时,他已酝酿将汴京当作南下的跳板,遂改汴京为南京。1161年,他正式迁都南京。同年九月,他分兵四路大举攻宋,但没料到后院起了火。太祖孙、完颜宗辅的儿子完颜雍借剿灭契丹叛乱之名起兵造反。完颜雍早对完颜亮怀恨在心。完颜雍被任命为东京留守时,完颜亮曾招完颜雍之妻乌林答氏入京为质。完颜亮虽然有一些政绩,但他私生活糜烂,好色成癖,乌林答氏深知自己入京后的遭遇,在去往中都的途中便自杀身亡。完颜雍从此对完颜亮恨之入骨。完颜雍母亲是渤海人,他起兵造反,渤海大族张氏和李氏都表示拥护,完颜雍改元大定,很快率军攻下中都。而南下伐宋的完颜亮却连连为宋军所败,军至瓜州时,内部发生叛乱,完颜亮被乱兵所杀。

图 5-2　金·摩羯纹铜镜,甘肃临洮北乡麻家坟出土

资料来源:甘肃省博物馆编《甘肃省博物馆文物精品图集》,三秦出版社,2006年,第252页。

完颜雍称帝,即金世宗。世宗即位时,政局动荡。他于危机重重中火速稳定局面。他首先将都城从东京辽阳迁至中都燕京。他一反熙宗与海陵王滥杀宗室贵族反对派的做法,继续留用海陵王时期的部分上层官员。他下诏历数了海陵王的罪过;恢复了熙宗的名誉;对那些被无辜杀戮的大臣家属、沦为奴隶的,恢复身份;对那些被海陵王无故削职降职的官员,给予修正,并量才而用;对于曾经反对他,但确有才干的人既往不咎,仍然重用。这些举措迅速起到了安抚、笼络的作用,女真贵族及海陵王手下的官员纷纷来投,局势很快得以稳定。世宗虽推翻海陵王而立,但在改革的道路上,他遵循了海陵王的思路,并走得更深。吏治改革方面,他废弃选官论资历的旧习,任人唯贤唯才,官吏的升迁关键要看政绩,官员到了一定年纪,须辞官。教育方面,世宗特别注重通过科举选拔人才,先后创置太学、女真进士科、女真国子学。中状元、进士者,需考察其人品,德才兼备者才录用。军事方面,世宗采取严厉措施镇压契丹人的起义,又率军南下攻宋,在考量了双方的力量后,答应了宋人的求和。史书上称为隆兴和议。此后 40 年,金宋间未有较大战事。大定二十九年,即 1189 年,金世宗病逝于中都,卒年六十七岁。世宗是一位爱民如子的有长远眼光的杰出政治家,《金史》上有赞语,世宗朝"朝臣守职,上下相安。家给人足,仓廪有余,刑部岁断死罪,或十七人,或二十人,号称'小尧舜'"。

世宗殁,章宗立。章宗完颜璟,是世宗明德皇后的唯一嫡孙,从小深受世宗喜爱。商议朝廷之事,世宗每每将嫡孙安置于近辅。章宗自幼对祖父的文韬武略耳濡目染,又熟读了儒家经典,执政前期,他继承了祖父的"仁政",又积极推行汉化政策,人口增多,国家达到鼎盛时期。但后期章宗渐渐不思进取,贪图享乐,纵容外戚干政,朝廷出现动荡。中原地区又发生了蝗灾水旱,黄河接连三次决堤,南宋发动了北伐,北方鞑靼不时侵扰,这一切使得金朝的繁盛如泡影般很快消逝。1208 年,章宗执政二十年后病逝,因他无子,由李师儿、完颜匡定策立世宗第七子卫王永济为皇帝,是为卫绍王。此时,北方的成吉思汗已经统一了蒙古,并加紧了侵金的准备。1213 年,卫绍王被反臣谋杀,丰王完颜珣即位,是为宣帝。宣宗即位后,蒙古军的进攻日盛,1214 年,他不得不迁都汴京。金本与西夏无太多战事纠葛,然而随着蒙古势力的不断壮大,金夏关系恶化,金夏两国的战事,消耗了各自不少兵力、财力、物力,客观上为蒙古南侵提供了便利。面对北方大患,金人仅仅屯驻自固,不思抵御之策,反而南下攻宋,《金史》的记载道出了宣宗统治时期金朝的窘境,"南开宋衅,西启宋辱,兵力既分,功不补患"。宣宗死后,太子完颜守即位,是为哀宗。哀宗即位后,面对危局,力挽狂澜,大胆起用完颜合达、完颜陈和尚等女真卓越将领,对外与西夏、南宋和解,集中兵力抗击蒙古。一时间,金朝抗击蒙古的战事有所好转,但多年的战争已使金朝力不能支,回天乏术。1227 年,蒙古军灭西夏后全力伐金。1232 年,蒙军包围汴京,金军坚守将近一年,终被破。1234 年,在蒙古与南宋的联合进攻下,哀宗自缢,儿子昭宗亦被乱军杀死,金亡。

女真人原本只有自己的语言,无文字。金太祖阿骨打称帝后,命完颜希尹模仿汉字楷书、参照契丹字,创制了女真字。1119 年正式颁行,称为女真大字。此后又于 1138 年颁行了一种女真小字,这种字的创立借鉴了契丹字和汉字的偏旁。女真字的创制,是汉族、契丹族和女真族文化交流的产物,也是文化交流的明证。女真字颁布后,契丹字仍使用了很长一段时间,1192 时被废止,而汉字则一直与女真字并行。女真人最初信仰萨满教。《三朝北盟会编》记载:"珊蛮(即萨满)者,女真语巫妪也,以其变通如神。"然而随着契丹、汉文化影响的不断深入,女真人大多转而信仰佛教、道教。

以大沙丘为祖居地的沙陀

沙陀原名处月,曾被西突厥阿史那氏征服,后为西突厥别部。据《新唐书·沙陀传》《旧五代史·唐武皇纪上》《新五代史·唐庄宗纪上》等记载,处月主要分布在金娑山(今新疆维吾尔自治区博格达山,一说在尼赤金山)以南、蒲类海(今新疆东北部巴里坤胡)以东、名为沙陀的大沙漠一带,唐太宗时曾置沙陀府,号为沙陀突厥,简称沙陀。

唐朝后期,历经数次迁徙的沙陀部族又随当时的河东节度使迁至河东。他们以朱邪执宜为首领组成了沙陀军,并以神武川黄花堆(今山西省山阴县、应县黄花梁)为根据地积极开展生产生活,囤备军力。首领朱邪执宜听命唐皇帝的差遣,为挽救风雨飘摇中的唐王朝不惜南征北战。朱邪执宜战功卓著,先后升任检校刑部尚书、代北行营招抚使。其子朱邪赤心更是因战功升至检校司徒,并被赐以国姓"李"、赐名"国昌"。李国昌的儿子李克用也是骁勇之人,丝毫不逊于祖父和父亲。时年28岁的李克用率领勇猛的沙陀兵一举攻入被黄巢起义军占领的唐朝国都长安。李克用声名远震,后又多次临危受命,救驾护国,挽狂澜于既倒,扶大厦之将倾。他先后被任命为同中书门下平章政事、陇西郡公、检校太傅、陇西郡王、检校太师兼侍中、河东节度使,终被封为一人之下万人之上的晋王。朱邪执宜、李国昌、李克用祖孙三代的政治和军事经营,为唐后五代十国时期沙陀人轮番建国称王打下了坚实的基础。

五代时期沙陀族建立的第一个王朝是后唐。公元923

年,晋王李克用的儿子李存勖在魏州(今河北省大名县东北)称帝,改元同光,建国号大唐,史称后唐。同年的十月,唐军攻占了汴京,灭掉了后梁。后梁始于907年,乃朱温篡唐后所立。朱温本是黄巢起义军将领,后来降唐,他曾有意暗杀李克用,李克用借急雨相助才得以逃过一劫。但他们的仇恨就此结下。朱温篡唐后,李克用仍用唐朝年号。不久李克用去世,承继父位的李存勖谨记父训,挥兵与后梁为敌,并屡屡重创后梁军队。910年、915年的两役后,后梁的大部分军事力量被李存勖灭掉。923年10月,后梁主朱友贞自杀,余众降唐。12月,后唐迁都洛阳,以东都洛阳为首都,以长安为西都。平定后梁后,久经沙场号称百战百胜的李存勖渐生骄奢之气,他认为父仇得报,中原既定,眼前已无横挡之事。他醉心于看戏、演戏,将朝政搁置一旁。其又宠信伶人,置身经百战的将士于不顾,却封身无寸功的伶人当刺史,他还召集原唐宫的太监,将他们视为心腹,任命为官中各执事和诸镇的监军。朝臣受到伶人戏弄侮辱,敢怒不敢言;将士则被宦官监视辱骂,士气涣散。他又听信宦官谗言,冤杀了大将郭崇韬,还图谋杀害战功卓著的李嗣源,致使朝野内外一时人心惶惶。李存勖虽有军事战略眼光,但治理国家的能力却实在平平,在位间,他纵容伶人与贪官污吏的勾结,大肆搜刮民财,鱼肉百姓,短短三四年,他的噩运便降临了。926年,蕃汉总管李嗣源部下兵变。李嗣源在将士们的拥戴下,率军进入汴京,准备自立为帝。后唐诸军听闻后纷纷倒向李嗣源,很快,李嗣源攻入洛阳,李存勖的亲军亦反,李存勖被慌乱的亲军乱箭射死。其残留在灰烬中的零星尸骨被李嗣源葬于雍陵。

  李嗣源即位,是为后唐明宗。李嗣源是李克用的养子,曾先后随李克用征战近三十年。代替李存勖即帝位后,他精简宫廷供应机构,后宫只留宦官30人,此举历史罕有;他经常"召文武百辟极言时政时失",并愿意接纳臣下的忠谏;他实施开明的改革,杀小人、宦官,惩贪官污吏;他为政也宽仁,甚为关心百姓疾苦,常亲身去田间视察,史书上有记载,长兴三年(932年)三月,"帝观稼于近郊,民有父子三人同挽犁耕者,帝闵之,赐耕牛三头"。李嗣源在位七年,战事稀少,屡有丰年,这段时期是五代半个多世纪最为安定的喘息期。李嗣源虽然是个有道的明君,虽然得百姓心,擅于安邦治国,但他在最重要的人事安排上却多有失策,尤其是在调节安重诲和任圜两位重臣间的关系上,显得尤为捉襟见肘,这为他死后的朝政埋下了隐患。李嗣源卒于933年,其子李从厚继位,是为后唐闵帝。唐闵帝是个优柔寡断之人,他重用朱弘昭和冯斌二人掌管朝廷大权,然而此二人既无威望又无才干,在二人的煽风点火以及自己的疑心驱使下,他采取了几项措施来抑制心腹之患李从珂,结果将李从珂逼反了。李从厚在位仅四个月就被李从珂起兵杀死。李从珂是李嗣源的养子。李嗣源为将时,曾掳掠李从珂母亲魏氏,李从珂名姓也随李嗣源更改。李从珂即帝位,是为后唐末帝(废帝)。末帝的心腹之患则是石敬瑭。石敬瑭何人?石敬瑭是李嗣源的女婿,时任重镇河东节度使。早年二人在李嗣源手下为将时,都以勇力过人著称,暗地里的竞争人尽皆知。称帝后,李从珂愈发猜忌石敬瑭,石敬瑭也素有谋反之意。李从珂即位两年后,石敬瑭以调镇他处作为试探,李从珂果真将其改任天平节度使,石敬瑭遂反。石敬瑭向契丹人求援,联军很快攻入洛阳,李从珂自焚而亡。

沙陀人石敬瑭建立了五代之一的晋朝。历史上称为后晋。因石敬瑭是在契丹人的扶持下才得以登基称帝的,入主汴京后,他将幽云十六州割与契丹。石敬瑭登基时身穿契丹服装,大晋皇帝位也由契丹主册命。后晋每年还须向契丹供送30万匹帛。石敬瑭自称儿皇帝,称比他年轻10岁的耶律德光为父皇帝。后晋建国后并不安宁,动乱谋反不断,很多人对他割地称儿的做法存有异议,他死后,宰相冯道等人借口其子尚幼,拥立其侄齐王石重贵为帝。石重贵登基,是为后晋出帝(少帝),他决意渐渐摆脱对契丹的依附。契丹遂与后晋交恶。944年,双方在澶州交战,胜负平分。945年,契丹南下,石重贵亲征,契丹败。两年后,契丹再次南下,后晋重臣杜重威投降,后晋忽然失去重心,石重贵被迫投降,全家也被俘虏至契丹地。后晋亡。

五代中的汉朝,史称后汉的,也由沙陀人建立。它的建立者是后晋时任河东节度使被封为北平王的刘知远。刘知远少时追随石敬瑭,并曾救过石敬瑭的命,石敬瑭做了儿皇帝后,刘知远得到重用。后晋刚被契丹灭掉,刘知远就在太原称帝,他不改国号,沿用石敬瑭的年号。称帝第二年,契丹军队被中原人击退,刘知远趁机进入开封并建都,国号大汉。刘知远死后,次子刘承佑即位,是为隐帝。隐帝在位期间,大权旁落,相继诛杀权臣,仅两年,枢密使郭威反叛,刘承佑被杀。后汉亡。

刘知远的弟弟,沙陀人刘崇建立了五代十国之一的汉国。刘崇的侄子后汉皇帝刘承佑为乱兵所杀后,郭威控制了朝政。刘崇想要南下报仇,但听说郭威计划迎其子刘赟为帝,便生出犹豫。951年,郭威称帝,建立了后周,并果断杀死了刘赟。刘崇愤怒,随即在晋阳(今太原市西南古城)称帝,建立汉国,史称北汉,北汉沿袭后汉年号。北汉自知地小民贫,兴复后汉实属不易,因此也像石敬瑭一样,依附起契丹人。刘崇与契丹人建立的辽国约为父子之国,称辽帝为叔,自称侄皇帝。因有辽国的援助,北汉与后周进行了不少战争,但少有凯旋。960年,北宋立,后周亡,北汉又屡败于宋。979年,宋军又一次进攻北汉,北汉帝刘继元降,北汉就此灭亡。

沙陀族自内迁盐城起,就开始广泛与汉族杂居。到了五代十国时期,更是在中原建立王朝,更大范围地与汉族融合,经过长期的相互吸收、互动,沙陀族逐渐融于汉族当中。

四海之内

建立"东方金字塔"的党项族

党项族是我国古代西北少数民族之一,是羌族的一支,故有"党项羌"的称谓。《隋书》上有这样的记载:"党项羌者,三苗之后也。其种有宕昌、白狼,皆自称猕猴种。"早期的羌族主要游牧于今青海省辖内。隋朝时,部分党项羌开始内附于中原王朝。唐初,党项已逐渐迁至今甘肃东部、陕西北部一带,他们以家族结成部落,并以家族的姓氏作为部落的名称,《旧唐史》记载,在众多的族姓中,比较显赫的有八个族姓,八大族姓中又以拓跋氏最为强大,在整个党项羌中居于领导地位。另有一种说法,拓跋氏是鲜卑族的后裔,持此说者的主要论据是,西夏开国君主李元昊曾自称鲜卑后代。

唐代宗时,朝廷将党项羌部落迁至银州(今陕西省米脂县)以北、夏州(今陕西靖边县境)以东地区,并将静边州都督府迁置银州境内。党项羌大首领拓跋乞梅居于庆州,被称为东山部,大首领拓跋朝光居于银州、夏州,被称为平夏部。后建立西夏国的皇族拓跋氏就出自平夏部。公元874年,唐僖宗时,黄巢起义爆发。880年,黄巢起义军攻入长安,僖宗仓皇出逃四川,号召各道节度使出兵围攻长安。党项族宥州刺史拓跋思恭响应号召。《资治通鉴》载,883年四月,拓跋思恭随同雁门节度使沙陀人李克用率军攻进长安,黄巢军退却。七月,僖宗以拓跋思恭镇压黄巢起义有功,任命他为夏州节度使,加太子太傅,晋爵夏国公,并赐姓李。夏州拓跋氏从此自称李氏,还拥有了封地,辖境包括夏、银(今陕西榆林东南)、绥(今绥德)、宥(今靖边东)、静(今米脂东)五州,至此夏州割据政权开始称雄一方。拓跋思恭之后，历五代，党项拓跋氏利用朝廷更迭、藩镇混战的契机，通过各种方法，不断发展壮大自己的力量。至后周末年，其已成为一个以夏州为中心的实力雄厚的地方割据政权。960年，赵匡胤发动兵变，夺取后周政权，建立宋朝，夏州节度使李彝殷上表祝贺，为了献媚宋太祖，避赵匡胤父亲赵弘殷的讳，李彝殷将名字改为李彝兴，太祖赞赏尤嘉。李彝殷还出兵助宋讨伐北汉。宋太祖在西北少数民族地区推行的是"皆因其豪酋，许之世袭"的政策，对夏州拓跋氏自然以礼相待。980年，夏州政权传至李继捧时，党项贵族内部发生夺位政变，982年，李继捧亲率族人入朝附宋，并献四州八县。宋封李继捧彰德军节度使，令其留居京城，党项族内部分裂。李继捧入朝献地后，宋朝派遣使者前往夏州发遣李氏族人赴京，党项拓跋贵族李继捧族弟李继迁表示反对。李继迁擅骑射，有勇有谋，威名很早就在党项羌里流传。他的高祖在镇压黄巢起义中战殁，曾祖、祖父、父亲相继袭任银州防御使。李继迁听从部下张浦的建议，率家族亲信逃至夏州东北300里的地斤泽，抗宋自立。他联合辽国，走上了旨在恢复祖宗基业的斗争。为了拧成一股绳攻打宋朝，李继迁着手统一党项羌诸部。他采取的对策和措施主要有：宣传祖辈威望，笼络豪酋人心；与豪酋联姻；用武力强取反抗部落；发展商业，打破宋朝经济封锁。在李继迁的苦心经营下，拓跋氏居核心，党项羌上层为主体，联合其他民族上层参与的蕃汉统治集团渐渐形成并稳固。与此同时，他还建置州城，建立官制、军制，并大兴儒学。公元982年，李继迁对宋宣战，由于宋夏力量对比悬殊，最初李继迁常处于被动挨打的局面，在一次惨痛的失败后，李继迁审时度势，及时采取了两项对策：一是联辽抗宋，二是争取李继捧的支持。公元996年、997年、1001年，李继迁三次攻打灵州，破城后，将灵州设为都城，并改名西平府。随着声威大涨，其军事力量也不断加强。宋真宗迫于这样的形势，为息事宁人，又将李继捧进献的银夏诸州割让给李继迁，这也意味着宋朝实际上已经承认了西夏政权的独立地位。李继迁重建夏州地方政权的夙愿顺利实现，但他的最终目的，远远不止于此。攻陷灵州与宋议和后不久，李继迁旋即东攻，没能如愿，又转而西向，进攻凉州。他采用声东击西的战略战术，于1003年十一月攻陷了西凉府，并将西凉改府为州。对夏州政权而言，西凉有着非常重要的战略地位，正如《西夏书事》中所言："于是西夏势成而灵州永固矣。盖平夏以绥、宥为首，灵州为腹，西凉为尾。有灵州则绥宥之势张，得西凉则灵州之根固。"西凉入囊中之后，李继迁不免志得意满，在一次与吐蕃的会盟中，放松了警惕，遭人暗算，因伤而死，时年42岁。

李继迁死后，子李德明嗣位，时年23岁。《西夏书事》中称李德明"深沉有气度，多权谋……精天文，通兵法"。李继迁在位时的对外政策是联辽抗宋，德明一即位，辽宋就签订了"澶渊之盟"，西夏暂时失去了政治上的声援，李德明遂将对外策略改为"依辽和宋"，他同时向辽、宋称臣，同时接受两国的封号，并伺机向西用兵，竭尽全力攻回鹘，击吐蕃，数年间夺取甘州、瓜州、沙州等地。1020年，李德明从西平府迁都怀远镇（原属灵州，今宁夏银川市），并改名兴州。1032年，李德明又从回鹘手中攻下了失而复得的凉州。他一方面用武力开疆拓土，统一河西，另一方面又大力发展农业、贸易。后期他开始讲究排场，注重享乐，虽无皇帝名，但做尽了皇帝实。《宋史》在评价夏州统治者割据称雄之期时有一句可谓平允的话："虽未称国而王其土久矣！"

1032年，德明子李元昊继任夏国公，元昊为了称帝建国，做了一系列准备工作。他放弃李姓,自称嵬名氏,改年号,建宫殿,立文武班,定军制,立军名,规定官民服饰,他还派人创造西夏文,又颁布秃发令。1038年,30岁的李元昊称帝,国号大夏。建国后,李元昊立即发动了一连串对宋战争,经三川口之战、好水川之战、麟府丰之战、定川寨之战这四大战役,歼灭宋军西北数万兵马。又在1044年的河曲之战中击败率10万军马御驾亲征的辽兴宗。李元昊大败宋辽,自觉不可一世,于是开始独断专行,且沉迷酒色,荒于游宴,他还将儿子宁令哥的妻子据为己有。1048年,宁令哥在别人的唆使下闯入宫廷,用刀砍掉了李元昊的鼻子,李元昊在气恼中因流血过多死去。元昊子谅祚继承皇位,死后其子秉常即位,两朝皆出现了母权专政,西夏政局处在动荡之中,擅政的没藏氏和梁氏为了转移国内矛盾,又都不断对外用兵,夏民苦不堪言。秉常子乾顺16岁时,梁太后还要干政,辽道宗不喜梁太后,派使臣用药酒将她毒死。乾顺在辽人的支持下亲政。根据国情的变化,乾顺改"尚武重法"的立国方针为"尚文重法",在政治上依附辽朝,对宋则采取和解政策。乾顺在位54年,历经北宋和辽朝的灭亡,他据夏国国情,顺时而变,顺势而为,内兴改革,外抗宋朝侵扰,又有效利用辽金和宋金的矛盾,从中坐收渔利,扩展疆土。1139年,乾顺卒,其子仁孝即位,时年16。仁孝继续与金修好,稳定外部环境,对内推崇儒学,推广教育,重用文化程度较高的党项和汉族大臣治理国家。他建立翰林学士院,编撰历朝实录,颁行法典《天盛改旧新定律令》,又尊崇佛教,印刻佛经。在金国的帮助下,他处死权相任得敬,粉碎了其分裂国家的阴谋。总的来说,仁孝统治期间,西夏迎来盛世,但由于重文轻武,仁宗后期,军队战斗力削弱,在对外战争中屡遭失败。1193年,仁孝卒,纯祐立。纯祐是西夏历史上的"善守"之君,他在位时竭力维护与宋、金的关系，对内奉行安国养民之策，然而此时的漠北蒙古开始兴盛，正一步步打破夏、金、宋的割据格局，西夏走向下坡已属必然。纯祐30岁时被废，之后襄宗自立。自襄宗以后，皇位更替频繁。由于蒙古不断强大，西夏统治者又不得不由附金、宋改为附蒙侵金。改变对外方针后，襄宗对金朝进行了长达十余年的战争，战争使得西夏国内经济凋敝，百姓贫瘠，襄宗又自暴自弃沉湎酒色，整日不理朝政。1211年，齐王李遵顼废襄宗自立为帝，即夏神宗。神宗不顾国内臣民反对，也采取附蒙抗金的战略，致使西夏国内状况更加糟糕。1223年，神宗看到大势已去，又不愿做亡国之君，便让位给太子李德旺，即夏献宗。夏献宗已经意识到西夏将亡于蒙古人，他赶快采取联金抗蒙的策略，但为时已晚。1226年，夏献宗忧患而死。其侄南平王李睍继位，即夏末帝。1227年，夏末帝在中兴府被围半年后投降蒙古，西夏亡。

党项族创制了自己的文字，是我国古代民族中少数几个有自己文字的民族之一。党项文又被称作西夏文，它的创制仿造了汉字的结构。《宋史·夏国传》记载："元昊自制蕃书，而译《孝经》《尔雅》《四字杂言》为蕃语。"沈括的《梦溪笔谈》云："元昊果叛，其徒遇乞先制造蕃书，独居一楼上，累年方成，至是献之。元昊乃改元，制衣冠、礼乐，下令国中悉用蕃书、胡礼，自称大夏。"西夏文在甘宁地区使用了两百多年，西夏灭亡后，西夏文在元明时期仍在一定范围内被使用。西夏文为甘宁地区文化的传播起到了重要作用。西夏立国前，党项人主要信仰原始宗教，但佛教已逐渐传入，建国后，西夏统治者开始重视佛教。夏仁宗时，佛教被抬高到国教的地位，由于统治者的推崇，佛教在西夏迅速发展，最后成了全民信仰。《贤者喜宴》记载，藏传佛教噶玛噶举派祖师都松钦巴很受西夏王泰呼（仁宗）的崇敬，泰呼王派人入藏迎请都松钦巴

五代宋辽金时期的中国古代民族

到西夏传法,都松派其弟子格西藏索哇至西夏,传授藏传佛教的经义、教规,并组织人力大规模翻译佛经。格西藏索哇被仁宗奉为上师,宠信之极。西夏国以僧人为国师的传统,后来被蒙古大汗效法。

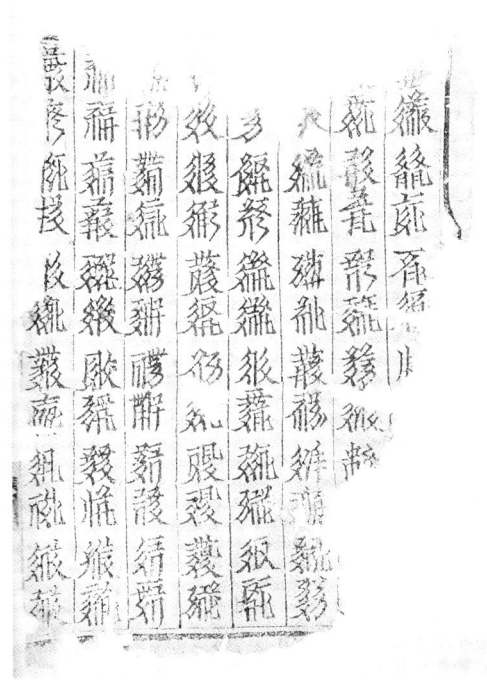

图 5-3　西夏·西夏文印本《三才杂字》残片,甘肃武威张义乡小西沟砚出土

资料来源:甘肃省博物馆编《甘肃省博物馆文物精品图集》,三秦出版社,2006年,第257页。

四海之内

西迁后的回鹘

回鹘与现代维吾尔族在族源上有着密切的关系。一般认为,回鹘是铁勒的一支,《魏书》里称作袁纥,《隋书》《北史》里称作韦纥,《旧唐书》称作回纥。公元788年,回纥改名回鹘,取其汉字回旋轻捷如鹘之义。唐朝时,回纥人曾在原后突厥汗国之地建立起强大的回纥汗国。回纥曾帮助唐朝皇帝平定了安史之乱,由是双方保持着良好的政治和军事关系,既互市又和亲,文化上的交流也非常频繁。8世纪末9世纪初,回鹘汗国一直内讧不止,再加之连年天灾,汗国岌岌可危。840年,回鹘大将句录莫贺勾结黠戛斯,引10万兵马攻击回鹘,回鹘各部纷纷解体,向西、向南分路而奔。传统史书认为,回鹘有三支西迁,其中一支迁至河西走廊,后发展成河西回鹘;另一支由首领庞特勤率领,迁至今新疆东部博格多山一带,后发展成西州回鹘;还有一支投奔葛逻禄,后和葛逻禄、样磨等部一起建立了喀喇汗王朝。西北少数民族史专家杨建新认为,三支西迁的回鹘分别建立了甘州回鹘政权、西州回鹘政权和喀喇汗王朝的说法过于简单,三个政权的建立都有其自身的根源和条件,不能简单地把一支西迁的部落硬与一个政权完全联系起来。然而不管怎样,三个回鹘政权的建立与回鹘的西迁确实有着很大的联系。

西州(高昌)回鹘

840年,即唐开成五年,首领庞特勤率十五部回鹘西迁,在焉耆短暂修整后,又至安西(指龟兹即今库车)。848年,庞特勤称汗。西迁后的第二位首领是仆固俊，866年，在与吐蕃争夺西域的战争中，他大败吐蕃大将尚恐热，夺取了西州（今吐鲁番市高昌古城）、北庭、轮台（乌鲁木齐市附近）等城，并遣官员到唐朝报知这一胜利。大约从这时起，高昌成为回鹘的首都，北庭成为夏都。907年，高昌回鹘向契丹人朝贡。924年，辽太祖西征，随后，辽在北庭置监国太师。辽圣宗于北庭筑可敦城，屯以重兵，高昌回鹘成为辽的属邦。981年，高昌回鹘王上书宋太宗，自称西州外甥，宋太宗派供奉官王延德出使高昌。王延德的《西州使程记》中记载，西州回鹘疆域辽阔，"其地南距于阗，西南距大食、波斯，西距西天步路，涉雪山葱岭皆数千余里地"。高昌国的居民中有南突厥、北突厥、大众慰（仲云）、小众慰、样磨、割禄（葛逻禄）、黠戛斯、末蛮、格哆、预龙等部落。当时的龟兹回鹘是高昌的一部分，称所居地为西州龟兹。高昌回鹘人主要信仰佛教，同时有景教、摩尼教等。1130年，契丹宗室耶律大石率众西迁，耶律大石写信给高昌回鹘国王毕勒哥，请求假道相助，毕勒哥亲迎耶律大石，并赠以牲畜。《辽史》中记载，西辽强大后，高昌回鹘为其属国，西辽派有监督官驻其国。1209年，成吉思汗西征，亦都护巴而术阿而忒的斤杀西辽派驻高昌的少监，归顺于蒙古。

甘州（河西）回鹘

840年，一支回鹘投奔吐蕃，定居于河西走廊一带。河西这部分回鹘归顺吐蕃后不久，吐蕃因内乱而衰败。851年，张义潮起兵反抗吐蕃的统治，他驱逐吐蕃守将，收复了瓜、沙、伊、肃、鄯、甘、河、西、兰、岷、廓十一州。唐在沙州置归义军，命张义潮为节度使。河西回鹘又为归义军节度使政权所统治。唐末五代初，中原战乱，河西回鹘趁机势起。正如《新唐书》记载，"中原多故，王命不及，甘州为回鹘所并，归义诸城多没。"大约890年,回鹘人以甘州为中心建立起回鹘西迁后的另一个政权。甘州回鹘政权建立之初,正值河西地区强势迭起战乱频仍之际,吐蕃的强盛,西夏的崛起,沙州归义军政权的存在,都对甘州回鹘政权的生存构成了大的威胁,回鹘人可谓在夹缝中求生存。归义军政权自张义潮割据起,至张承奉时建立西汉金山国。甘州回鹘与西汉金山国矛盾不断,多次发生战争。张氏政权被曹氏政权取代后,曹议金为巩固新政权,主动与甘州回鹘汗国修好,亲身前往觐见回鹘可汗,还娶了一位甘州回鹘贵族妇女为妻。两方战事骤减。甘州回鹘与五代后梁、后唐、后晋、后汉、后周及辽、西夏都有密切的交往。924年,甘州回鹘可汗仁美遣使向后唐朝贡,后唐庄宗册封仁美为英义可汗。925年,仁美可汗遣使向辽朝贡,1013年辽西北招讨使肖图玉袭击甘州回鹘,曾攻破肃州,并掳其民至土槐口故城。《辽史》记载甘州回鹘为辽之属国,《辽史·百官志》里有甘州回鹘大王府。10世纪初,吐蕃势力削弱,回鹘东进控制河、兰二州,向西威胁瓜、沙之地。宋朝建立后,甘州回鹘与宋建立了朝贡的关系,但这引起了辽和西夏的不满。11世纪初起,西夏开始阻隔甘州回鹘与北宋的供道,西夏与甘州回鹘爆发了大规模的战争。1008年,西夏与辽结盟,准备合击甘州回鹘。甘州回鹘可汗夜落纥乃精通兵法之人,果断采取附辽抗夏政策,派使臣赴辽表示臣服,辽兵撤退,夏军又中了夜落纥的埋伏,大败而走。西夏占据凉州后,派重兵把守,彻底隔断甘州与宋的通贡道路,1016年,夜落纥出兵攻占凉州,并联合当地藏族部落共同抗击西夏的反攻。1026年,辽和西夏联击甘州回鹘,并围攻凉州,但回鹘兵死守,凉州久不克,辽、西夏撤兵。1028年,李元昊统领西夏军大举入侵甘州,甘州回鹘大败,甘州被西夏占领,接着凉州也被攻克。甘州回鹘溃逃、流徙,散居各处。

喀喇汗(黑汗)王朝

唐时,葛逻禄为以回鹘为首的部落联盟的成员之一。西迁回鹘的一部分投奔了葛逻禄。后回鹘、葛逻禄、样磨等部族一起在中亚地区建立了喀喇汗王朝。喀喇汗王朝的第一位可汗是毗伽阙·卡迪尔汗。他建都于巴拉沙衮附近的虎思斡耳朵(今吉尔吉斯斯坦托克马克以东楚河南岸)。卡迪尔汗死后实行双汗继承制。长子八兹尔治巴拉沙衮,次子奥古尔恰克治喀什噶尔。10世纪初,伊斯兰教传入喀喇汗王朝。据传,奥古尔恰克的侄子萨图克最早皈依了伊斯兰教,他击败奥古尔恰克,攻占了喀什噶尔,成为布格拉汗。他又向外扩展领地,并推行伊斯兰教。萨图克死,其长子巴伊塔什驻喀什噶尔,次子苏来曼治巴拉沙衮。巴伊塔什时期,伊斯兰教成为喀喇汗朝的国教。1041年,在东支哈桑系、西支阿里系的基础上,喀喇汗朝正式分裂为东、西两个汗朝。1128年,东喀喇汗朝境内的葛逻禄人和康里人反叛,可汗请求契丹宗室耶律大石的援助。1131年,耶律大石乘机攻占了巴拉沙衮,从此东喀喇汗朝成为西辽王朝的附庸。1137年,西辽军队在忽毡(今锡尔河南岸列宁纳巴德)击败了西喀喇汗朝马赫穆德汗的军队,又在1141年粉碎了塞尔柱苏丹的援军,西喀喇汗朝也成为西辽的附庸。13世纪初,被成吉思汗大败投奔西辽的乃蛮王子屈出律篡夺了西辽的王位,1211年,屈出律占领了喀什噶尔,东喀喇汗国灭亡。13世纪初,西喀喇汗国的邻居花剌子模强大起来,趁西喀喇汗国内乱,攻占了撒马尔罕城,西喀喇汗国灭亡。西迁后的回鹘在中亚及天山南北地带建立的政权共维持了两百多年。东西喀喇汗国灭亡后,回鹘人与其他民族相融合,并与西州回鹘境内的回鹘一起,成为后来维吾尔族形成的主要族源。

四海之内

南方诸族的变迁

五代宋辽金时期，南方诸族也有了不同程度的发展。自西向东，分别介绍下这一时期的吐蕃、西南的大理政权以及中东南的蛮人。

五代宋辽金时期的吐蕃

9世纪中叶，吐蕃王朝崩溃，原吐蕃境内的各部四分五裂，相互为敌。吐蕃地区的这种分裂割据局面，似乎呼应了中原王朝的几经更迭。从五代初到蒙古人建立帝国的三百多年的历史过程中，广大的吐蕃地区在政治上都处于互不相属的分散状态。这时期的吐蕃各种分散势力大部分与中原王朝没有往来关系。只有极少数的地方政权与宋、辽、西夏有过一些交流。例如居住在凉州的吐蕃部族六谷部。六谷部地处河西走廊，农牧业发达，又靠近西夏，地理位置重要，曾多次受到宋朝的赐封，但1032年，六谷部被西夏攻破，余部逃往湟水流域。10世纪到13世纪，封建割据的吐蕃本土还有一件大事值得记录，即藏传佛教的众多教派在这几百年的动荡中逐渐形成。

西南的大理政权

902年南诏灭亡后，在原南诏统治区域又出现了三个短暂的政权。937年，通海节度使白蛮段思平联络滇东乌蛮37部及各系地方势力，于石城（今云南省曲靖市）会师，联合起义军攻占大理，推翻了杨干贞的"义宁国"政权。取得政权后,段思平建国,国号大理,建元文德。段思平致力于大理国秩序的重建,他厉行改革,发展生产,大理国内的经济得到了很大的发展。段思平死后,其子段思英即位,即位不久,段思平弟段思良联合相国发动政变,段思英退位出家,段思良自立为帝。从此大理皇位的继承从段思平一系转到段思良一系,直到1044年,大理国人废掉日益荒淫的圣德帝段素兴,拥立段思平玄孙段思廉为帝,皇位才又重新回到段思平一系。段思廉后,高氏渐渐把持朝政,1094年,一直专政的高升泰废段氏皇帝段正明,自立为帝。但高升泰临死前又嘱其子将政权还于段氏,于是段正淳当上了皇帝。因段氏政权有过中断,故从段正淳起的大理国又被称为后理国。段正淳的儿子段誉是个有所作为的君主,在位39年间,他特别注重加强与宋朝的联系,并深得宋徽宗的礼遇。大理国后期,朝廷大权又由高氏把持。1244年,蒙古人南侵攻不下四川,转而出兵临关,攻打大理。1253年,大理政权为蒙古兵所灭。

两宋时期,除白蛮联合乌蛮建立的大理政权外,我国傣族先民金齿、茫蛮也建立过强大的"景陇金殿国",管辖着包括今西双版纳及其以南的地区。

中东南的蛮人等

南宋建都临安,北方大量人口南迁,并与南方各族混居杂处,使得中东南各民族间的接触、碰撞、融合加速。南宋人刘克庄在漳州做官时,曾著有《漳州谕畲》一文,文中写到,"凡溪峒种类不一,曰蛮、曰猺、曰黎、曰蜑,在漳者曰畲"。这时期,苗族偏西,居于湘西、贵州等地;瑶族居中,分布湘南、粤北、桂东等地;畲族靠东,主要居于福建、粤东等地,基本上已经形成分居东、中、西的格局。

参考文献：

[1]《魏史》《旧五代史》《新五代史》《西州使程记》《新唐书》《资治通鉴》《三朝北盟会编》《辽史》《金史》《宋史》《西夏书事》等。

[2] 张正明:《契丹史略》,《中华书局》,1979。

[3] 孙进己:《女真民族史》,广西师范大学出版社,2010。

[4] 钟侃、吴峰云、李范文:《西夏简史》,宁夏人民出版社,2005。

[5] 杨圣敏:《回纥史》,广西师范大学出版社,2008。

[6] 漆侠主编:《辽宋西夏金代通史 1—7 卷》,人民出版社,2010。

[7] 王钟翰主编:《中国民族史概要》,山西教育出版社,2010。

原典选读

【原典】

西南诸夷,汉牂牁郡地。武帝元鼎六年,定西南夷,置牂牁郡。唐置费、珍、庄、琰、播、郎、牂、夷等州。其地北距充州百五十里,东距辰州二千四百里,南距交州一千五百里,西距昆明九百里。无城郭,散居村落。土热,多霖雨,稻粟皆再熟。无徭役,将战征乃屯聚。刻木为契。其法,劫盗者,偿其主三倍;杀人者,出牛马三十头与其家以赎死。病疾无医药,但击铜鼓、铜沙锣以祀神。风俗与东谢蛮同。隋大业末,首领谢龙羽据其地,胜兵数万人。唐末,王建据西川,由是不通中国。后唐天成二年,牂牁清州刺史宋朝化等一百五十人来朝。其后孟知祥据西川,复不通朝贡。

(选自《宋史》卷二百五十五《蛮夷传四》)

【释读】

西南地区诸民族,所居本是汉代牂牁(zāng kē)郡地。汉武帝元鼎六年(公元前111年),西汉平定西南诸民族,设置了牂牁郡。唐朝在此地设置费州、珍州、庄州、琰州、播州、郎州、牂州、夷州这八州管辖当地民族事务。此向北距离充州一百五十里,向东距离辰州二千四百城,向南距离交州一千五百里,向西距离昆明有九百里。没有建造城郭,各族人民分散居住在村落里。当地地气湿热,多有霖雨,水稻和粟米都可以一年两熟。此处没有征派徭役,民众在面对战斗时才屯聚在一起。实行刻木记载文书。当地俗法规定,凡抢劫盗窃者,需赔偿原主三倍的价值;凡杀人者,可用三十头牛马补偿受害者来赎罪免死。当地各族人民患病时没有医药救治,仅凭敲击铜鼓和铜沙锣来乞求神灵庇佑。这里的风俗大

四海之内

体与东谢蛮类似。隋朝大业末年,番酋谢龙羽占据其地,拥有几万人军兵。唐朝末年,王建割据西川地方,从此不再与中原相联系。后唐天成二年(927年),牂柯清州刺史宋朝化等一百五十人前来朝贡。此后,孟知祥又割据西川,牂柯各民族再次与中原中断往来关系。

元代的中国古代民族

蒙元时期,天下一统。蒙古人的铁蹄如飓风,横扫了亚欧大陆。成吉思汗及其子孙建立的政权是名符其实的征服王朝。蒙元帝国的疆域东起朝鲜半岛,西抵波兰、匈牙利,北至西伯利亚,南达爪哇中南半岛,总面积多达3400万平方公里。帝国的疆域相当辽阔,民族成分众多。元朝建立后,统治者将当时中国境内的居民分为四等:第一等是蒙古人,包括大漠南北诸部;第二等是色目人,包括最早被蒙古人征服并帮助蒙古人征服全国的我国西北地区及其以西的各族人,如畏兀儿、钦察等;第三等是汉人,包括淮河以北原金国境内的汉、契丹、女真等族以及较晚被蒙古征服的四川、云南（大理）人、东北的高丽人等；第四等是南人，包括最后被元朝征服的原南宋境内各族。元朝统治者将辖内居民类分的举措固然有他们的考虑，但这种带着民族歧视和民族压迫性质的分类客观上为元朝后期各种形式的起义埋下了祸根。

草原上弯弓射雕的蒙古族

　　大多数学者倾向于认为,蒙古族起源于东胡。蒙古名称源自唐代室韦人的一支——蒙兀室韦。蒙兀室韦原居黑龙江上游、大兴安岭北端的也里古纳河(额尔古纳河)流域,大约在9到11世纪,其中的一部分逐渐西迁,到了斡难河(今鄂嫩河)、怯绿连河(今克鲁伦河)和土剌河(今土拉河)三河上源的不儿罕山(今肯特山)一带。西迁的蒙兀室韦有大大小小许多个氏族部落,这些氏族部落分为两个大支,即迭儿列斤蒙古和尼鲁温蒙古。迭儿列斤蒙古意为一般的蒙古人。尼鲁温蒙古意为出身纯洁的蒙古人,成吉思汗出生的孛儿只斤部就隶属于这一支。迭儿列斤蒙古和尼鲁温蒙古合称合木黑蒙古。在当时的蒙古高原,除合木黑蒙古外,还活跃着蔑蔑儿乞、塔塔儿、克烈、乃蛮等部。

四海之内

11世纪末、12世纪初,蒙古草原上各部族间的兼并和联盟已经形成了规模。战争范围的扩大以及战争时间的延长使得独立的小氏族和部落越来越难以生存。经过剿灭、兼并、投靠、背叛等一次次的动荡和重组,至12世纪末,原来部落林立的蒙古草原上逐渐形成了分疆对峙的五大部落集团,即蒙古、塔塔儿、克烈、蔑儿乞、乃蛮。这五大集团拥有不同的依附势力,相互间征伐不断。此时与蒙古相邻的金朝国力已如日头临近西山,面对蒙古人的兼并与日盛,金朝统治者只能采取消极的戍边措施,无力拔兵进剿。这就给蒙古草原各部落集团间的进一步兼并提供了有利的外部环境。

1162年,孛儿只斤氏族的首领也速该喜得一子。恰巧他刚刚打败了塔塔儿部落的首领铁木真·兀格。也速该遂给他的儿子起名铁木真。铁木真就是那个日后建立起强大帝国的一代天骄成吉思汗。铁木真9岁时,父亲被塔塔儿人暗中用毒酒害死,原来与也速该结盟的泰赤乌奴隶主乘机夺走了也速该的部众,并遗弃了铁木真母子。为了避免泰赤乌贵族以及塔塔儿人的迫害,铁木真向父亲的义兄克烈部首领脱里罕寻求庇护,在脱里罕的帮衬下,铁木真渐渐显示了他的军事和政治才能。铁木真18岁时,三姓蔑儿乞人前来偷袭,俘虏了他的妻子和家人。铁木真大怒,在脱里罕和札只剌部贵族的支援下,他率军击败了蔑儿乞,夺回了妻子和被掠的家人。此一战,铁木真树立了声威。1189年,乞颜氏贵族推举铁木真为汗。铁木真力量的壮大以及聚众称汗引起了札只剌部野心勃勃的扎木合的仇视。扎木合联合塔塔儿、泰赤乌等13部攻打铁木真。这就是史书上记载的"十三翼之战"。"十三翼之战"是铁木真一生所经历的60余场战争中为数不多的一次失败。十三部的战争虽胜利了,但扎木合及泰赤乌首领的所作所为引起了部下的不满,不少小头领率族人归顺铁木真,铁木真的力量不减反增。接着,铁木真乘势发起了针对塔塔儿人的浯勒札河之战。蒙古部与塔塔儿部为世仇,铁木真的曾祖父俺巴孩汗、伯祖斡勤巴儿合黑都被塔塔儿人押送金朝处死,铁木真的父亲也是被塔塔儿人毒死的,1195年,塔塔儿部叛金扰边,金章宗派丞相完颜襄出兵还击。铁木真看到时机已到,1196年,他从脱里罕那里请到兵马,对塔塔儿给予致命一击。此战使铁木真成功为父祖复仇,金朝嘉奖了他,授予他官职。金朝还封脱里罕为王,从此脱里罕被称作王罕。战胜塔塔儿后,铁木真挥师剿灭了主儿乞部。1200年,铁木真与王罕联军大败赤乌部于鄂嫩河,同年于捕鱼儿海子(今贝尔湖)附近大败哈答斤等十一部联军。1201年,被击败的各路奴隶主们共推札只剌部的扎木合为"古儿罕",但扎木合联军又被铁木真打得四处溃逃,铁木真统一了蒙古部。1202年,铁木真全歼塔塔儿残部。1203年,王罕与铁木真反目,先是王罕突袭铁木真,致使铁木真仓皇溃散,最后只剩19人跟随。后铁木真吃一堑长一智,利用王罕懈怠之际突袭王罕营地,以其人之道还治其人之身,克烈部终被灭。1204年,铁木真与乃蛮首领太阳汗激战于纳忽山(今鄂尔浑河以东土拉河西),乃蛮军溃败,太阳汗被擒,至此,铁木真完成了统一蒙古各部的大业。"蒙古"这一名称也成为原来蒙古草原各部的共同名称。

1206年,蒙古各部在斡难河源头集会,共推铁木真为全蒙古大汗,号"成吉思汗"(成吉思乃蒙古强大之意),建立"也可忙豁勒兀鲁思(大蒙古国)"。为了稳固并加强对新政权的统治,成吉思汗采取了一系列的措施。他首先在整个蒙古高原上进一步推行千户制。他把全蒙古部众以千户、百户、十户的形式组织起来,共划分出95个千户,然后封那些有功的臣僚为千户长、百户长、十户长,让他们世袭管理。千户制是

四海之内

图 6-1 成吉思汗像

资料来源:中国国家博物馆编《中华文明:古代中国陈列文物精萃》,中国社会科学出版社,2010年,第648页。

一种将基本军事单位和地方行政单位融合为一体的组织。正如《元史》中所言:"上马则备战斗,下马则屯聚牧养"。成吉思汗还将蒙古国的臣民当作家产以千户为单位分封给自己的母亲和兄弟子侄,分封给他的"黄金家族"。早在出征乃蛮前的1204年,成吉思汗就已经建立了被称为"怯薛"的护卫军。称汗后,他扩充了这支自己直接掌控的常备队伍。怯薛平时负责保卫大汗的金帐并分管些许汗廷事务,战时由大汗亲自统领作战。成吉思汗对护卫军人员的选拔要求非常严格,这一方面是为了他自己的安全;另一方面,从贵族子弟中选拔而来的这些人也充当着必要的"人质"的作用。通过护卫军,大汗可及时了解和控制分布在外地的各级臣僚,以使他们更加效忠于蒙古汗国。1202年,成吉思汗设"扎鲁忽赤"一职,"扎鲁忽赤"译为断事官,称汗后,他委任养弟失吉忽秃忽为大断事官。断事官根据蒙古社会的习惯法以及成吉思汗本人关于治理国家、训练军队、整顿社会秩序等的种种"训言"和"札撒"断事,并将处理过的事情记载于青册以备援引。所用文字是回鹘文字母拼写改造出的蒙古文,此文字乃成吉思汗打败乃蛮部后命其掌印官为蒙古部创立的。上文中的"札撒"意为蒙古贵族的命令,铁木真建立蒙古国后,他的诏令被称为大札撒。他命专人将他的一些诏令、训词记录下来,形成成文的大札撒,颁发给臣僚们遵守。通过以上种种措施,大蒙古国的统治制度得以建立和完善,大汗至高无上的权利也得到了巩固和保障。

蒙古统一后,为了获得更多的疆域和财富,为了满足内心膨胀不已的欲望,蒙古贵族们策马扬鞭,开始了对周邻民族的征服和掠夺。在其后的几十年里,成吉思汗及其继承者们率领他们不断壮大的队伍在广阔的亚欧大陆上尽情驰骋,一个又一个的城池被攻破,一场又一场的杀戮被上演,中国的历史、世界的历史似乎在错愕间就被改写了。纵观蒙古铁骑的对外扩张,从方向上来看,一是向南,一是向西。向南和向西的活动同时或交替着进行。南下的扩张,最终统一了中国,建立了空前规模的元朝;而西征的结果,逐渐形成了四大汗国。

成吉思汗的对外扩张首先指向南方。击败迫使蒙古各部称臣纳贡的金朝是他的目标。在此之前,他先消灭了阔阔出为首的萨满势力,又派大将哲别追击乃蛮部及蔑儿乞部的残余势力。再派长子术赤北征谦河(今叶尼塞河)上游诸部。为解除西面的牵制,1205至1207年间,成吉思汗两次攻打西夏。1209年,他第三次对西夏用兵,进逼西夏都城兴庆府(今宁夏银川市),迫使西夏主李安全纳女求和。此后蒙古侵金时多次调西夏兵从征。1218年,蒙古西征花剌子模,向西夏征兵,西夏拒绝,成吉思汗再派军击之。

1211年,成吉思汗亲率大军南下,展开与金朝的第一次大规模战争。1212年秋,成吉思汗率军围攻西京,全歼来援金军,但因围城时中流矢,故撤军罢兵。1213年,成吉思汗第三次伐金,迫使金宣宗献女求和,同年六月,金宣宗由中都(今北京)迁都汴京(今开封)。1215年,蒙古军进占中都。此后,成吉思汗将继续对金经略的任务交给木华黎,封其为太师国王。成吉思汗转而西征。乃蛮部太阳汗之子屈出律被蒙古军击败后,逃入西辽,取得了直鲁古汗的信任,娶汗女为妻。1211年,屈出律与花剌子模密谋推翻了直鲁古汗,篡夺了西辽政权。1218年,成吉思汗派大将哲别率军进击西辽,蒙古军很快便占领了西辽故地,杀掉屈出律。1219年,成吉思汗率20万大军攻打花剌子模。几年之间,蒙古大军击溃了花剌子模,损毁了中亚细亚多个城池,兵锋所及,南达印度河流域,西至里海西南岸一带。西征东还后,成吉思汗又投入到南下的战争中。1226年,他再次南下,准备消灭西夏后,直取金朝。春,蒙古军破黑水城;夏,取甘(今甘肃张掖)、肃(今甘肃酒泉);秋,破西凉府诸县;冬,破灵州(今宁夏灵武)。蒙古军势如破竹,西夏都城中兴府(本为兴庆府,1209年改名)很快被围。1227年春,成吉思汗留一部分兵马攻击西夏都城,带另一部分兵马进攻金朝辖地。西夏军民死守中兴府,然而或许是命数尽矣,中兴府偏偏危急之时发生地震,府内渐粮尽兵乏、人心焦乱,半年后西夏灭亡,献城的西夏末代皇帝李睍被杀。被杀的李睍并不知晓,那个用兵如神的成吉思汗已先于他病逝。1227年春,西夏眼看就要灭亡,年老的成吉思汗挥兵向着他一贯的目标进发,金朝的灭亡似乎也指日可待了,但最终,他还是没能看到这一天。1227年七月,成吉思汗病逝在清水县(甘肃清水)他的军帐中。

成吉思汗的一生足以用波澜壮阔来形容。他的军事天赋无人比肩,他的戎马生涯鲜有败迹,他统领的蒙古军如上帝的鞭子抽在亚欧大陆上。亦怜真先生指出:"成吉思汗所建立的蒙古汗国不啻把蒙古社会送进了文明发展阶段,而且也把蒙古族送进广阔的文明世界中……这对蒙古族人民的历史命运有着无限深远的意义……成吉思汗建立蒙古汗国,这不只是蒙(古)族人民历史上影响深远的大事,也是我们祖国历史上的重要篇章。"(亦怜真:《成吉思汗与蒙古民族共同体的形成》,载《内蒙古大学学报(社会科学)》1962年第1期。)柏杨在《中国人史纲》中评价道:"铁木真是历史上最伟大的组织家及军事家之一,他在政治上和战场上的光辉成就,在20世纪之前,很少人可跟他媲美。铁木真胸襟开阔,气度恢弘,他用深得人心的公正态度统御他那每天都在膨胀的帝国,高度的智慧使他发挥出高度的才能。"

　　成吉思汗死后,暂由幼子托雷监国。1229年,遵照成吉思汗死前遗嘱,诸王在大斡耳朵集会,推举窝阔台为大汗。窝阔台在位13年,1241年,在西征途中病逝。窝阔台死后,成吉思汗家族内部发生争夺汗位的矛盾,经过五年的汗位空置以后,窝阔台之妻脱列哥那皇后利用其摄政的地位立其子贵由为汗,仅三年后,贵由去世。黄金家族内部再次陷入汗位纷争。后窝阔台系败于拖雷系,拖雷之子蒙哥于1251年即汗位。1259年,在围攻合州(重庆合川)的战役中,蒙哥汗被流矢击中,死于军中。蒙哥死后,两个弟弟忽必烈和阿里不哥争夺汗位。两人分别自立为汗。1261年,经昔木土脑儿(今蒙古苏赫巴托省南部)一战,阿里不哥兵败北逃,1264年,阿里不哥投降忽必烈,忽必烈最终依靠中原地区地主阶级的支持成功夺得了汗位。忽必烈即位后,仿汉制建立政权,1264年,为了便于对中原的统治,他将统治中心由开平迁至燕京(金中都,金亡后称燕京,今北京)。1269年,颁布了八思巴创制的蒙古新字,八思巴即为下文提到的萨迦班智达贡嘎坚赞的侄子。1271年,忽必烈遵照中原之传统,改大蒙古国国号为大元,元朝正式开始。

窝阔台时期,蒙古的对外军事活动继续发展。蒙哥时期和忽必烈时期虽然都经历了争夺汗位的内讧,但政局稳定后,他们对外的军事活动也开展起来。成吉思汗没有完成的目标,由他的继承者们一一实现。

灭金朝。成吉思汗时期就曾多次袭击金朝。从1230年开始,窝阔台汗再次率军征金。1232年,在钧州(今河南禹县)以南的三峰山一役中,蒙古军大败金军主力,金军主将完颜合达战死。1233年正月,金哀宗逃亡,蒙古军攻占金朝都城汴京。1234年正月,蒙古和南宋联合出兵哀宗困守的蔡州,城破,金哀宗自杀,金亡。

招抚吐蕃。窝阔台子阔端的封地在原西夏地区,1239年,他派部将朵尔达率兵入侵吐蕃地区,直至拉萨东北。1244年,阔端遣使入藏,召请藏传佛教萨迦派首领萨迦班智达商讨吐蕃地方归顺蒙古事宜。1246年,萨迦班智达偕两个侄子恰那多吉和八思巴到凉州。1247年,与阔端会面,议定吐蕃归顺条件。萨迦班智达代表各教派首领和地方首领正式归附蒙古,从而确定了蒙古对藏区的统治地位。

灭大理。1253年,蒙哥汗遣其弟忽必烈率军征大理。蒙古军绕道吐蕃,入云南,攻破大理城。大理王段兴智逃亡。1254年,又破善阐(今昆明),俘获大理王,大理政权灭亡。

灭南宋。蒙哥汗1256年开始攻宋。1258年,东线忽必烈突破了长江天险,直逼鄂州,西线攻入了四川,但蒙哥汗进攻合州时,合州守将王坚拒绝招降,并率军民据守,蒙古军连克数月不下,倒是蒙哥汗中流矢而死,蒙古军全线撤退。忽必烈即位后,于 1267 年开始攻宋。1273 年,经过六年的围攻,蒙古军攻占了樊城,招降了襄阳,从而粉碎了南宋在长江中游的屏障。蒙古军进一步控制了四川。1274 年,忽必烈以伯颜为统帅,命南宋降将刘整、吕文焕为先锋,水陆并进,大举南下。长江两岸州池纷纷投降。1276 年初,蒙古军攻抵南宋都城临安(今浙江杭州),南宋皇室宋恭宗赵显投降。此后,宋将张世杰、文天祥、陆秀夫、李庭芝等继续率部抵抗。但终因寡不敌众,纷纷被击败。1279 年,陆秀夫抱着新立的皇帝卫王赵昺投海自尽,南宋亡。元朝统一了全中国。

西征。1219 年至 1223 年,成吉思汗曾第一次西征。1236 年,窝阔台汗大会诸王,命诸王派各长子西征钦察、斡罗斯(今俄罗斯)等国,由成吉思汗长子术赤之次子拔都做统帅,史称这第二次西征为"拔都西征"或"长子西征"。1236 年,蒙古军征服不里阿耳部落(今伏尔加河上游一带)。1237 年,征服钦察人(伏尔加河下游)。1240 年,征服斡罗斯(今俄罗斯)。随后继续西进,入侵波列儿(今波兰)、马扎儿(今匈牙利),直至进军至维也纳附近时,传来窝阔台汗逝世的消息,拔都才下令回师。1252 年,蒙哥汗命其弟旭烈兀第三次西征。1257 年,蒙古军灭木剌夷国。1258 年,攻下阿拔斯王朝(黑衣大食)的都城报达(今伊拉克巴格达)。前文已提到,成吉思汗建国后将人口以家产的形式分封给他的兄弟子侄,不仅如此,分给人口的同时还封予土地。成吉思汗的三个儿子术赤、察合台、窝阔台的封地在阿尔泰山及其迤西地区,随着一次次西征,三人的封地不断扩大,形成三大汗国,而拖雷第三子旭烈兀西征后也建立了一个汗国,如此便形成了蒙古四大汗国。四大汗国最初都还是大汗统一政权管辖下的附属国,但后来慢慢脱离大汗发展成独立汗国。

钦察汗国:成吉思汗长子术赤及其后裔的封国。术赤次子拔都西征后建立。其领地东起额尔齐斯河，西至多瑙河，南起高加索山，北括斡罗斯。都城建于伏尔加河下游一带的萨莱（今俄罗斯阿斯特拉罕附近）。因拔都的大帐使用的是金顶，故钦察汗国也被称作"金帐汗国"。钦察汗国是当时东西文化交流的重要纽带和商业贸易中心。

察合台汗国：成吉思汗次子察合台的封地。初领有西辽故地，包括天山南北路及今阿姆河、锡尔河之间的地区，后有所扩展，最盛时东至哈密、西至阿姆河、北至塔尔巴哈台山、南越兴都库什山，包括了河中和楚河、伊犁河流域及今我国新疆大部分地区。察合台设帐于阿力麻里（今新疆霍城西）。

窝阔台汗国：成吉思汗第三子窝阔台的封地。领有额尔齐斯河上游及巴尔喀什湖以东地区，大约相当于乃蛮旧地。建都叶密立（今新疆额敏县）。蒙哥汗时期和忽必烈时期，窝阔台汗国遭分割、归并。

伊儿汗国：成吉思汗之孙拖雷之子旭烈兀的封地。其疆域东起今阿姆河，西至地中海，北自高加索，南抵印度洋，包括了今伊朗、伊拉克、阿富汗等地。伊儿汗国是沟通欧亚两洲经济文化的重要交通枢纽之一，也是欧亚文化荟萃之地。旭烈兀建都于篾剌哈（今伊朗东阿塞拜疆省马腊格）。长子阿巴哈即位后定都桃里寺（今伊朗东阿塞拜疆省大不里士），以篾剌哈为陪都。

忽必烈建立元朝后，蒙古统治阶级内部的斗争和矛盾依然延续，东北部成吉思汗幼弟铁木哥斡赤斤的后裔乃蛮反叛，西北部窝阔台的孙子海都接连举兵。直到忽必烈去世成宗铁穆耳即位后，海都之乱才得以平定。忽必烈时，虽内战连连，但也对高丽、日本、安南、占城、缅甸、爪哇等地发动了对外战争。1294年忽必烈卒，忽必烈的两个孙子甘麻剌与铁穆耳争权，大将伯颜拥护铁穆耳，最终铁穆耳立，是为成宗。

成宗无嗣,1307年卒后,安西王忙哥剌之子阿难答与怀宁王海山争权。海山的弟弟爱育黎拔力八达杀了拥立阿难答的皇后和左丞相,海山即帝位,为武宗。武宗立弟弟爱育黎拔力八达为皇太子,约定兄弟叔侄世代相承。1311年,武宗死,爱育黎拔力八达即位,是为仁宗。仁宗背弃约定,立自己的儿子硕德八剌为皇太子。1320年,仁宗卒,硕德八剌立,为英宗。1323年,英宗被朝臣谋杀,晋王也孙铁木儿立,为泰定帝。泰定帝死后,内讧再起,朝野出现了文宗图帖睦尔与天顺帝阿速吉八并立的局面。天顺帝政权仅一个月后便匆匆灭亡。1329年,武宗之子和世㻋在和林之北自立为明宗。文宗表示让位,但几个月后,明宗暴毙。文宗复位。1332年,文宗死后,明宗次子仅7岁的懿璘质班即位,为宁宗。一个月后,宁宗病逝。其兄明宗之长子妥欢贴睦尔立,是为顺帝。1368年,明军北伐,顺帝从大都北遁,元朝就此土崩瓦解。元顺帝北逃后,蒙古贵族仍保有其政权,历史上称为"北元",直到1635年才为后金所灭。纵观元世祖忽必烈之后的元朝政局,皇位的争夺成为经常现象,且愈演愈烈。仅1308年到1333年的25年间,便先后有8位皇帝即位。元朝的皇位争夺恰好应和了朝野上主张实行汉法与反对实行汉法的两派势力之间的斗争,这些皇室和朝野之上的斗争此起彼伏,使得元朝的统治震荡不止。又加之,元朝实行带有民族压迫、民族剥削性质的四等人制度,致使汉族人民常常发动反压迫反剥削的群众起义,元朝的灭亡就这样很快到来了。元朝境内的蒙古人虽贵为一等人,但大部分蒙古人的日子也并不好过,毕竟享受特权的只是少数的蒙古贵族,对于大多数蒙古人来说,他们面临的是兵役和站役的沉重负担。上文提到,元代北方诸王叛乱频繁,元朝发动了对日本、东南亚等国的战争,中原地区又须遣重兵镇守,因此,蒙古部落兵役繁重。另外,元朝为加强对西北地区及蒙古地区的统治,设置了多处完善的驿路,蒙古族底层民众又必须不断地服站役。

图 6-2 元·八思巴文虎符圆牌

资料来源:甘肃省博物馆编《甘肃省博物馆文物精品图集》,三秦出版社,2006年,第262页。

蒙古人从北方草原发迹,一路经历无数的战争,最终在中原地区建立了元朝,在西方建立了蒙古汗国,他们的政治影响可谓深远。随着战争的进行和统治范围的扩大,蒙古人接触了各地的文化,他们的文化也在借鉴和吸收异文化的过程中进一步繁荣起来。蒙古最初建国时使用畏兀儿体蒙古文,当时主要用这种文字书写公文、信件、玺书、碑刻、牌礼等。蒙古族的第一部历史、文学巨著——《蒙古秘史》(《元朝秘史》)也由畏兀儿体蒙古字写成。这部具有极大史料价值的著作以古代蒙古人世代相传的口述故事为蓝本,记叙了蒙古草原上12世纪以前发生的种种事迹,其中包括成吉思汗先世的传说、成书时蒙古社会的生活状况、成吉思汗的政治军事活动等。忽必烈时,令吐蕃喇嘛八思巴制蒙古新字。八思巴领命,历十年,字乃成。因此蒙古新字俗称"八思巴字"。新字由梵藏字母演化而来,共 42 个字母,《元史》记载:"其相关纽而成字者,则有韵关之法;其以二合、三合、四合而成字者,则有语韵之法;而大要则以谐声为宗。"新字主要用于官方文书或官方造发的印篆、牌符、钱钞等方面,而畏兀儿体蒙古字仍在民间通行。

四海之内

元时回回遍天下

13世纪,蒙古人在世界政治舞台上异军突起。从1219年成吉思汗西征,到1258年其孙旭烈兀攻破报达(今伊拉克巴格达),蒙古军队先后征服了中亚和西亚许多信仰伊斯兰教的民族。西征使得东西交往的通道大开,大批阿拉伯、波斯和伊斯兰化的突厥人以工匠、军士等身份随蒙古人进入中国。由于这时期的海上交通也很发达,因此也有不少穆斯林从海上来华,他们中除了阿拉伯和波斯商人、传教士,还包括一些来自南亚、东南亚及非洲的穆斯林。元朝时,人们把这些从世界各地来华的穆斯林都称为回回人。唐宋时期来华的"蕃客""胡商"的后裔也融入到回回人的大家庭中。

从元代回回人的组成来看,大部分是阿拉伯人、波斯人和伊斯兰化的突厥人。来华的阿拉伯人和波斯人中,军士、商人、传教士较多。来华的伊斯兰化的突厥人则主要包括哈喇鲁人、阿儿浑人、康里人、钦察人以及西辽地面的其他突厥人。除了阿拉伯、波斯人和突厥诸族的穆斯林,元代回回人还融合了境内其他一些信仰伊斯兰教的人,如占城回回以及南亚回回等。另外,一些非穆斯林族群的人也有融入元代回回中的,例如阿速人、术忽回回、啰哩回回等。

元朝时大批的回回军士被编入战时出征、平时屯聚牧养的"探马赤军"。元世祖时将大部分探马赤军改为就地入社实行农垦的农民,另一小部分回回军士则为兵农合一的屯戍者。回回军士就地安置聚居以后,便形成了回营和回村。屯聚、屯戍的回回军士遍及全国各地,加之回回商人、教士等的频繁迁徙,使得回回聚居地也遍及全国各地。西北,回回人主要分布在河西走廊一带。西南,回回聚居的重点区域是昆明和大理。中原一带的回回则以山东、河南最多。江南也有不少回回,如杭州、泉州等地。

1235年,窝阔台汗推行了"乙未籍户"。户籍制度是中原王朝征收赋役的凭据,也是对辖内臣民行使统治权力的标志。南北朝以来,此制度逐渐推广,窝阔台汗时,北方统一后出现了相对的稳定,蒙古人便承袭前制,也开始订立户籍。"回回户"等名称首见于蒙哥二年的"壬子籍户"。回回入户在回族形成过程中是件历史性的大事。它标志着蕃客地位的结束。自唐初中亚、西亚的穆斯林最早入华,此后的五六百年间,穆斯林东来不断,在华的穆斯林也成倍翻长,有的甚至还中举为官,但在唐宋政府和华人的心中,他们依然是"胡商""蕃客",依然有着外国人的身份。而从蕃客到回回户的转变,则意味着回回已正式成为当时中国民族大家庭中的一员。回回户的确立有利于并客观上使得回回民族共同体逐渐形成、发展。中华各民族的民族成分历来都是多元的,回族的形成过程中也发生着一次又一次的民族组合。官方认定的某一名义下,这些组合变得顺其自然、顺理成章。

回回属于元朝四等人制度中仅次于蒙古人的第二等人,他们曾在蒙古统一和对外扩张的诸多战争中立下战功。1203年,铁木真在兼并蒙古各部落的过程中,遭到克烈部王军的伏击,双方战于合兰真沙陀之地(今内蒙古东乌珠穆沁旗北),铁木真军溃散,最后从行者只剩下19人。行至班朱尼河(今克鲁伦河上游)附近,不得已煮野马来充饥。《元史》记载此时的铁木真举手仰天而誓:"使我克定大业,当与诸人同甘苦,苟渝此言,有如河水。"同饮班朱尼河水者可以算得上是开国功臣,而这19人中,有回回人三名。由此也可以看出，当时在漠北的回回人数量应不在少数，他们或者经商，或者以武士的身份效力于各部首领。回回多来自中亚和西亚的伊斯兰国家和民族，他们的迁徙和游历使他们具备了丰富的地理学知识。较之漠北的蒙古人，他们对世界的认识要深刻得多。因此，有不少回回人利用他们的见识为蒙古人充当着使臣。在蒙古统一后的南攻和西征中，回回人也有着不俗的表现。1211年，蒙古人伐金，攻入居庸关，金人被迫迁都汴京，此役中回回人札八儿火者奋勇当先，众人莫能与之争锋。《元史》记载，成吉思汗进入中都地区后，对左右的近臣说，"朕之所以至此者，札八儿之功为多"。蒙古人发起全面灭金的战争时，回回人曷思麦里跟随窝阔台征汴京，他战功卓著，击退了金军强元帅部，还曾招降军民上万人。蒙宋战争中，札八儿火者之子阿里罕跟随蒙哥攻打蜀地，官至兵马都元帅。蒙古人西征占领了大片土地、多处城池，这些地方的民事管理大多由回回人来负责。回回人牙剌瓦赤父子作为蒙古大汗委任的代表，在河中地区主持民政半个多世纪，他们在制定休养生息政策、发展社会经济等方面，做出了很多努力。牙剌瓦赤父子还在蒙哥汗争夺汗位的斗争中起到了重要的作用。蒙哥即位后，重用回回人，命牙剌瓦赤为燕京行尚书省，负责民政、财政等事务。又以牙剌瓦赤子马思忽惕为别失八里行尚书省事，另启用暗都剌兀尊、阿合马、也的沙等回回人辅佐之。元世祖忽必烈时，回回人的政治势力更加攀升。忽必烈登基之初就选用回回人祃祃为丞相。祃祃执政期间挑选了大批汉儒和其他民族知识分子入行中书省工作，他除旧弊、立新条，正式推行钞法，为恢复经济、安定社会做出了贡献。

  元世祖时，回回人中还出现了一位杰出的政治家。他便是赛典赤·赡思丁。赛典赤·赡思丁出生于中亚布哈拉，

1221年随父亲归附成吉思汗,成年后先后从军参政。《元史·赛典赤赡思丁传》(以下简称为《赛传》)云:"赛典赤·赡思丁一名乌马儿,回回人,别庵伯尔之裔。其国言赛典赤,犹华言贵族也。太祖西征,赡思丁率千骑以文豹白鹘迎降,命入宿卫,从征战,以赛典赤呼之而不名。"1264年,忽必烈置陕西五路西蜀四川行中书省,命赛典赤出任陕西四川行省平章政事。世祖设置该行省,主要为灭南宋做准备。赛典赤深知世祖用意,《赛传》记载:"(赛典赤)莅官三年,增户九千五百六十五、军一万二千二百五十五、钞六千二百二十五锭、屯田粮九万七千二十一石,搏节和买钞三百三十一锭。中书以闻,诏赏银五千两,仍命陕西五路四川行院大小官属并听节制。"陕西得治,蒙古军进攻南宋所需的物质条件便得以保证。赛典赤还是位非常尊重和认真学习汉文化的回回上层官僚。陕西任上,他积极兴办学校,专门拨给木材、砖瓦等材料,对宣圣庙专门进行重修。1274年,赛典赤调任云南行省平章政事。《赛传》记载,(至元)十一年,帝谓赛典赤曰,"云南朕尝亲临,比因委任失宜,使远人不安,欲选谨厚者抚治之,无如卿者"。《赛传》又云:"(赛典赤受命后)即访求知云南地理者,画其山川城郭、驿舍军屯、夷险远近为图以进。"在滇五年,赛典赤为政举措主要有几点。他首先理顺了辖内各行政机构,将实权集于行省。后兴修水利开展屯田。又统一赋税,推广文治,兴办学校,改善各民族间的冲突关系以及与邻国的关系。他还改革了云南当地的民俗,《赛传》中记载:"云南俗无礼仪,男女往往自相配偶,亲死则火之,不为丧祭。无秔稻桑麻;子弟不知读书。赛典赤教之拜跪之节,婚姻行媒,死者谓之棺椁奠祭,教民播种,为陂池以备水旱,创建孔子庙,明伦堂,购经史,授学田,由是文风稍兴。"赛典赤的政绩得到了当时世祖的高度肯定,各种中外史料中也记载了不少对他的赞美之词。赛典赤的长子纳速剌丁继承父志,1284年升任云南行省平章政事后,对行省工作多有改进。他设立云南诸路提刑按察司来清理积案和纠察官吏,改进税制,建立军屯,禁放高利贷,作为不输其父。纳速剌丁任上,云南农业、商业、手工业等都有发展。1291年,他又调任陕西行省平章政事。除了赛典赤父子,赛典赤家族还有不少在元朝担任要职者,如任元中书省平章政事的还有伯颜、伯颜察儿;任行省长官的还有忽辛、马速忽、乌马儿、忽先等。

  元世祖时除了重用赛典赤家族为其理政,也重用回回人阿合马为其理财。1264年赛典赤出任陕西五路西蜀四川行省平章,在他的帮助下,阿合马得以执掌全国财赋。阿合马是中亚费尔干那盆地忽阐河(今锡尔河)畔费那喀忒城(今乌兹别克斯坦塔什干西南)人,初,他效力于蒙古弘吉剌部,接着在忽必烈潜邸为顺圣皇后服务,后被忽必烈器重。阿合马为元朝理财近二十年,他以清理户口、推行专制制度、发行交钞等方式增加了国库收入,使得忽必烈赖以平定叛乱,灭亡南宋,实现全国的统一。但他的敛财手段非常残酷,加之他在位后期多以权谋私,任用私党,打击迫害异己,并乘机大发横财,致使朝廷内外多有怨言。《元史·阿合马传》记载:"阿合马为人多智巧言,以功利成效自负,众咸称其能。世祖急于富国,试以行事,颇有成绩。又见其与丞相线真、史天泽等争辩,屡有以诎之,由是奇其才,授以政柄,言无不从,而不知其专愎益甚矣。"又云:"时阿合马在位日久,益肆贪横,援引奸党郝祯、耿仁,骤升同列,阴谋交通,专事蒙蔽,逋赋不蠲,众庶流移,京兆等路岁办课至五万四千锭,犹以为未实。民有附郭美田,辄取为己有。内通货贿,外示威刑,廷中相视,无敢论列。"1282年,武官王著联络僧人高和尚,趁世祖北往上都,假传太子之命召唤留守大都的阿合马,然后设计将其刺杀。

世祖末年,财政状况不佳,忽必烈起用赛典赤·伯颜来管理财政。赛典赤·伯颜原名阿布·别克儿,他是赛典赤·赡思丁的孙子、纳速剌丁的长子。成宗即位后,伯颜更加受到重用。他在汉人梁暗都剌的辅助下,劝止成宗减少赏赐,采取积极措施防止财政恶化,史书称成宗为垂拱而治,善于守成,这其中应有伯颜一份政绩。成宗死后,阿难答与海山争帝位,伯颜支持的阿难答一派最终失败,伯颜被诛杀。武宗击败阿难答登基后,对回回官员多有排斥。回回人在朝廷中的政治地位从此下降。

元以前的回回先民多为商人、使臣、传教士,他们多集中于沿海城镇和中原大都市,从事农业生产者很少。元朝中期以后,由于探马赤军就地改编等,回回人中从事农业生产的人数已占相当的比例。回回人的宗教文化和世俗文化较为发达。回回人从他们的故地带来许多关于天文学、数学、医学、植物学等的宝贵知识,带来许多中国原来没有的植物品种,传入许多关于纺织、酿造、建筑等的技术。元朝设置了专门的回回天文机构——回回司天台,回回人扎马鲁丁撰写了著名的《万年历》,还制作了天仪等天文仪器。元朝的太医院下设有大都回回药物院、上都回回药物院以及使用回回药剂为将士治疗的广惠司。回回人的聪明和勤苦,使他们来到中土后很快掌握了汉语和华夏固有文化,他们中还涌现了不少使用汉文创作的诗人、曲家、史家、画家等。萨都剌是著名的诗人,"玉树歌残秋露冷,胭脂井坏寒螀泣"的词句流传至今。高克恭是大画家,擅长山水画,兼工墨竹,代表作为《云横秀岭图》《春山晴雨图》《墨竹君图》等。回回人马九皋为元曲八大家之一,名声可与关汉卿比肩。大学问家赡思,博极群籍,通经、史、天文、水利之学,且著述极丰。

四海之内

畏兀儿人的变迁

蒙元时期称回鹘为畏兀儿。高昌回鹘王国原是西辽的重要属国之一。西辽末年,西辽统治者对高昌回鹘的政治压迫和经济剥削异常严重。1209年,高昌畏兀儿亦都护巴而术阿而忒的斤处死了欺凌畏兀儿人的西辽监国,有意倒向蒙古。1210年,成吉思汗派使者出使高昌,第二年,巴而术阿而忒的斤到克鲁伦河畔觐见成吉思汗。成吉思汗盛情招待了他,从此高昌回鹘成为蒙古的属民。巴而术阿而忒的斤多次率部参加蒙古军的征战,他死后,后裔世袭亦都护之职,并由蒙古大汗和后来的元朝皇帝册封。

高昌回鹘曾在蒙古的统一大业中扮演了重要的角色。1219成吉思汗率军西征,畏兀儿亦都护率军万人前往相助。1223年,成吉思汗用兵西夏,亦都护亦率兵援助。此后,成吉思汗又在天山南北、阿姆河和锡尔河流域、河西等地发起战争,高昌亦都护率领的畏兀儿军都表现抢眼,成吉思汗曾以"纪律严明,所向克捷"的话对其加以赞赏。成吉思汗晚年将领土分封给兄弟子侄,但他允许高昌回鹘亦都护沿袭旧号,保留原统治区域,蒙古人只派"达鲁花赤"对回鹘地区进行监督。萨伦的斤为亦都护时,由于亲近窝阔台系,曾遭到蒙哥汗诛杀。蒙哥汗另立萨伦的斤的弟弟玉古伦赤的斤为亦都护,并在别失八里设置"行尚书省",以加强对畏兀儿地区的控制。蒙哥汗攻打四川时,玉古伦赤的斤的儿子马木剌的斤从征,他领探马赤军万余人,在攻打合州钓鱼山时立下战功。

13世纪60年代后,天山南北的局势大变,察合台和窝阔台的子孙们将畏兀儿居住地当成对抗元世祖忽必烈的大后方，因此，天山南北战事迭起，兵祸连连。1266 年，忽必烈任命畏兀儿亦都护马木剌的斤的儿子火赤哈儿的斤继任高昌亦都护，令其抵御反对派海都和笃哇（察合台孙），又在和阗设"忽丹八里局"，并派官吏入驻。1270 年，海都突袭畏兀儿地区，忽必烈的军队与海都军激战别失八里，此战中，吐鲁番一地的畏兀儿为元军提供了军粮一万石大米。1275 年，西域形势又起剧变，察合台汗国的笃哇和海都突然率大军围攻畏兀儿地区的重要城市火州。此时，忽必烈正忙于南下灭宋，无暇西顾。紧要关头，亦都护火赤哈儿的斤率领军民奋起抵抗，他死守火州城半年而不降。战后火赤哈儿的斤前往元廷觐见世祖，忽必烈妻以巴哈儿公主嫁之，又赐钞十万锭安济百姓。火赤哈儿的斤回到火州后，将统治中心迁往哈密。后海都军又来犯，火赤哈儿的斤因兵力不足，最终战败被杀，哈密陷落。火赤哈儿的斤的儿子纽林的斤当时尚小，率部退守甘肃永昌堡。纽林的斤在永昌建立起幕府，他曾前往元大都（北京）请兵为父报仇。元世祖将太宗窝阔台的孙女嫁给他，令其在河西等候。元朝灭南宋后，腾出了余力，随即派军队开赴西域。1280 年，元朝在别失八里置北庭都护府。又置从太和岭到别失八里的三十处驿站，并派宣慰使常驻别失八里。1285 年，元朝设大都护一职管理畏兀儿事务，又在别失八里置驿站。《永乐大典》中记载，"立别失八里站赤，置马六十匹，牛、驴各二十五只，岁支首思羊一百口；解渴酒一千五百升。各给价钱备买，仍与钞六百锭，规运自息钱，以供后来之费。"虽然元朝不断向天山南北增兵、派设机构，但畏兀儿地区并未获得安宁。海都、笃哇的力量依旧一次又一次入侵天山南北。1289 年，元朝被迫撤销置于和阗的"斡端宣慰使元帅府"。1304 年，元朝的西北军退屯哈密和河西一带，畏兀儿地区的中心要地别失八里以及哈喇和卓被察合台汗国吞并。1314年,元朝把纽林的斤从甘肃永昌堡召回至失而复得的哈喇和卓,嗣为亦都护,令其官署畏兀儿旧部。1316年,元仁宗封纽林的斤为高昌王。1320年后,元朝与察合台汗国达成协议,元军退回合迷里(今哈密)。察合台汗国很快分裂为东察合台汗国和西察合台汗国,畏兀儿地区又为东察合台汗国所辖。

蒙元时期,诸王在畏兀儿地区接连用兵,连年战乱对当地社会经济和文化的发展造成了不利的影响。但这一时期高昌回鹘王国的政体还算是稳定的,最高统治者均出自与蒙古统治者关系密切的同一家族,这有利于畏兀儿地区社会制度原有结构的保持。当时畏兀儿地区主要的大城市是火州、别失八里和哈密。整个吐鲁番地区的经济以农业为主。农业生产中,葡萄的生产规模最大,以葡萄为主要原料的葡萄酒的生产也很发达。《元典章》记载,1294年,"押纲葡萄酒驮色目人员,通起马一百一十一匹",此乃葡萄酒大量东运的例子。手工业生产中,有一个名叫"纳失失"的织锦产品名声远扬,它在元朝最高统治阶层使用的衣料中不可或缺。蒙古人不仅喜欢畏兀儿人酿造的葡萄酒、纺织出的"纳失失",他们还接受了畏兀儿人的文字。这在我国历史上是一件影响深远的事情。回鹘文为蒙古人所用,加速了元朝当时社会文化的发展,对将来以蒙古文为基础创制文字的满族、锡伯族也影响巨大。1204年,成吉思汗俘获了乃蛮的掌印官畏兀儿人塔塔统阿。此人聪慧异常,善言论,精通回鹘文,曾职掌乃蛮太阳汗的金印及乃蛮钱谷事务。被擒后,成吉思汗知其精通回鹘文,令其教授诸王及太子,从此,回鹘文成了蒙古人使用的文字。蒙古统治者下令将有关的札撒和律令都用畏兀儿体蒙古文记录在卷帙上,汗国的符牌印玺也用此文字篆刻。

蒙古人第一部史学名著——《蒙古秘史》，也由畏兀儿体蒙古文写就。

蒙元时期，许多畏兀儿人进入元朝中央或各级地方政府中为官做事，他们中较有名的有高昌亦都护、孟速思、小哥云石脱忽怜、哈喇亦哈赤北鲁、偰氏、布鲁海牙、阿里海牙、塔塔统阿等族，其中担任过朝廷宰相者就有20多人。高昌王纽林的斤的长子帖木儿补花，曾娶阔端太子的孙女朵儿只思蛮为妻，他在元朝中央任中奉大夫职，遥领亦都护事。1321年，领甘、肃诸军，后官至元朝中央开府仪同三司、上柱国录军国重事、知枢密院检事、中书左丞相、太子詹事、御史大夫等。布鲁海牙先世为高昌贵族，后归附成吉思汗。他原为忽必烈之母唆鲁禾帖尼的家臣，专管燕京等地的军民匠户。不久升任真定路达鲁花赤，后又任燕南诸路廉访使、顺德等路宣慰使等职。元成宗大德年间赠仪同三司、大司徒，封魏国公，赐谥号"孝懿"。布鲁海牙为官清廉，且汉化很深，他以其官职"廉访使"为子孙取汉姓"廉"。布鲁海牙之子廉希宪19岁时入侍忽必烈，开始其为官生涯。他后来与畏兀儿人昔班、阿里海牙等人一起形成一个足以左右朝政的畏兀儿集团。廉希宪一直受忽必烈恩宠，宪宗死后，忽必烈与阿里不哥争位，《元史》记载，廉希宪向忽必烈秘密进言，"先发制人，后发人制。天命不敢辞，人情不敢违。事机一失，万巧莫追"。忽必烈听从他的建议，在与阿里不哥的争斗中占据主动地位，并最终夺得帝位。事成后，廉希宪一路官至一品中书平章政事。他提出的"以汉法治汉地"的政治主张后来成为元朝最重要的国策之一。布鲁海牙的孙子、廉希宪之子——廉惠山海牙是有名的翰林学士，他曾参与修辽、金、宋三史，并且是名列首位的《辽史》纂修官。名列首位的《金史》纂修官是畏兀儿人沙剌班，岳柱、全普俺、撒马笃等人参加了修《宋史》的工作。畏兀儿人阿里海牙初投蒙古大将不怜吉带,后为忽必烈王府宿卫士,在蒙古人攻克南宋的襄阳之役、樊城之役、江陵之役以及戍守鄂州的战事中,他累立军功。阿里海牙之孙贯云石原名"小云石海涯",因其父名贯只哥,便以贯为姓。他是元代最著名的散曲作家之一,所创作的曲调经传人加工,演变为著名的"海盐腔"。元时畏兀儿偰氏一家是有名的书香门第,家中先后有九人考取了进士。安藏是元朝重要的翻译家,曾任翰林学士知制诰,他精通儒释典籍,译《申鉴》《贞观政要》等书,又将《尚书》《本草》《资治通鉴》等译为回鹘文,贡献很大。鲁明善是著名的畏兀儿农学家,著有在中国农学史上占重要地位的《农桑衣食撮要》一书。此书涉及农作物种植、栽培的方方面面,在总结当时农民生产经验的基础上,用"月令"体写就。

宣政院统辖下的吐蕃

1218年，蒙古人占领今新疆迤西之地，成吉思汗的骑兵攻入喀什噶尔、叶尔羌、和阗，进而入西藏纳里速（阿里）地区，阿里地方首先降于蒙古。蒙古在当地设都元帅二员，实行军事管制。1234年蒙古灭金后，窝阔台次子阔端驻营前西夏重镇凉州，着手谋划进军乌思藏事宜。1239年，阔端派大将朵尔达率军进入乌思藏，蒙古军队一直推进到距拉萨不远的热振。这是次震慑性的进攻，蒙军很快北返。

蒙古人虽未长驱直入，但藏区各部却早已听闻了蒙古军的无往不胜。他们不得不搁置了相互的矛盾，坐到一起来商量对策。商量的结果是，他们推举出萨迦教派的寺主班智达作为头面人物与蒙古上层接触，以决定西藏地方的去向。班智达原名贡嘎坚赞，出自款氏家族，早年师从印度高僧释迦师利学习经论五明，是萨迦派的大学者，在藏区声名卓著。1244年，阔端决定召请萨迦班智达来凉州商讨藏区诸部归附事宜。1246年，萨迦班智达应阔端之召，带着两个侄子八思巴和恰那多吉，自乌思藏启程前往凉州。1247年，双方正式会晤。此次会晤意义重大，它使得后来元代中央在藏区建立行政体制顺理成章，并为中央政府直辖西藏做好了铺垫。同年，萨迦班智达写信致卫藏阿里各地僧俗首领，他晓以利害：蒙古军队乃常胜之师，灭西夏和金如探囊取物，藏人只能无条件降附，做不二的臣属，才能保全。归附以后，藏区会像畏兀儿那样，地方官员照旧任职，人口牲畜不受侵扰。他在信中转述了阔端的决定：任用萨迦人员为达鲁花赤，赐以金符和银符，所有吐蕃地区头人须听命于萨迦的金符官，不得妄自行事。各地缮具官吏、户口、贡赋须清册各三份，自己保存一份，另两份分别呈交阔端和萨迦。按蒙古人的惯例，造册与收税便意味着对某一地区的有效统治。萨迦班智达这封史称《萨班致蕃人书》的信表明，蒙古认可了萨迦派在全藏的领袖地位，萨迦人员成为蒙古治理乌思藏、纳里速的全权代表。萨迦班智达留住凉州期间，曾治愈了阔端的疾病。他还开坛论辩，讲经说法，赢得了蒙古、西夏、畏兀儿等人的普遍尊重，招揽了一批藏传佛教的信徒。年逾 60 岁的他，在蒙藏间搭建着沟通的桥梁，积极推广着藏族宗教文化，正是由于他的努力，藏区避免了与蒙古军的正面交锋，这符合藏人的根本利益，也顺应了历史发展的潮流。

1251 年，阔端病逝，萨迦班智达也在同年圆寂于凉州。朝野方面，蒙哥打败对手夺得帝位，汗位由窝阔台系转入拖雷系之手。但权力的转移并未影响西藏在汗国中的附属地位。1253 年，应忽必烈之邀，八思巴和恰那多吉前往六盘山与南征途中的忽必烈会晤。萨迦班智达圆寂后，八思巴和恰那多吉成为萨迦僧俗两途的继承者，也成为西藏归附的象征。至此以后，八思巴一直跟随着忽必烈，并成为忽必烈一家崇信藏传佛教密宗的启蒙者。与此同时，藏传佛教其他派别的头面人物也争相依附蒙古王室，止贡派寻得蒙哥的保护，帕竹、雅桑托受庇于旭烈兀，达垅则托则听命于阿里不哥。值得一提的是，为了争取蒙古人的信任，噶举派僧人噶玛拔希曾与八思巴举行过激烈的论战，但最终，忽必烈还是选择了自幼就与蒙古人亲近深谙蒙古文化的八思巴。1260年，忽必烈即大汗位，他效仿西夏旧制，封八思巴为国师，并颁赐玉印。1264 年，忽必烈迁都大都，在中央特地设置了总制院（后改为宣政院），又任命八思巴以国师身份兼总制院院务。总制院为蒙古统治者的独创,它先负责处理全国的佛教事务、帝师总制院院务,又负责处理藏区地方行政事务。1265年,离家20多年的八思巴回到故乡萨迦,在故地生活了几年后,1269年,返回元大都。这一期间,藏区的实际事务由其弟恰那多吉管理。恰那多吉曾娶阔端之女,在凉州居住多年,25岁时回到萨迦,29岁逝世。恰那多吉死后,元朝在藏务治理上另作安排:任命萨迦本钦(意为大长官)在藏区代行中央处理藏区事务的权力,萨迦本钦须由八思巴推荐。为了便于对西藏地区设官、征税、调拨,1268年,忽必烈派人入藏进行人口调查。此次调查获得第一任萨迦本钦释迦桑波的通力协助。调查主要涉及乌思藏地区握有统治实权的各级首领人数、其所辖人口及资源情况。调查的范围不仅包括乌思藏地区,也包括今青海及四川西部的藏区。此项调查后,"万户"作为中央委任的官职名称广泛通用于藏区。在1268年人口调查的基础上,1287年和1334年,元朝中央又两次派人入藏进行户口、赋役稽查,以便适当调整对藏政策。据《汉藏史集》载,1269年,忽必烈派答失蛮等人到藏区,按照人口多寡、资源贫富及道路险易等情况,仿汉地驿站制度,设立了27所驿站。驿站穿过藏族分布地区连通萨迦与青海,并与内地通往大都的干线相接,驿站的设置方便了中央与地方的军政人员、使臣及僧侣的交通往来,使得中央的政令可迅速下达藏地,亦能使中央及时了解藏区动态。驿站的管理自成体系,但中央规定,驿站运行所需的费用须由乌思藏各万户提供。

1269年,八思巴向忽必烈奉上据蒙古语创制的新的拼音文字,即"八思巴文"。这在上文中已经提及。忽必烈设置了"新字学士"之职及"蒙古翰林院",大力推行蒙古新字。八思巴造字有功,忽必烈擢升他为"帝师"。帝师即帝王之师,忽必烈本人曾从八思巴受戒，故此一职位尊百僚。八思巴后，此职由其异母弟亦怜真领受，终元一代，计有13任帝师，均由萨迦款氏家族担任。史载，元朝皇帝即位前须从帝师受戒，后妃及王公大臣等从蕃僧受戒也蔚为风尚。1276年，本钦释迦桑波病故，八思巴再次请求回萨迦，忽必烈遣长子真金率军护送。1280年，八思巴卒于故土萨迦，时年46岁。他的一生致力于蒙、藏、畏兀儿、汉等民族间的沟通与团结，为巩固元朝统治、藏区地方稳定及各教派信仰自由而奔忙，他的巨大贡献不可磨灭。

1288年，元朝中央提高了总制院的级别，使其与中书省、枢密院、御史台地位持平，并将其正式改名为宣政院。宣政院由帝师兼领院使，帝师为名誉职，实权由院使掌握。宣政院能独立选用官员，呈皇帝批准即可，还可直接给皇帝上奏章。宣政院设院使、同知、副使等职，在用人方面有自己的特色，即第二名院使须由藏僧担任，当然此僧要经帝师推荐，同知、副使之职，则可参用汉人、畏兀儿人。宣政院下辖藏族地区各级行政长官也是僧俗并用，既为了适应藏区现实，也使其相互掣肘。宣政院还可以设立自己的派出机构——"行宣政院"。遇有藏区变乱，或由宣政院领军出征，或在变乱当地成立"行宣政院"别用官印，命其妥善处理。较大的军事计划，宣政院须会同枢密院商议。宣政院还负责给僧尼发放度牒、理问僧人诉讼、刻印佛经、举办佛事等。

元朝在藏区设置的行政机构是"宣慰使司"，兼摄军权者名为"宣慰使司都元帅府"。长官为宣慰使、同知、副使等，须由帝师或宣政院推举，其设立、裁并、任命、罢黜、奖惩之权归于中央。乌思藏、纳里速地区宣慰使多由萨迦本钦担任。宣慰使司下，又设有宣抚司、安抚司、招讨司、万户府、千户所等，其职位僧俗兼用，其职能军民统领，一如宣政院。这是元朝实行的土司制度的一种形式。《元史》记载,元朝于藏地共置"宣慰使司都元帅府"三个。在西北,管辖今甘肃南部、青海东部和南部以及四川西北一部分的,为"吐蕃等处宣慰司都元帅府"。在西南,今四川西部岷江、大渡河、雅砻江流域及迤西,包括大部分甘孜藏族自治州在内,由"吐蕃等路宣慰司都元帅府"管辖。最后一个名为"乌思藏纳里速古鲁孙等三路宣慰使司都元帅府",辖境大致与今西藏自治区相同,另外乌思藏的若干万户也在此宣慰使司的管辖之下。

在藏区,萨迦派因受帝师之礼,遂执教坛牛耳。虽然八思巴曾对忽必烈陈述过应优待西藏各教派,不必定于一尊,但萨迦代表中央管理地方的事实和威望,是其他教派无法匹敌的。萨迦一派独大,萨迦寺座主遂成为全藏区的宗教领袖,座主一职由萨迦班智达的弟子辈、八思巴的弟侄辈相继接任。八思巴生时曾为自己建立了一个喇让(僧人私邸),设置了13种私人侍从官职。公哥罗古罗思监藏为帝师时,喇让分立为四个,各喇让座主由弟兄分任,父子相继,萨迦寺座主则从喇让座主中挑选。乌思藏的世俗事务,由本钦一职承担。萨迦款氏家族的人不担任本钦职,本钦可从宣慰使中选择。萨迦派在藏区维持了约百年的地方统治,《元史·释老传》记载,后期的萨迦派醉心利禄,纵情声色,在内地,蕃僧往往以修法祈福为名,破坏法纪,释放罪囚,并吞田产,干预选事;在上都则擅殴职官;在外省则骚扰驿户。萨迦派势衰后,帕木竹巴派兴起于前藏山南地区,逐渐代替了萨迦派的正统地位。

帕木竹巴是噶举派的一个重要支派,12世纪由僧人多吉杰波创立。他在前藏的帕木竹建了丹萨替寺,后来此寺成为该派的主寺。1208年后,丹萨替寺的座主一职为朗氏家豪族所承袭。1322年,丹萨替寺座主帕木竹巴绛曲坚赞废掉了万户长坚赞夹卜,他自领此职,从此成为帕木竹地区政教合一的领袖。绛曲坚赞出生于1302年,9岁出家,14岁离开故乡内邬栋孜到萨迦寺任执事,20岁返回家乡成为领袖。33岁时,与萨迦本钦起冲突,以寡迎众,大败本钦及各万户军队。后帕木竹巴逐一攻占萨迦属地,对萨迦大寺也派遣军队驻扎管制,1354年前后,乌思藏的大部分地区统一于绛曲坚赞。战争结束后,绛曲坚赞在新夺取的地区推广帕木竹巴地区原来的庄园制度,并成立13个名为"宗"的行政单位。"宗"的长官为"宗本",由绛曲坚赞任免,性质等同于内地流官。1364年,绛曲坚赞在故乡内邬孜圆寂,享年63岁。这位藏族历史上杰出的政治家和军事家去世之际,正值元朝的统治风雨飘摇之时。仅四年后,朱元璋的军队便北上攻破了大都,元朝灭亡。

南方诸族的变迁

元朝大一统后,对西南及南方各民族的统治更加深入。在总结了汉、唐、宋各朝统治南方各民族的羁縻制度的基础上,元朝推行了土司制度。土司制度是元朝中央在民族聚居区和杂居地区实行的一种特殊的政治制度。中央王朝对内属的各民族或部落酋长(首领)赐以名号,封以官爵,使其世袭统治原有之各民族人民,中央王朝只通过这些民族首领对民族地区进行间接统治。但各民族首领须接受中央王朝委派的官吏,须承认其统治区域为中央王朝领土的一部分,并且要听从中央王朝的征调,按期缴纳一定的贡赋。具体说来,据陈楠在《中国民族史概要》第四编《西南诸民族》的总结,元朝实行的土司制度的主要内容包括:设立各种土司职务,有宣慰使(秩从二品)、宣抚使(秩正三品)、安抚使(秩正三品)、招讨使(秩正三品)、长官司(秩正五品),亦有蛮夷千户所、洞、处、寨等土司,又设路、府、州、县各级土司;土司土官任命少数民族的豪酋担任;各级土司须向中央王朝尽一定的义务,按期向中央王朝朝贡,按时缴纳一定的赋税;规定各级土司的信物及土司任命、承袭、升迁、惩罚的各种手续。以云南地区为例,元朝灭掉大理政权后的统治初期,一直遭到白、彝等族人民的激烈反抗。为了维持西南地区的稳定,元朝采取拉拢和利用白、彝等族贵族的策略,在原大理国统治区设立万户府、千户所、百户长等职,让这些少数民族豪强管理当地人民。1267年,为了进一步加强对云南地区的统治,忽必烈将原大理国地区划分为大理(哈喇章)、善阐(鸭赤)、茶罕章(今云南丽江)、金齿(今云南保山、德宏、临沧、思茅、西双版纳等地)、赤秃哥儿(今贵州西部)五大部。同时设立"大理等处行六部"管理行政,设"大理等处宣慰司都元帅府"管理军事。1275年,忽必烈在云南建立行省,任命赛典赤为云南行中书省平章政事。赛典赤入滇后,积极推行土司制度,将元初设立的万户府、千户所、百户所改设为路、府、州、县,路设总管、府设知府、州设知州、县设县令,他任命许多少数民族的首领为宣慰使、宣抚使、长官司等,又任命许多少数民族首领为土知府、土知州、土县丞等。赛典赤的一系列举措实施后,整个云南地区形成了各民族的土官与元朝中央从内地派来的官吏互相结合的联合统治方式。

　　蒙元时期,在土司制度的推行下,我国南方各族社会经济有了较快的发展。滇中彝族进入了封建领主制发展阶段。白族社会在元初出现了地主所有制,不少"官田"被地方政府变卖为私田,至元末,土地多被豪强隐占,大量土地为地主所有,租佃关系迅速发展,地主经济因素不断滋长。元朝时,丽江纳西族社会生产方式已由主营畜牧业转为以农业为主,由"土多牛羊"变成"农田万顷",并能利用河溪进行水利灌溉。元初,汉人不断迁入傣族地区,汉族先进的生产技术和科学文化也相伴而来,傣族的社会经济文化得以加快发展,土司制度适应了这种发展,大约到元末,傣族地区也进入了封建领主制发展阶段。这一时期,苗族也已有相当大的封建领主,只黔东南古州、都江一带,封建领主还处于初期发展阶段。元朝时,瑶族农业经济虽发展不平衡,但整体也已相当发达,有的地区牛耕水田和林业生产都有了相当的规模。元代,由于土司制度的推行,中央王朝对南方各民族地区的统治力加强,民族地区的社会文化发展使一些民族共同体正式形成。例如,至 13 世纪,藏族融合成一个具有共同经济基础、共同语言、共同生活地域及共同心理素质的民族共同体。14 世纪,我国人口最多的少数民族僮(壮)族及与其有着紧密关系的仲家(布依族)的名称开始出现,这意味着这两个民族共同体也已形成并稳固下来。

参考文献:

[1]《元史》、《宋史》、《资治通鉴》等。

[2]《蒙古族简史》编写组:《蒙古族简史》,内蒙古人民出版社,1985。

[3] 韩儒林:《元朝史》,人民出版社,2008。

[4] 朱耀廷:《蒙元帝国》,人民出版社,2010。

[5] 柏杨:《中国人史纲》,山西人民出版社,2008。

[6]《回族简史》编写组:《回族简史》,民族出版社,2009。

[7]《维吾尔族简史》编写组:《维吾尔族简史》,民族出版社,2009。

[8]《藏族简史》编写组:《藏族简史》,西藏人民出版社,2006。

[9] 王东、张耀:《吐蕃王朝(消失的王国)》,中国国际广播出版社,2013。

[10] 王钟翰主编:《中国民族史概要》,山西教育出版社,2010。

四海之内

原典选读

【原典】

　　自泊之西北行四驿,有长城颓址,望之绵延不尽,亦前朝所筑之外堡也。自外堡行十五驿,抵一河,深广约什滹沱之三,北语云"龛陆连",汉言驴驹河也。夹岸多丛柳,其水东注,甚湍猛。居人云,中有鱼,长可三四尺,春夏及秋捕之,皆不能行,至冬可凿冰而捕也。濒河之民,杂以番汉,稍有屋室,皆以土冒之,亦颇有种艺,麻麦而已。……自泊之南而西,分道入和林城,相去约百余里。泊之正西,有小故城,亦契丹所筑也。由城四望,地甚平旷,可百里外,皆有山。山之阴,多松林,濒水则青杨、丛柳而已。中即和林川也。居人多事耕稼,悉引水灌之,间亦有蔬圃。时孟秋下旬,糜麦皆稿。问之田者,云已三霜矣。

　　(选自元张德辉《参议纪行》,辑自《秋涧先生大全集》卷一百)

【释读】

　　自鱼儿泊西北走四驿的路程,有颓废长城的遗址,远望过去绵延不见尽头,也是前朝修筑的塞外堠堡。从外堡又走十五驿的路程,抵达一条大河边,此河的深度和广度都超过滹沱河三分,蒙古语称为"龛陆连",汉语称之为驴驹河。河两岸多成丛的柳树,河水向东流淌,非常湍急猛烈。当地居民称,河中有鱼,长可达三四尺,春夏及秋季捕鱼都行不通,只有冬天凿冰才能捕捉到。濒河而居的民众,番民和汉人交错分布,固定房屋居室并不算多,且用土坯覆盖。当地农业耕种颇成规模,作物不外乎麻麦二种。……自吾悟竭淖儿南岸向西行,有两条道通向和林城,距离大约一百余里。吾悟竭淖儿正西方,有一座小城遗址,是由契丹建造的。站在城址上向四处观望,周围土地平缓辽阔,可见百里以外,视野尽头都是山峦。山的阴面多覆盖着松林,沿河水的地方则分布着青杨和丛柳。山峦环抱的中央即是和林盆地。和林居民多从事耕种稼穑,农田全通过引水渠来灌溉,中间夹杂着蔬菜苗圃。当时正值初秋下旬,糜子和麦子都茎杆挺壮。询问田中劳作者,回答说已经下过几次霜了。

明代的中国古代民族

明朝时期,中国境内诸多具有自己独特语言和文化习俗的民族共同体,都不同程度地得到了发展、壮大。明朝政府采取"以夷制夷"的政策,在北方民族地区设置羁縻卫所,在南方民族地区推行土司制度,在西藏则实行"多封众建"的策略,有效地实现了对各少数民族的管辖。

明代蒙古诸部的发展

1368年,明军攻占大都,元顺帝妥欢帖木儿率部退居蒙古高原,元朝灭亡。虽然蒙古在中原的统治已结束,但仍占据东自呼伦贝尔草原,西至天山,北抵额尔齐斯河以及叶尼塞河上游,南临长城的广大地域,是与明朝并存的一个地方政权,史称"北元"。

1372年,明朝对蒙古发动了岭北之战,企图一举攻灭北元政权,但出师不利。明朝经过数年的休整后,再次展开了对北元的征讨。1387年,明朝派冯胜、傅友德等率兵出征辽东,迫使元辽阳行省左丞相纳哈出投降。次年,明朝大将蓝玉率军远征,在捕鱼儿海(今贝尔湖)附近大败蒙古军,蒙古大汗在西逃途中被部下所杀。1399年,额勒伯克汗被坤帖木儿杀害,蒙古正式分裂为东、西两部。东部蒙古,即

"鞑靼",游牧在今鄂嫩河、克鲁伦河流域及贝加尔湖以南;西部蒙古,史称"瓦剌",活动在今科布多河、额尔齐斯河流域及准噶尔盆地一带。除东、西蒙古外,还有兀良哈部,分布在今西辽河、老哈河一带,该部虽在明初臣服于明朝,但时服时叛,是游离于明朝和鞑靼、瓦剌之间的一支重要蒙古力量。

蒙古鞑靼部

额勒伯克汗遇害后,鞑靼部政局动荡不安,汗位更迭频繁。1401年,窝阔台系鬼力赤自立为汗,废除大元国号,改名鞑靼。1408年,太师阿鲁台杀鬼力赤汗,立忽必烈系本雅失里为可汗,但本雅失里不久被瓦剌部马哈木所杀,汗位转于阿里不哥系德勒伯克。1425年,合撒儿系阿岱被拥立为汗,但实权操控在太师阿鲁台之手。1438年,瓦剌部脱欢和脱脱不花联军袭杀了阿岱汗,完成东、西蒙古的统一,但大权被脱欢掌握。

为了彻底歼灭蒙古残余力量,明朝政府连年用兵蒙古。明成祖继续洪武时期的武力征讨政策。1410年,明成祖亲自率领50万大军征讨鞑靼,大败蒙古军。在此之后的十余年间,明成祖又连续发动了四次军事行动,史称其"五出朔漠,三里路听",但都未能彻底消除蒙古族的主力,而明成祖也于1424年病逝在出征途中。此后,明蒙双方陷入了南北对峙局面。为防止蒙古侵袭,明朝修筑了西起嘉峪关、东到鸭绿江的"万里长城",并在长城沿线设置了历史上著名的"九边"重镇。

15世纪后期,蒙古重新实现了统一。1477年,满都鲁大汗去世。两年后,在其遗孀满都海夫人的支持下,年仅7岁的达延汗上台执政,掀起了开创蒙古族中兴局面的序幕。满都海夫人率军首先征服了瓦剌部。随后再接再厉,相继攻灭权臣乜加思兰和亦思马因太师,收服兀良哈,最终实现了蒙古社会的重新统一。

同时,鉴于蒙古政局长期动荡不安以及太师专权的历史教训,达延汗进行了重大政治改革。首先,废除了太师,恢复蒙古传统的济农制,济农相当于副汗,一般由大汗的嫡长子担任。其次,重新划分领地,恢复传统的万户制,设置了鄂尔多斯、永谢布、土默特、察哈尔、喀尔喀、兀良哈这六万户。其中,除兀良哈万户外,其余五个万户都由达延汗的儿子领有。达延汗自居察哈尔万户,统辖左翼三万户;济农驻牧鄂尔多斯万户,统辖右翼三万户。达延汗对蒙古诸部的统一和政治改革,使蒙古地区出现了"皆有分地,不相乱"的局面,这对蒙古族的发展起到积极的促进作用。但是,由于其所设的六万户只是以血缘关系为纽带的部落联盟,因此大汗与诸万户之间仅保持着松散的附属关系。1516年,达延汗去世后,蒙古汗权日益衰落,其虽有蒙古共主之名,但实际上却只能管辖其领地内的相关事务,蒙古社会重新陷入分裂割据状态。

在俺答汗时期(1542—1582),右翼土默特部逐渐崛起。俺答汗利用土默特地区优越的自然条件,积极发展经济,同时兼并诸兄部众,势力大增。领地东起辽蓟,西到甘青一带。俺答汗为维护自己的统治,曾多次谋求与明朝进行通贡互市,但均遭到拒绝。于是,俺答汗决定以武力迫使明朝就范。1550年,俺答汗率部围攻京师,此为历史上著名的"庚戌之变"。明朝野震惊,被迫答应其通市要求。但此后的二十余年间,双方仍然战争不断,通市时断时续。1571年,明朝与俺答汗最终达成协议,恢复了通市关系,并封俺答为"顺义王",史称"俺答封贡"。此后,明蒙边界出现了"九边生齿日繁,守备日固,田野日辟,商贾日通"(《明史》卷92)的和平局面。

17世纪初,建州女真兴起。1616年,努尔哈赤建后金政权,形成明朝、后金和蒙古三足鼎立的格局。后金统治者采取军事征服、联姻结盟等方式,相继收服了扎鲁特、科尔沁、敖汉等蒙古诸部。1632年,蒙古林丹汗率兵东进,攻打归附后金的蒙古诸部,但大败西逃,后病逝于大草滩。1635年,后金军队征服了察哈尔余部,迫使林丹汗之子额哲投降。至此,后金统一了漠南蒙古诸部。1636年,漠南蒙古各部领主齐聚盛京(今沈阳),共推皇太极为共主,标志着漠南蒙古诸部正式臣服于清朝。

蒙古瓦剌部

瓦剌,元代文献中称为"斡亦剌"、清代称之为"卫拉特""厄鲁特"等,因游牧于大漠以西,因此也称之为"漠西蒙古"。瓦剌原游牧于叶尼塞河上游的"八河"地区,明朝初年,移牧于科布多河、额尔齐斯河流域及准噶尔盆地一带,故元大臣猛克帖木儿为其首领。

猛克帖木儿去世后,其部众分为三支,分别由马哈木、太平、把秃孛罗统领。瓦剌为了抗击鞑靼势力,采取结好明朝的策略。1409年,瓦剌蒙古首领获得明朝的封爵,马哈木为顺宁王,太平为贤义王,把秃孛罗为安乐王。1412年,马哈木攻杀鞑靼大汗本雅失里,占领和林,拥立额勒伯克为汗,势力大增。明朝政府惧其势强,转而支持鞑靼。1414年,明成祖率兵北征瓦剌,大败马哈木于乌拉巴托。1418年,马哈木之子脱欢继位,先后攻灭了瓦剌的贤义王和安乐王,兼并其部众,统一了瓦剌蒙古。1438年,脱欢袭杀鞑靼阿岱汗,征服了鞑靼诸部,拥立脱脱不花为汗,自任太师,驻牧漠北,掌控蒙古军政大权。

1439年,脱欢去世,其子也先继位,自称太师淮王。也先是一位颇有政治抱负和深谋远虑的蒙古首领,他不仅谋求蒙古的统一,也试图重"求大元皇帝一统天下"(杨铭:《正统临戎录》,《纪录汇编》卷19)。他利用脱脱不花的社会影响,控制了鞑靼蒙古,同时通过军事征讨和联姻结盟等措施,相继收服了哈密、吐鲁番以及兀良哈、女真诸部。在其统治时期,瓦剌的势力达到全盛。

随着也先势力的增强,瓦剌与明朝的关系也发生了变化。1449年,也先以明朝"减其岁赐"和"悔婚"为由,分兵四路进攻明朝。明英宗在宦官王振的怂恿下,率兵亲征,结果在土木堡(今河北省怀来县)全军溃败,明英宗被俘,史称"土木之变"。

1453年,也先自立为汗,称"大元天圣可汗",建年"添元",任命次子为太师。但不久也先被阿剌知院杀害。自此之后,瓦剌势力逐渐衰落,其部众在鞑靼蒙古的逼迫下,屡次西迁。到明朝末年,移牧于额尔齐斯河、鄂毕河流域一带,逐渐形成准噶尔、和硕特、土尔扈特和杜尔伯特等部。

蒙古兀良哈部

兀良哈,又称朵颜三卫,游牧于今西辽河、老哈河一带。1388年,蒙古大汗脱古思帖木儿在捕鱼儿海被明军击败后,东部的辽王阿扎失里率部投降明朝。次年,明朝在该地设置了朵颜、泰宁、福余三卫,对蒙古各部进行羁縻统治。

朵颜、泰宁、福余三卫的蒙古部众,分别以兀良哈部、翁牛特部、乌齐叶特部为主。因为朵颜卫在三卫中实力最为强大,所以明朝一般用"朵颜"或"兀良哈"统称三卫。"靖难之变"期间,兀良哈三卫曾出兵援助朱棣。因"从战有功",明成祖登上皇位后,遂将大宁卫赐给兀良哈,并授予其首领大小官爵,准许开市贸易。但兀良哈时服时叛。后随着蒙古左、右翼势力的扩展,兀良哈三卫相继臣服于鞑靼诸部。达延汗去世后,兀良哈掀起叛乱。1538年,鞑靼博迪汗取得了对兀良哈决定性的一次军事胜利后,对其进行了彻底改造,撤销了兀良哈万户的建制,并将其部众分配给蒙古诸部,最终,朵颜卫融入察哈尔部,泰宁卫和福余卫成为内喀尔喀蒙古的一部分。

回族的形成和发展

明代是回族的形成时期。大约到16世纪,回族在人口、地域分布、社会经济和文化等方面都得到较大发展。

回族的形成

元代前后从中亚、阿拉伯等地来到中国的"回回",经过多年汉文化的影响,并吸纳了汉、蒙、维等其他民族成分,以伊斯兰教及其风俗习惯为基础,到明朝逐渐形成具有共同语言、共同宗教信仰和自我民族意识的一个民族共同体——回族。

明代回族的来源主要包括唐宋以来,特别是蒙元时期东迁的中亚人、波斯人和阿拉伯人等。他们主要是军人、工匠、商人和学者,均信仰伊斯兰教,通称为"回回"。随着蒙古族统一中原,这些回回人逐渐散居全国各地,即有"元时回回遍天下"之说。明朝前期,仍有部分中亚和新疆等地的伊斯兰教徒进入中原,其中一部分留居下来,被称为"归化回回"或"附籍回回"。他们一般围寺而居,自成村落或街区,形成所谓的回回村、回回营或回回街,形成"大分散、小聚居"的分布格局。他们最初使用阿拉伯语或波斯语,保留着原有的传统文化,但由于长期和汉族杂居相处,处于汉文化的汪洋大海之中,经过数十年或几代人后,逐渐接受了不同程度的汉文化,汉语已成为其主要交际语言。

除东来的穆斯林外,在回族的形成过程中,还吸收汉、蒙、维等其他民族的成分。蒙元时期,大批回回人随签发东迁而来，在中国各地定居后，便与当地各族民众，特别是与汉族通婚，从而使部分汉族改信了伊斯兰教，成为回族来源的一部分。明代著名思想家李贽的祖父，就是因"娶色目女"而成为回回的。另外，部分蒙古族由于改信伊斯兰教也逐渐融入回族。蒙古贵族阿难答崇信伊斯兰教，并使自己的15万部众也成了穆斯林，这些蒙古族穆斯林后来也被吸收进回族中。明代还有迁入内地的维吾尔族，因信仰相同，也逐渐融合进回族。

回族的发展

随着中亚、阿拉伯等地的回回人留居中国，以及部分汉、蒙等族民众与回族通婚或皈依伊斯兰教，到16世纪后期，中国境内的回族人口数量剧增。在西北等地的回族主要聚居区，不仅原来的回庄人口更加密集，还出现了诸多新的回族村庄。据文献记载，新疆东部等地的回族与蒙古、畏兀儿等杂居，人口约占当地的三分之一。

明代时期，回族的分布范围更加广泛，"已无处不在"，尤以西北、云南等地更为集中。由于陕西行省①境内回族人口众多，明朝政府曾多次将大批回族迁徙到全国各地。而云南，随着明朝政府的行军、屯田等，大量回族散居云南各地，致使当地的回族分布很广，到处都有"回回营"等回族聚居地。

回族的经济在明代有了进一步的发展。随着大量回族定居全国各地，农业生产逐渐成为其主要生计方式，农耕技术、农作物种类等已与汉族相差无几。回族以善于经商闻

---

① 明代陕西行省辖区包括现今陕西省、甘肃省和宁夏回族自治区大部，以及内蒙古自治区的河套地区。

名,元时回族商人已遍布天下,到明朝时,他们不仅在明朝直接统治的地区从事商业活动,而且来往于吐鲁番、蒙古诸部,主要从事珠宝、皮毛、饮食、日用品等。另外,明代回族在手工业方面也不断发展壮大,他们仍从事具有民族特色的制药、制瓷、屠宰、制香和清真食品等行业。比如北京的"王回回膏药""马思远药锭""香儿李家"的香业等,都闻名遐迩、享誉中外。

在明代,回族在保持传统伊斯兰教文化的基础上,吸收了其他民族特别是汉文化的成果,为中国文化的发展做出了重要贡献。有明一代,涌现了不少回族思想家、学者等。明代回族杰出的思想家、文学家李贽,崇尚儒学,后"离经叛道",大胆抨击封建伦理和纲常。他一生著作颇丰,如《焚书》《续焚书》《藏书》《续藏书》《史纲评要》等。

明朝晚期,经堂教育在西北地区兴起。陕西渭南回族学者胡登洲广收门徒,开创了在清真寺办学之风,以培养宗教人才。在他的影响下,经堂教育逐渐由甘青一带推广至全国。与此同时,在东南地区出现了翻译伊斯兰教经典以及用儒家思想诠释经典的风潮,形成具有中国特色的穆斯林文化,涌现出诸如王岱舆、刘智、马注等大批中西兼通的穆斯林学者。

明末,在甘青河湟一带出现了伊斯兰教、宗教组织与世俗权力相互结合的社会组织,即门宦。其特点是神化和崇拜教主;信仰拱北;教主实行世袭;门宦管辖清真寺,各寺的教长由教主委任。到清初,最终形成了虎夫耶、库布忍耶、哲赫忍耶、噶德忍耶等诸多派别。门宦制度的形成,不仅强化了广大回族对门宦教主的依赖,也加剧了各教派之间的冲突。

四海之内

畏兀儿的变迁

畏兀儿在明代史籍中也写作"畏吾儿",隶属于察合台汗国后裔的统治之下。明朝时期,察合台蒙古后裔在畏兀儿地区建立了诸多政权。到叶尔羌汗国时,察合台蒙古后裔及其部众已经普遍信仰伊斯兰教,并最终融合于畏兀儿民族之中。

蒙兀儿斯坦

1321年察合台汗国分裂为东、西两部分。西察合台汗国统治阿姆河与锡尔河之间的河中地区,史称"马维兰纳尔",该地的察合台后裔及其部众基本完成了突厥化,改信伊斯兰教,1370年被帖木儿攻灭。东察合台汗国即"蒙兀儿斯坦",领地西起塔拉斯河流域,东至吐鲁番,北抵巴尔喀什湖,南达塔里木盆地和锡尔河。最初,明朝因蒙兀儿斯坦以别失八里(今新疆维吾尔自治区吉木萨尔县北破城子)为统治中心,所以称之为"别失八里"。1418年,蒙兀儿斯坦又将统治中心迁至亦力把里(今新疆维吾尔自治区伊宁市境内),故又改称它为"亦力把里"。

蒙兀儿斯坦的第一位君主也先不花执政期间,曾谋求重新统一察合台汗国,但未能如愿。其子秃黑鲁·帖木儿即位后,完成了其父统一察合台汗国的夙愿。但其去世后,察哈台汗国又陷入分裂状态。1389年,黑的儿火者即位后,蒙兀儿斯坦始终与明朝保持着友好关系,双方往来不断。黑的儿火者死后,其子沙迷查干即位。1404年,沙迷查干遣使向明朝贡奉名马和玉璞。

1418年,歪思汗继承汗位,为躲避当时蒙古瓦剌的威胁,遂将统治中心迁至亦力把里。歪思汗是一位虔诚的穆斯林,在其统治时期,曾率领部众与瓦剌蒙古进行过多达60余次的"圣战",但大都以失败告终。1429年也先不花继承汗位后,乘钦察汗国、帖木儿帝国内讧之际,举兵征服了安吉延、喀什噶尔等地,东察哈台汗国出现了繁荣景象。1457年,在帖木儿帝国的支持下,也先不花的兄长羽奴思占领了东察合台汗国的西部地区,后经数年征伐,羽奴思成为蒙兀儿斯坦的最高统治者。羽奴思是一位信仰坚定的穆斯林,为了伊斯兰教传播和发展的需要,主张将蒙兀儿人迁居农业区,因此,遭到了大部分蒙兀儿人的反对。于是他避居达失干。1487年,羽奴思去世,其长子速檀·吗哈木在安集延即位。

吐鲁番政权

察合台汗国分裂后,察合台蒙古后裔还在吐鲁番建立了政权。1478年,羽奴思次子速檀·阿黑麻在吐鲁番称汗,势力逐渐发展强大。此后一段时间内,吐鲁番政权与明朝政府关系友好,双方互市贸易频繁。1488年,速檀·阿黑麻派兵攻克哈密,杀死了由明朝政府册封的忠顺王罕慎,导致吐鲁番政权与明朝关系一度恶化。1504年,速檀·阿黑麻逝世,其长子满速儿即位。随后吐鲁番政权对哈密进行了数次进攻,最终占领了哈密,控制了中西陆路交通的咽喉之地。

哈密政权

元时,哈密属于甘肃行省管辖,统治者是察合台长子木秃坚的后裔。明初,封察合台后裔为忠顺王,并建立哈密卫,作为明朝的"西陲屏蔽"。1460年,哈密忠顺王卜列革去世后,因无子嗣,致使王位空缺多年。直至 1468 年,明朝政府才册封畏兀儿人帖木儿为右都督,总领哈密政务。1473 年,吐鲁番的速檀·阿力率部进驻哈密,并控制了哈密军政大权。哈密右都督罕慎在明朝政府的支持下,曾用兵吐鲁番,但大败而还,迫使明朝将哈密卫迁到苦峪城。时隔九年后,罕慎再次联合附近蒙古军队夜袭哈密,吐鲁番守将败走,遂一举收复了哈密诸城。1488 年,明朝政府正式册封罕慎为忠顺王,这是首位畏兀儿人的忠顺王,但不久即被吐鲁番军队攻杀。1492 年,明朝政府封陕巴为哈密王,赐金印。1493 年,吐鲁番军队再次攻陷哈密,并将陕巴带走。1503 年,陕巴去世,其子拜牙"自称速檀"。虽有明朝政府的大力扶持,但哈密历经战乱,已衰弱不堪,于是在 1513 年,哈密王拜牙率部投靠了吐鲁番,正式成为后者的属地。在此之后,因哈密问题,吐鲁番政权与明朝之间战事不断,但最后明朝被迫"置哈密勿问"。

叶尔羌汗国

1514 年,速檀·阿黑麻的第三个儿子赛义德汗,在叶尔羌称汗,管辖新疆天山南路的西部地区,标志着叶尔羌汗国的正式建立。次年,赛义德汗与一向不和的兄长满速儿汗在阿尔巴特举行和谈,兄弟俩尽释前嫌,握手言欢。随后,他积极扩充实力,派兵四处征讨。1521 年,进兵蒙兀儿斯坦,臣服了部分乞儿吉思人。1532 年,赛义德汗以圣战名义出兵图伯特,大获全胜,占领拉达克地区。次年,赛义德汗病逝于归途中。阿不都克里木汗执政时,又将吐鲁番和哈密纳入了叶尔羌王国的管辖之内,结束了东察合台汗国长期分裂的局面,最终统一了天山以南的畏兀儿。至此,叶尔羌汗国达到鼎盛。其统治范围除南疆的吐鲁番、哈密、阿克苏、库车、和阗、喀喇沙尔、乌什、喀什噶尔八城外，还扩展到伊犁河谷、巴尔喀什湖以南、费尔干纳以及藏北、克什米尔一带。

叶尔羌汗国境内有畏兀儿、哈萨克、乞儿吉思、乌兹别克等诸多民族。16世纪以后，哈萨克族和乞儿吉思人占据了天山以北部分地区，漠西蒙古占领了天山以北的东部地区，大量蒙兀儿人被迫迁徙到天山以南。这些蒙古后裔长期与畏兀儿人一起杂居生活，在生活、文化、语言、风俗、宗教信仰等方面都发生了很大的变化，慢慢被畏兀儿化，最终融入了畏兀儿民族之中。17世纪初叶，叶尔羌汗国陷入激烈的教派斗争，内讧不断，致使其走向了衰落。1679年，噶尔丹率兵攻占了叶尔羌汗国东部的两个重镇——吐鲁番和哈密。第二年，噶尔丹指挥大军，翻过天山，攻入南疆地区，相继攻克了库车、喀什噶尔、叶尔羌等城池，叶尔羌汗国覆灭。

四海之内

藏族的变迁

有明一代,西藏地区相继兴起了帕竹政权、仁蚌巴势力和藏巴汗政权。明朝政府对藏区采取"多封众建,尚用僧徒"的策略,有效地实现了对藏族的管辖。明中后期,藏传佛教获得了较大发展,特别是格鲁派的兴起,对藏族佛教和藏族社会的发展产生了深远影响。

西藏地方政权

帕竹政权是以帕竹万户和帕竹噶举为基础的西藏地方政权,以朗氏家族为核心,以内邬栋(今西藏乃东县)为统治中心,最高行政首领称为帕竹第悉。1322年,绛曲坚赞出任帕竹万户,采取轻徭薄赋、发展生产等措施,使帕竹万户的势力逐渐增强;随后运用灵活的外交策略,组织联盟相继战胜了以萨迦万户为首的敌对势力。1360年,元朝政府册封绛曲坚赞为大司徒,令其世袭。至此,帕竹政权取代了萨迦政权,成为西藏的实际统治者。1364年,绛曲坚赞去世,此后的历任帕竹第悉由其侄子侄孙世袭。其中第五任第悉扎巴坚赞时期,采取发展经济、厘定规范、宗本世袭等举措,使西藏社会出现经济繁荣、文化发展的局面,帕竹政权也达到鼎盛。但从15世纪40年代开始,帕竹政权统治集团出现分裂,致使大权旁落,日渐衰微,后藏的仁蚌巴家族逐渐掌控了帕竹政权。17世纪20年代,最终被藏巴汗政权取代。

仁蚌巴家族是帕竹政权诸多贵族世家中崛起较晚的一家。1385年,南喀坚赞投奔第悉扎巴坚赞后,被委任为仁蚌

明代的中国古代民族

图 7-1　明·铜金刚铃、金刚杵

资料来源:中国国家博物馆编《中华文明:古代中国陈列文物精萃》,中国社会科学出版社,2010 年,第 750 页。

宗的宗本,负责管理后藏事务,从此以后,该家族世袭仁蚌宗宗本,故被称之为仁蚌巴家族。15 世纪 40 年代,乘帕竹政权统治集团内讧之际,仁蚌巴家族掌管了后藏大部分地区,势力迅速增强,逐渐掌控了帕竹政权,操纵着帕竹政权第悉的废立。1484 年,仁蚌巴顿月多吉占领前藏部分地区,支持噶举派在拉萨西北兴建羊八井寺,以对抗崛起中的格鲁派。15 世纪末,仁蚌巴措结多吉担任帕竹政权的"替东"(即摄政官),仁蚌巴家族的势力达到顶峰。但其始终未能取代帕竹政权。16 世纪初,仁蚌巴家族曾多次用兵前藏,参与格鲁派等僧俗势力之间的斗争,但实力已大不如前。16 世纪 60 年代,被后藏的藏巴汗势力取代。

　　藏巴汗政权的创建者是辛厦巴家族的才旦多吉。1563 年,仁蚌巴家族出兵攻打拉维绛时,身为桑珠孜宗本的才旦多吉突然反叛,袭击仁蚌巴家族的大后方。两年后,才旦多吉取得了对仁蚌宗的管辖权,标志仁蚌巴家族统治的结束。

1611年,才旦多吉的孙子噶玛彭措南杰就任第悉藏巴,从此,其家族被称之为第悉藏巴,清代汉文典籍中称为藏巴汗。随后,藏巴汗连续用兵前藏,试图统一西藏各地。特别是1618年的用兵,大败护持格鲁派的蒙古军队,控制了前藏大部分地区,迫使格鲁派各大寺院缴纳罚金,标志着藏巴汗政权的正式建立。1621年,藏巴汗军队在拉萨受到进藏青海蒙古诸部的重创,格鲁派乘机收获了诸多权益,特别是寻访达赖喇嘛转世灵童的权利。随后的十余年间,藏巴汗政权与格鲁派进入了和平对峙局面。1635年,噶玛巴怂恿驻牧青海的喀尔喀蒙古首领却图汗,联合藏巴汗,一起攻灭格鲁派。却图汗派遣其子阿尔斯兰率军进藏,但在格鲁派上层的大力争取下,阿尔斯兰倒戈反攻藏巴汗,却图汗一怒之下,密令部下处死阿尔斯兰,这支进藏蒙古军顿时溃散。但藏巴汗与格鲁派之间的矛盾仍在持续发酵。1637年,在格鲁派上层的邀请下,卫拉特蒙古联军南下青海,歼灭了盘踞青海的却图汗。1642年,留牧青海的和硕特蒙古首领固始汗率兵进藏,攻灭了藏巴汗政权,建立了蒙、藏联合统治的甘丹颇章政权,也结束了自明中期以来西藏各个势力集团互相攻伐、战乱不断的局面。

格鲁派的兴起

元末以来,藏传佛教萨迦、噶举诸派,由于受到元朝政府的优厚待遇而享有诸多政治特权,部分喇嘛飞扬跋扈,为所欲为,他们追求物质享受,不守戒律。到14世纪后半期,藏传佛教已呈现颓废萎靡之势,自身的发展面临着严峻的困境。而长期生活在这种宗教气氛中的民众也厌倦了横行霸道、腐化堕落的僧侣,迫切希望能有一个"纯净"的新教派产生。格鲁派就是在这样的历史背景中创立的。

15世纪初,藏传佛教高僧宗喀巴创立了格鲁派。宗喀巴,本名洛桑扎巴,出生于今青海省湟中塔尔寺地方。他7岁出家,师从顿珠仁钦学经。16岁进藏深造,拜访诸多高僧,遍学各派经典,佛学造诣渐深。随后他在各地传教授徒,并宣传自己的宗教改革思想。他要求僧人须严守戒律,僧人学经须依照次序,循序渐进。宗喀巴的宗教改革得到了西藏封建统治者的大力支持,也赢得了广大普通民众的信赖。

1409年,宗喀巴在阐化王扎巴坚赞等人的支持下,在拉萨大昭寺举行了规模宏大的祈愿大法会,俗称"传召法会"。自此开始,该法会每年举行并延续至今。同年,他在拉萨东北修建了甘丹寺。拉萨祈愿大法会的举办和甘丹寺的建立标志着一个新的教派——格鲁派的创立。因该派僧人戴黄色僧帽,所以又俗称"黄教"。由于宗喀巴的宗教改革主张符合当时藏传佛教乃至西藏社会发展的需要,特别是得到了控制西藏政局的阐化王扎巴坚赞的大力支持,因此格鲁派形成之后,发展相当迅速。在不长的一段时间内已寺院林立、僧徒遍布,先后兴建了包括甘丹寺、色拉寺、哲蚌寺和扎什伦布寺等在内的诸多寺院,相继形成了达赖喇嘛、班禅额尔德尼等活佛转世系统,逐渐成为藏区势力雄厚、影响巨大的一个藏传佛教派别。

1546年,格鲁派开始采用活佛转世系统,认定堆隆地方的索南嘉措为前任哲蚌寺堪布根敦嘉措的转世灵童,即为三世达赖喇嘛。1578年,在青海湖畔的仰华寺,索南嘉措与土默特蒙古俺答汗举行了历史性的会晤,揭开了藏传佛教在蒙古社会第二次传播的序幕。双方互赠尊号,索南嘉措赠俺答汗"咱克喇瓦尔第彻辰汗"的称号,俺答汗赐给索南嘉措"圣世一切瓦齐尔达喇达赖喇嘛"的尊号,是为达赖喇嘛名号之始。

随后,三世达赖喇嘛云游青海、内蒙古等地,为藏传佛教的传播和发展做出了重大贡献。1588年,索南嘉措圆寂。1592年,俺答汗的曾孙被认定为三世达赖喇嘛的转世灵童,即四世达赖喇嘛云丹嘉措,这是唯一一位转世于蒙古族中的达赖喇嘛。这不仅密切了蒙藏双方之间的联盟,也为格鲁派在蒙古社会的传播提供了政治保证。正如《黄金史纲》所说:"达赖喇嘛的化身既降生于达延汗的黄金氏族,而今才将宗喀巴的宗教在蒙古之国显扬得如太阳一般"。

明朝对藏区的治理

明朝建立不久,即遣使招抚各地藏族僧俗首领,设立卫所。1370年,明军在甘肃定西大破元军,相继攻取洮、岷、河等州,震惊藏区。同年,故元吐蕃宣慰使何锁南普首先率部投降,明朝在其地设河州卫,封何锁南普为河州卫指挥同知。在此影响和带动下,甘青一带的诸多藏族僧俗首领纷纷归附明朝。与此同时,明朝又派遣员外郎许允德赶往西藏进行招抚。1372年,喃加巴藏卜赴南京朝觐,明太祖封其为"炽盛佛宝国师"。次年,明朝设置了乌斯藏、朵甘卫指挥使司等。就这样,明朝政府仅用了短短数年,完成了对整个藏区的收服。但因"彼方地广民稠,不立重镇治之,何以宣布恩威",于是明朝对藏区的管理机构又进行了调整。在青海、四川等地设立了西宁、茂州、松潘等卫所,设西安行都指挥使司于河州,并将朵甘、乌斯藏卫升为行都指挥使司。任命各地藏族首领担任都指挥使司和卫所的各级官职,准许世袭。

明初,藏族地区仍处于地方势力各自为政、教派支系林立的局面,于是,明朝政府采取了"多封众建,尚用僧徒"的政策,大力封授各僧俗首领,并推行僧纲制度,以加强对藏区的治理。明太祖时期,曾册封一批势力雄厚、地位显赫的教派高僧为灌顶国师、大国师等。但对藏族僧俗首领进行大量封赏则始于明成祖时期。明朝根据藏传佛教各派别的影响及其势力，先后封授了"三大法王"。1406年，明成祖召请噶玛派黑帽系第五世活佛德银协巴到南京，封他为"大宝法王"，令其统领天下释教。从此以后，大宝法王之号遂为噶玛噶举的历辈黑帽系活佛承袭。1413年，明成祖又召请萨迦派高僧昆泽思巴到南京，封其为"大乘法王"。1415年，明成祖封宗喀巴的弟子释迦也失为"西天佛子大国师"。1434年，释迦也失再次进京，在京生活十余年，被封为"大慈法王"。"法王"封号由各教派自行世袭，无需听候朝命。

除了上述三大法王，明朝政府还对藏区实力雄厚的五位政教首领，封赐了王号。他们分别是帕竹噶举派扎巴坚赞"阐化王"、昌都馆觉国师"护教王"、康区灵藏国师"赞善王"、止贡噶举派真巴尔吉坚藏"阐教王"、萨迦派南克列思巴"辅教王"。此五王分别统辖各自的领地，但承袭需得到中央政府的认可，并听从明朝政府的差遣，履行修筑驿站、开辟道路、朝贡觐见等义务。

另外，明朝通过贡赐关系和茶马贸易在经济上对藏区进行控制和笼络。按照规定，凡是受封的藏族僧俗首领都须定期遣使朝贡。明朝实行"厚往薄来"的方针，对其朝贡者回赐数倍于贡品价值的物品。贡品一般为牲畜、佛教法器、药材、藏香等土特产和手工艺品，而明朝回赐的物品多为藏区生活所必需的茶叶、绸缎、棉帛、金、银、布匹和瓷器等。有明一代，藏族贡使络绎不绝，有力地促进了中原与藏区在经济上、文化上的相互交流。

"茶马互市"是明朝与藏区之间经济联系的另一种主要方式。"茶马互市"起源于唐，发展于宋，在明代达到了鼎盛。由于汉地的茶叶是藏区人民日常生活中不可或缺的必需品，而当时明朝与北方蒙古常年征战,急需战马,因此以茶易马成为明代汉藏经济联系中相当重要的一部分。早在洪武年间,明朝就在靠近藏区的河州、雅州、西宁、秦州等地设置茶马司,专门负责茶马贸易。"茶马互市"有利于加强明朝对藏区的统治,为西南边疆的稳定作出了重要贡献。正如近代学者所言:"终明之世,汉藏情感融协,西南无边藏之患者,实有得于此。"(谭英华:《明代西南边疆之茶马贸易》,载《边政公论》第2卷,第11、12合刊。)

南方诸族的发展

有明一代,随着土司制度的推广和完善,特别是汉族的大量迁入,南方各少数民族都得到了较大发展。但各个少数民族内部仍呈现明显的发展不平衡。

彝族

明代,彝族被称为"罗罗"。彝族支系众多,各地的彝族还有罗婺、鲁屋、聂素、撒摩都、朴剌、母鸡、阿保、孟乌等 20 余种称谓,其主要分布在云、贵、川三省。

洪武初年,明朝招抚了今贵州黔西、大方一代的水西土司,在其地设置宣慰司进行管辖,任命安氏家族世袭土官。1381 年,明军相继攻克乌撒(今贵州威宁)、乌蒙(今云南昭通)、东川(今云南会泽)、芒部(今云南镇雄北)等彝族聚居区,基本完成了对彝区的征服。随后将原云南行省的彝族聚居区分成三个部分,推行土司制度。改元朝所设罗罗斯宣慰司为建昌府,划入四川管辖;改乌撒乌蒙宣慰司为乌撒、乌蒙、东川、芒部四府,也并入四川;改亦奚不薛宣慰司为贵州宣慰司和普安、普定两府,划入贵州。另外,为了"变其土俗,同于中国",明朝政府还在彝族地区设学建校,大力提倡儒学教育。

明代各地彝族的社会发展存在较大差异。其中,水西彝族随着大量汉族移民的进入,以及中原内地生产技术和文化的传入,已迈入封建领主制社会阶段,到明末清初,封建地主制经济已初见萌芽。而黔西和滇东北的彝族仍处于封建领主制阶段,以畜牧业为主,兼之"刀耕火种"式的农业,社会发展相对滞后。凉山地区的彝族,高山峻岭,土地贫瘠,交通不便,社会生产落后,仍处于奴隶制阶段。

傣族

明代,傣族被称为百夷、白夷、摆夷等,主要聚居在今云南德宏、西双版纳等地。1381年,势力强大的麓川土司归附明朝,明在其地设平缅宣慰使司,委任麓川土司思伦为宣慰使。但该土司随后多次掀起叛乱,特别是正统年间最为频繁,1441至1448年,明朝对其进行了三次大规模的军事征讨,史称"三征麓川"。随后,明朝政府增设立干崖、南甸、陇川等宣抚司,在南部傣族地区设置车里军民宣慰使司,任命大、小首领为世袭土官,进行羁縻统治。

元末明初,各地傣族已进入封建领主制的发展阶段。大小领主各有分地,其属民"聚则为军,散则为民"(钱古训:《百夷传》)。明朝时期,大量汉人迁居傣族地区,带来了内地先进的生产技术和科学文化,促进了傣族社会经济的快速发展。农业方面,普遍使用铁质农具和犁耕技术,农作物种类增多,除水稻外,还大量种植茶叶、棉花等经济作物。明代傣族的商业贸易日趋繁荣,出现了专业商人,商业集市也大量形成,如车里(今云南省景洪市)就是当时一个十分繁华的商业城镇,史载"鱼盐之利,贸易之便,莫如车里"(朱孟震:《西南夷风土记》)。

元末明初,佛教开始传入傣族地区。到万历年间,佛教已得到普遍传播,正如《西南夷风土记》所载:"俗尚佛教,寺塔遍村落"。随着佛教的传入,傣族也有了自己的文字。

白族

明代,白族被称为白人、僰人、民家等,主要聚居于大理地区,其余散居在临安、曲靖、丽江、楚雄等地。明统一云南后,在大理地区进行改土归流,大量土官被废黜,改派流官进行管辖。而对于未改流的土司,明朝采取了"土流同域""流官掌印"的办法,使地方实权仍掌控在流官手中。明朝中期,地主经济逐渐在白族地区形成,土地买卖普遍,盛行实物地租,白族平民以"佣田为生"。到明末清初,地主经济已占据了主导地位。

明朝时期,白族的社会经济发展较快。明初,在白族地区大量推行垦荒、兴修水利,同时,汉族先进的生产技术和工具也被推广应用,农耕技术有了较大改进,一人或二人犁田的耕作法十分盛行。白族的手工业也相当发达,有纺织、铁器、铜器、银器、石工、雕刻、造纸、制革等多种行业。如鹤庆刀、"洱海红布"、赵州的丝、弥渡的草席、大理的草帽等都是当时闻名遐迩的手工艺品。白族的商业也有进一步的发展,出现一批成功的白族大商人,如明清之际喜洲的首富董必升,为大理地区的首富。另外,白族地区还形成了大理、鹤庆、祥云等诸多新兴的集市和商业城镇。

苗族

明代的苗族,主要聚居在黔东南、黔东北及湘西等地,其余散居在滇东北、滇东南、川南、桂北、海南岛一带。

明沿元制,采取招抚策略,授予大小首领各种土司官职。土官们皆有份地,自为部落。明朝政府在湖广苗族聚居区,相继设置了永顺军民宣慰使司、保靖州军民宣慰使司以及施南、散毛、忠建、容美等宣抚司。在贵州苗族地区,先后建立了思南、思州、播州等宣慰使司。

明代苗族以农业生产为主,除粮食作物外,苗族还种植茶叶、棉花、纻麻等经济作物。各地苗族的农业发展水平存在着差异。在黔南一带,已普遍使用牛耕和铁制农具,耕地面积增加,农作物产量大幅度提高。而黔西还采用"刀耕火种"的耕作方式。苗族的牲畜饲养业比较发达,尤其是马匹,不仅数量多,而且品质优良。苗族的手工业主要有纺织、建筑、造舟、采矿、冶炼等部门,其中以纺织业最为著名。苗族的商品经济十分兴盛,部分地区已出现"街场"等集市,贸易繁荣,史称"市如云集,朝至暮归"。

瑶族

明代的瑶族主要分布在广西、湖南、云南、广东、贵州及江西等地,其中尤以广西地区数量最多。根据瑶族对朝廷的归附程度,明朝政府将瑶族划分成三类:出兵服役、纳粮当差的"听招瑶";时服时叛的"背招瑶",以及不可教化的"险恶瑶"。明朝在瑶族地区推行土司制度,册封当地大小首领为瑶首、统领、瑶镇、总家等官职,命其管辖瑶民。

明代瑶族的基本社会组织是"瑶老制"。瑶老也被称为瑶首,是村寨中民主选举或自然形成的首领,一般由经验丰富、办事公道、在群众中颇有威望的人担任。凡是村寨内部有关生产、维护秩序、调解纠纷、主持祭祀以及抵御外敌等事宜,瑶老负责召集村寨群众大会,并执行大会的决议。除此之外,在广西金秀大瑶山等地,还盛行石牌制组织。其头人被称为"老",即"瑶老"。明朝政府给予他们正式的官方任命,使其成为朝廷在瑶区的地方官,负责缴纳贡赋、管理民事。

明代,生活在河谷与丘陵地带的瑶族,以经营农业为主,使用铁质农具,提水灌溉,种植水稻。居住在山区的瑶族,广种薄收,以采集、狩猎为重要生计方式。瑶族家庭纺织品和铁器制品相当著名,品种众多。如韶州瑶区的竹子布、道州和郴州瑶区的白纻布、连州瑶区出产的椑布等,都是远近闻名的手工艺品。明代,瑶族的商业发展比较落后,未形成本民族统一的商业城镇,多将采集的药材、香菇、木耳、竹笋、茶叶、蜂蜜等土特产,与汉等其他民族进行物物交换。

黎族

明代黎族主要生活在海南岛。明设置琼州府,隶属于广东布政司,下辖儋州、万州、崖州,实行流官统治。同时,在黎族地区推行土官制度,对黎族实行羁縻统治。1408年,明朝委任宜伦县熟黎峒首王贤祐为儋州土司同知,命其管辖当地黎族。随后,明朝又相继授予"生黎峒首"各种土官之职,加以笼络。

明代海南各地黎族的社会发展不平衡。沿海一带的"熟黎"已逐渐进入封建社会阶段,广泛使用铁制器具,生产水平较高,耕作之法与内地无异;商贸活动也十分发达;部分"熟黎"子弟"亦习书句,能正语"(《海忠介公集》卷1)。而五指山、黎母山腹地的"生黎",仍处于原始的"农村公社"阶段,实行由若干血缘集团"合亩"制经济形式;耕作方式以"刀耕火种"为主,兼营采集和狩猎。当地黎人大多不识汉字,仍以结绳、刻木或刻箭记事。

高山族

明代的高山族主要分布在今台湾岛各地。明朝以"东番夷"泛称包括高山族在内的台湾所有原住民。高山族以"社"

为单位,社内建"公廨",以供议事。

有明一代,特别是16世纪以来,台湾高山族多次遭受外国入侵。1563年,倭寇侵入基隆一带,烧杀抢掠,无恶不作。为了防御倭寇的侵略,1592年,明朝派兵驻守澎湖、台湾。但不久又有西班牙、荷兰殖民者相继入侵。17世纪前期荷兰殖民者侵占台湾后,对当地高山族实行残酷统治,以致"役使劳瘁,番不聊生"。包括高山族在内的台湾各族民众,进行了英勇顽强、不屈不挠的斗争。1661年,在台湾各族民众的支持下,郑成功一举收复了台湾,将荷兰殖民者逐出台湾,结束了其在台湾长达38年的残暴统治。

17世纪以前,台湾高山族尚处在原始社会发展阶段。由于自然环境的差异,各地高山族的生产方式也不一致。其中,居住在山地的高山族以狩猎为生,而生活在平原的高山族,则耕种水田,兼事渔猎和采集。17世纪以后,由于大量汉族迁居台湾,特别是郑成功推广牛耕和铁质农具、鼓励乡塾教育等一系列有利于发展经济文化的措施,促进了高山族社会的发展,居住在西南部平原的部分高山族,逐渐进入封建社会阶段。

明朝对南方诸族的治理

明朝政府对南方各族采取"以德怀之,以威服之"的经营策略。1368年,明太祖派兵将广东、广西纳入明朝的版图之内。1371年,汤和、傅友德率领明军,收服了四川的明昇割据势力。1381年,明朝派遣傅友德、蓝玉等率军征讨云南。由于准备充分,此次军事行动十分顺利,明军很快占领了普安、曲靖等地。次年,攻占昆明,盘踞云南的故元梁王自杀。明军"所向克捷",随后连下大理、鹤庆、丽江、石门等地。至此,明朝收服了云南全境。

明朝政府对南方各族采取"以夷制夷"的统治方针。明在南方最早设立的土司，主要是录用归附的故元土官，授予宣抚司、招讨司、安抚司、长官司等职。而对于归降的各少数民族，则封其酋长为宣慰、安抚等。收服云南后，明朝遂将土司制度推广到西南地区，广设土司辖区，委任土官管辖。同时，明朝详细规定了土司的朝贡、承袭、职责和赏罚等，使土司制度进一步系统化和规范化。如朝贡方面，明初土司缴纳的贡赋"听任输纳"，但后来有定额规定。但征收的贡赋都比较轻，"多不过二千五百两，少者四十或五十两"（《蛮司合志》卷8）。如遇天灾或土官有功，还可免除。相对于各民族的贡物而言，明朝政府对他们的回赐则要丰厚许多。

随着西南各族社会的不断发展，土司制度的弊端日益凸显，不少土官假借朝廷之名为所欲为，欺侮百姓，各土司之间的矛盾也日益尖锐，时常发生冲突，相互厮杀。更有甚者，利用自己的势力兼并近邻，公开与政府为敌，掀起叛乱，严重危及到边疆地区的社会稳定和中央政府的有效统治。因此，明朝政府开始在一些南方少数民族中实施"改土归流"政策，即废黜各少数民族的土司头目，改派流官进行管辖。最先实施这一政策的是湖广地区。早在永乐年间，将思州、思南两宣慰司改设流官。而大规模开展改土归流是在正统年间以后，仅云南一地，改县以上的土司就达26家之多。但是，明代的改土归流仅在条件成熟的地方进行，大规模进行则是在清雍正年间。

四海之内

原典选读

【原典】

徐问,字用中,武进人。弘治十五年进士。……嘉靖十一年以治行卓异,拜右副都御史,巡抚贵州。独山州贼蒙铖弑父为乱。问闻南丹、泗城欲助逆,檄广西抚按伐其谋。又檄铖弟钊复父仇,事平得承袭。铖援绝。问督大兵分道入,诛之。捷闻,赐金绮,召为兵部右侍郎。疏陈武备八事。又言:"两广、云、贵半土司,深山密菁,瑶、僮、罗、獠所窟穴。边将喜功召衅,好为扫穴之举。王师每入,巨憨潜踪,所诛戮率无辜赤子。兴大兵,费厚饷,以易无辜命,非陛下好生意。宜敕边臣布威信,严厄塞,谨哨探,使各安边境,以绝祸萌。"帝深纳其言。

(选自《明史》卷二百十一《徐问传》)

【释读】

徐问,字用中,江苏武进人。弘治十五年(1502年)中进士。……明世宗嘉靖十一年(1532年),徐问因治理政绩突出,官拜右副都御史,巡抚贵州。独山州叛贼蒙铖将任职土司的父亲杀死,发动了叛乱。徐问得到消息,南丹、泗城等地土司也想参加反叛,助纣为虐。于是他发公函给广西地方行政首脑,声讨南丹、泗城等阴谋,同时,他又给蒙铖的弟弟蒙钊发去公文,要求他深明大义,不徇私情,为父报仇,将来叛乱平定以后承袭父职。这样以来,蒙铖的内外援助全部断绝了。徐问派遣大军分道攻入独山州叛匪老巢,诛杀了蒙铖,平息了叛乱。平叛捷报传到朝廷以后,明世宗赏赐徐问金织文绮,任命他为兵部右侍郎。徐问趁机上奏修整军事武备方面的八条建议。并进一步强调:"两广、云南、贵州约有一半地区在土司管辖之下，山深林密，瑶、僮、罗、僰等民族世代居住。有些边将为了邀取朝廷功赏，挑起民族纠纷，然后多兴大军镇压剿灭。朝廷师旅每入民族地区，首要恶人大多潜藏逃逸，军兵屠杀的多是无辜平民。朝廷调动大军，必耗费巨额军饷，却换来无辜百姓被杀，这绝不是陛下好生的本意啊。建议陛下敕命边疆臣僚，传播朝廷威信，严守要塞，谨慎探听消息，务使各地保全边境稳定，以杜绝祸乱萌生。"嘉靖皇帝对徐问的建言深表赞赏，采纳了他的建议。

清代的中国古代民族

清朝时期,现今中国境内的 56 个民族基本上形成。清朝前期,封建统治者采取一系列缓和民族矛盾与阶级矛盾的措施,促进了中国境内各民族社会经济、文化的发展和交流。清朝后期,由于政治腐败和列强入侵,社会矛盾日趋激化,中国各民族纷纷掀起了反抗民族压迫的武装起义,沉重打击了清朝的统治,也增强了各民族的凝聚力和对祖国的向心力。

女真统一和满族形成

满族与明代女真有密切的族源关系,是以建州女真为核心,在统一海西女真和东海女真诸部的基础上,吸收汉、蒙古、朝鲜等大量其他民族而形成的。

女真统一

自元代始,女真人经历了一个分化、演变的历程。元代的女真人大致可以分为两部分:一部分是迁居中原的女真人,另一部分是留居东北故地的女真人。由于深受汉文化的熏陶,前者已同汉人无多大差别。而东北故地的女真人由于受居住环境和汉人影响的不同,其发展存在着较大差异。其中,辽阳以南的女真人,由于和汉族杂居相处,最后和汉族相互融合;长白山至松花江上游以及牡丹江等地的女真诸部相对落后，处于奴隶制发展阶段，保留着较强的民族特征；生活在乌苏里江、黑龙江中下游的女真人，发展缓慢，仍处于氏族社会发展阶段，继续过着"无市井城郭，逐水草为居，以射猎为业"的生活。

明代女真人，根据其分布范围，大致可以分为三部：海西女真、东海女真和建州女真。其中，海西女真生活在松花江中游大曲弯处至辉发河、辽河一带，包括哈达、辉发、乌拉、叶赫四部，称为扈伦四部。其大部分从事农业生产，少部分以渔猎为生。东海女真又称为"野人女真"，分布在松花江中下游以东至沿海地区，包括吉列迷、苦夷、女直野人和野人等部落，以渔猎为主，兼事采集。建州女真生活在今辽宁省抚顺以东、开源以南、长白山以西、鸭绿江以北，以农耕生产为主，受汉文化影响较大，文化程度较高。

16世纪中后期，女真各部"皆称王争长，互相战杀，甚至骨肉相残，强凌弱，众暴寡"（《清太祖实录》卷1），部落分合频繁。正是在这样的动荡局面下，建州左卫首领努尔哈赤登上历史舞台，展开了统一女真各部的活动。

努尔哈赤（1559—1626），姓爱新觉罗氏，出生于建州左卫的一个部落酋长之家，幼年丧母，备受后母虐待。少年时经常往返于抚顺马市，又曾多次到北京，其天资聪慧，加上生活的磨难和汉文化的影响，使其具有杰出的政治智慧和军事才能。1583年，祖父觉昌安、父亲塔克世被明军误杀，努尔哈赤认为此事与别部首领堪外兰有关，遂以祖、父遗甲13副起兵攻之，从此开始了统一女真诸部的历史活动。在此后三十余年，努尔哈赤采取"顺者从德服，逆者以兵临"的策略，东征西讨，首先完成了建州女真诸部的统一。在此过程中，努尔哈赤多次进京朝觐，并与明朝保持着互市贸易，从而消除了明朝的疑忌，先后获得都督、龙虎将军等封号。随后，努尔哈赤又相继将海西女真和东海女真诸部纳入麾下,最终完成了女真各部的统一。

满族形成

为了便于管理日益增多的人口,努尔哈赤将所征服和招抚的各部迁到浑河流域,创建了牛录—固山制度。牛录,满语意为"箭",原是女真人围猎的临时性组织,以成员所属氏族或村寨为单位,每十人为一牛录,推一人为首领,称"牛录额真"。1601年,努尔哈赤对传统牛录组织进行了改造,每三百人编为一牛录,设牛录额真一人;五个牛录编为一甲喇,置甲喇额真一人;每五甲喇编为一固山(即"旗"),置固山额真一人。至1615年共编成八个旗,分别以黄、白、红、蓝、镶黄、镶白、镶红、镶蓝八旗为标志。至此,满洲八旗正式建成。随后皇太极于1635年、1642年,又相继编制了"蒙古八旗"和"汉军八旗",八旗组织才全部完成。八旗是集军事、政治、经济为一体的社会组织,所有八旗男丁皆兵农合一,"出则为兵,入则为民,耕战两事,未尝偏废"(《清太宗实录》卷7)。八旗制度打破了原来部落的血缘关系和地缘关系,结束了女真社会长期涣散的局面,消除了各部在经济、文化、习俗等方面的差异,对促进满族的形成和发展发挥了重大作用。

明中期以来,金朝创制的女真文字已被废弃。1599年,努尔哈赤命额尔德尼、噶盖利用蒙古字母创制了一种文字,即老满文。老满文以蒙古字母拼写满语,字母互相假借,书写时谬误众多。鉴于此,1632年,皇太极又命精通满、汉文的达海对老满文进行了修订,称为"有圈点满文"。此种文字很快取代了老满文,成为满族通用的文字,对满族社会的巩固和发展起到了积极作用。

女真各部的统一、八旗制度的建立和满文的创制,加速了满族共同体的形成。1616年,努尔哈赤在赫图阿拉(今辽宁省新宾县老城)称汗,建立"大金国",史称"后金",年号"天命"。其辖境东起海岸,西至辽东开源,北抵嫩江流域,南达鸭绿江一带。后金政权的建立,标志着一个新的民族共同体——满族的基本形成。后随着境内其他民族的大量汇入和各种制度的完善,满族得到了进一步发展。

清朝建立

皇太极即位后的十年,对外军事活动频仍,先后征伐了蒙古诸部和朝鲜国,占领了辽东沿海各地,统治疆域和人口均得到了很大扩展。于是,在满洲八旗的基础上,皇太极将境内的汉人和蒙古人单独编旗,设置八旗蒙古和八旗汉军,又将索伦人和东海女真的余部编旗,称"新满洲"。上述各族民众入旗后,很快融为满族的一部分。在这种情况下,旧有的族称"女真"已不能适应境内多民族成分融汇的需要,1635年,皇太极遂宣布废除旧族号,改族名为"满洲",后简称"满族"。

大量满族迁入辽沈地区后,随着社会环境的变化,其生计方式也随之发生了改变。1621年,努尔哈赤圈占了辽阳、海州等处的30万晌土地,分给八旗兵丁,实行"计丁授田",以解决八旗兵丁的生活。这项举措,使八旗兵丁与土地建立了稳定的关系,促进了满族向农业经济的过渡。

经过多年的努力,后金政权已控制东北地区的绝大部分,并降服了漠南蒙古和朝鲜半岛。1636年,皇太极在盛京举行隆重典礼,称皇帝,建国号为"大清",改元"崇德"。皇太极雄才大略,在位期间,励精图治,为清入主中原奠定了良好基础。

入主中原

1618年,努尔哈赤以"七大恨"为借口,兴兵向明发起进攻,迅速攻下东州、马根丹和抚顺等城,掠获30万人畜。次年,明朝以杨镐为辽东经略,分兵四路进攻后金,试图一举攻灭后金。面对明军的进逼,努尔哈赤利用八旗军的高度机动性,采取"分兵合击""各个击破"的灵活战术,在萨尔浒大胜明军,这就是历史上著名的萨尔浒之战。此次战役充分暴露了明朝的衰弱,从此以后,后金展开了对明朝持续不断的大规模进攻。

1621年,八旗兵以不可阻挡之势,连下辽阳、沈阳大小70余城,占领了辽河以东的全部地区。次年,八旗兵渡辽河,攻占了广宁等40余城,辽河以西的大片土地尽归后金。1625年,努尔哈赤将统治中心迁往沈阳。次年,努尔哈赤亲率13万八旗兵,进攻辽河以西的军事重镇宁远,遭到明守将袁崇焕的顽强抵抗,惨遭大败。同年8月,努尔哈赤因炮伤去世,其第八子皇太极继位。在此之后的十余年,皇太极继续攻打明朝在关外的最后几个据点,到1642年,占领了除宁远以西之外的整个东北地区。至此,其统治疆域包括南起鸭绿江、东抵大海、北到黑龙江、西达内蒙古西北等广大地区。

历经努尔哈赤、皇太极两代君主的励精图治,新兴的清朝政治清明,社会稳定,军力强大。而此时的明朝政治腐败,君臣离心,国内阶级矛盾激化,农民起义风起云涌。1643年,皇太极病逝,其第九子福临即位,改元顺治,由叔父多尔衮和吉尔哈朗共同辅政。次年3月,李自成率农民军攻入北京,崇祯帝自缢,明朝灭亡。明山海关总兵吴三桂请求清朝入关共同镇压农民军。以多尔衮为首的满族上层,迅速而准确地把握了这一历史机遇,立即率军入关,击退农民军,进入北京。1644年10月,清朝迁都北京。大批八旗官兵也"从龙佐命入关",进入了中原地区。

入关后,由于生存环境和社会地位的改变,满族自身也进入了新的发展阶段。为了确保满族在全国统治机构中的核心地位,清朝在各级政权机构的设置中确立了"首崇满洲"的原则。规定旗、民差别待遇,给予旗人种种优待和特权。另外,随着八旗兵转战南北和驻防各地,满族也从原来聚居的东北地区,散处到北起黑龙江,南至海滨,东至浙江,西至新疆等地的城市和据点中,在全国范围内形成了"大分散、小聚居"的分布特点。这不仅有利于旗人与汉人之间广泛而深入的交往,也加速了满族向封建社会的迈进。

清代的蒙古族诸部

明朝后期,蒙古社会仍处于"人自为雄,各相为战"的分裂割据状态。蒙古族按地域分为漠南、漠北、漠西三大部分,各部以畜牧业为主,逐水草而居,政治上互不统属。为争夺牲畜、人口以及统治权,常常发生武装冲突。清朝统治者通过军事征服、联姻结盟等措施,相继完成了对漠南蒙古、漠北蒙古和漠西蒙古的征服,最终实现了中国大一统的局面。

漠南蒙古归附清朝

漠南蒙古分布在东至盛京、黑龙江,南达长城,西接伊犁东路,北逾大漠的广大地区,在后金政权和明朝相互抗衡中占有举足轻重的地位,是双方争相拉拢的对象。早在努尔哈赤时期,通过武力征服、联姻结盟等措施,相继使科尔沁、内喀尔喀等部归附称臣。随后,在努尔哈赤调遣下,归附蒙古各部四处征伐,为后金政权统一漠南蒙古做出了重大贡献。皇太极即位后,继续对蒙古诸部实行"慑之以兵,怀之以德"的政策。1628年,皇太极汇聚满洲和鄂尔多斯、喀尔喀等部兵力,大破察哈尔于绰罗郭勒。1632年,皇太极再次召集各部蒙古直捣归化城,迫使林丹汗率部西逃青海。1635年,林丹汗之子额哲率部投降,察哈尔余部也相继归附后金。次年,漠南蒙古十六部四十九旗齐聚盛京,共推皇太极为"博格达彻辰汗"。至此,后金统一了漠南蒙古诸部,使之成为清军入关乃至逐鹿中原的一支主要依靠力量。

收服漠南蒙古后,为削弱和限制蒙古各部的势力,清朝实行"分而治之"的策略。在编设蒙古八旗的同时,清朝政府还在蒙古"鄂托克"的基础上,推行盟旗制度。其中,除察哈尔部设总管旗外,还设置了6盟49旗。盟旗制度是清代蒙古基本的社会政治制度。各旗有固定游牧地,设一札萨克,管理旗务;旗之上设盟,盟长由清朝政府任命,负责定期召集各旗札萨克会盟,协调全盟事务。

漠北蒙古南下归清

漠北蒙古又称喀尔喀蒙古,游牧于西至阿尔泰山,东到额尔古纳河,南连漠南蒙古,北达贝加尔湖的广袤草原。大约在16世纪初期,漠北蒙古分为内喀尔喀五部和外喀尔喀七部,前者驻牧于哈喇合林一带,后者则东迁至可可的里速沙漠以东,游牧于今开原、铁岭以西和以北。早在努尔哈赤时期,为了削弱林丹汗的势力,后金统治者利用分化、拉拢等手段,相继收服了内喀尔喀五部。外喀尔喀分为札萨克图汗部、土谢图汗部和车臣汗部。1636年,喀尔喀三部向清朝进"九白之贡",此后双方往来不断。为了维护封建领主的利益和抵御崛起中的清朝威胁,1640年,漠北蒙古的札萨克图汗与准噶尔部的巴图尔浑台吉共同召集蒙古各部首领在塔尔巴哈台(今塔城)开会,协调各部之间因争夺草场、人畜而发生的冲突,以及共同抵御外敌入侵等事宜。对于这次会议,蒙古各部都非常重视,甚至连已远徙伏尔加河流域的土尔扈特部首领和鄂尔勒克也赶来参加。在此次会议上,蒙古各部结成了广泛的同盟,制定了著名的《蒙古—卫拉特法典》。在此之后,漠北蒙古不断侵扰和策反邻近的漠南蒙古各部。1646年,漠北蒙古利诱苏尼特部率众北迁,并派联军声援,但为清军所败。随后,为缓和与清朝的紧张关系,漠北蒙古各部遣使北京,清朝政府在漠北蒙古中设左、右翼八札萨克。

1688年,准噶尔部首领噶尔丹乘漠北蒙古内讧之际,以哲布尊丹巴不尊达赖喇嘛为由,率兵三万突袭漠北蒙古。漠北蒙古各部无力抵抗,节节败退,损失惨重。在漠北蒙古何去何从的关键时刻,政教领袖哲布尊丹巴发挥了至关重要的作用,他认为"若因避兵投入俄罗斯,而俄罗斯素不信佛,俗尚不同,视我辈异言异服,殊非久安之计,莫若携全部内徙,投诚大皇帝,可邀万年之福"(松筠《绥服记略》)。于是,在他的号召下,喀尔喀蒙古三部决定归顺清朝,以求庇护。1691年,康熙帝召集漠南、漠北蒙古诸部首领在多伦诺尔举行会盟,按漠南蒙古盟旗之例,设旗建盟以安置喀尔喀蒙古部众。多伦诺尔会盟标志着漠北蒙古正式归附清朝。

为了加强对漠北蒙古的管辖以及维护北部边疆的稳定,清朝针对当地的实际状况,随后还采取了其他一系列有效措施。1697年,清朝政府实行"众建以分其势"的策略,在漠北蒙古中增设了大量的旗,并从土谢图汗部划出一部,设为赛音诺颜部。同时,在漠北蒙古地区修筑城池,驻军屯田。1733年,清朝设立乌里雅苏台定边将军,掌管漠北地区的军政事务。后又在库伦设立办事大臣,专管哲布尊丹巴、土谢图汗等相关事务。

漠西蒙古诸部的发展

漠西蒙古又称"卫拉特蒙古"或"厄鲁特蒙古",包括准噶尔、和硕特、土尔扈特和杜尔伯特等部,主要分布在东起叶尼塞河上游、西至巴尔喀什湖以东以南的广大地区。从16世纪末17世纪初开始,漠西蒙古诸部屡次西迁,以摆脱漠北蒙古和沙俄等势力的进逼,进而寻求更为宽松的生存空间。持续不断的内部纷争和牧场变动,打破了漠西蒙古内部原有的势力均衡局面。其中,准噶尔部逐渐发展壮大。

（一）准噶尔部的兴衰

准噶尔是漠西蒙古四部之一，游牧于北至鄂尔齐斯河上游左岸、东达阿尔泰山、南到准噶尔盆地等地。17世纪前期，在首领哈喇忽剌及其子巴图尔珲台吉统治下逐渐强大，势倾漠西蒙古其他各部，史载"恃其强，侮诸卫拉特"。

1653年，巴图尔珲台吉逝世，其子僧格即位。1670年僧格被其异母兄车臣台吉和卓特巴巴图所杀，准噶尔部一时陷入混乱。在西藏出家为僧的噶尔丹，闻讯兄长僧格被害的消息后，立即还俗返回故土，展开了争夺准噶尔部最高统治权的斗争。噶尔丹为巴图尔珲台吉的第六子，早年进藏为僧，先师从于四世班禅，后跟随五世达赖喇嘛学经，与格鲁派上层关系密切。返回后，在达赖喇嘛和鄂齐尔图车臣汗的支持下，很快掌握了准噶尔的统治权。噶尔丹执政后，实行由近及远的扩张策略，首先对邻近的漠西蒙古诸部展开兼并活动，最终完成了该地区的统一大业。1679年，五世达赖喇嘛册封噶尔丹为"博硕克图汗"，标志着准噶尔汗国的正式建立。随后，噶尔丹开始了准噶尔汗国疆域的扩张活动。1680年噶尔丹派兵越天山南下，一举攻克阿克苏、乌什、喀什噶尔、叶尔羌等地，灭叶尔羌汗国，取得天山南部的统治权。至此，准噶尔汗国的统治区域，以伊犁为中心，北到额尔齐斯河中上游，西至巴尔喀什湖，东抵阿尔泰山，并控制了南疆地区。不久，噶尔丹又相继征服了哈萨克、布鲁特、诺盖等部，其势力直达里海东岸。

经过20余年的征战，准噶尔部势力大增，噶尔丹遂产生了恢复祖辈霸业的梦想。1688年，乘漠北蒙古内讧之际，噶尔丹率军以迅雷不及掩耳之势击溃了漠北蒙古三部，迫使漠北蒙古十万余众南窜至漠南地区，以求清朝的保护。1689年，噶尔丹再次率军东进漠北蒙古，并深入到漠南地区的乌尔会河,大败清军。准噶尔军队遂乘胜长驱而入,抵达距北京只有700里的乌兰布通,康熙帝派军两路迎击。准噶尔军队以驼阵为屏障,倚险结营,清军则以火器为前列,炮轰驼阵,随即双方短兵相接,彼此互有伤亡。后噶尔丹使用缓兵计,利用使者与清军谈判之机,迅速撤离了乌兰布通。这就是著名的乌兰布通之战。此次战役使噶尔丹损失惨重,部众穷困无食,不能归故里。随后数年,噶尔丹养精蓄锐,为实现自己的梦想进行着积极的准备。1695年,在藏传佛教高僧的鼓动下,噶尔丹再次踏上了东征漠北蒙古的行程。出师不久,准噶尔军队就已深入克鲁伦河流域。康熙帝认为噶尔丹"力强志大,必将窥伺中原",为了彻底消除隐患,康熙帝决定率军亲征。康熙帝派兵十万,分东、中、西三路并进,自己亲率中路,直奔克鲁伦河,进剿准噶尔军队。随后命令科尔沁亲王沙津以假"投顺"为名,写信给噶尔丹,引诱其东进至土拉河流域,完成三路清军夹击合围的战术构想。1696年,双方在土拉河附近的昭莫多展开激战。清军采取诱敌深入、前后夹击的战术。在噶尔丹主力冲锋陷阵之际,清兵突袭其后阵人马。准噶尔军顿时阵脚大乱,全线溃败,噶尔丹仅率领五十余人逃至塔密尔河一带。此为历史上著名的昭莫多战役。此次战役后,噶尔丹主力丧失殆尽,众叛亲离,粮草匮乏,走投无路。次年,在穷困潦倒之际,噶尔丹病死于阿察阿穆塔台,一部分属民投靠了其侄策妄阿拉布坦,部分归降了清朝政府。

策妄阿拉布坦时期,准噶尔汗国逐渐强盛起来。策妄阿拉布坦为僧格次子,1688年,率领父亲旧部逃离噶尔丹自立,后逐渐发展强大。策妄阿拉布坦统治漠西蒙古后,励精图治,四处征伐,"尽效噶尔丹所为,思并吞四部为一"(《圣武记》卷3)。1698至1699年,先后两次出兵哈萨克,夺得哈萨克草原大片地区。1716年,策妄阿拉布坦派军突袭西藏,袭杀拉藏汗,结束了和硕特蒙古在西藏历时75年之久的统治。1720年清朝政府以护送七世达赖喇嘛为旗帜,自青海、四川两路进军西藏,驱逐了准噶尔军,实现了对西藏的直接统治。

1727年,策妄阿拉布坦去世,其子噶尔丹策零继位,准噶尔汗国达到了鼎盛时期,社会经济、文化等均获得了长足发展。噶尔丹策零曾数次用兵漠北。1731年,在和通淖尔,噶尔丹策零诱使清军深入埋伏圈,给清西路军造成了惨重伤亡,史称和通淖尔之战。次年,准噶尔部小策凌敦多布率军三万,深入喀尔喀牧地,偷袭亲王额驸策凌牧地,掠获人畜无数。额驸策凌为报仇雪恨,率兵连夜兼程,在额尔德尼昭突袭准噶尔军,大获全胜。额尔德尼昭之战,在一定程度上扭转了清、准之间的军事局面,双方息兵言和。经过数年谈判,双方最终在1739年达成协议,划定地界、互相修好。

1745年,噶尔丹策零去世后,诸子争位,准噶尔汗国陷入内讧。其次子策旺多尔吉纳木扎勒继位后,因暴虐无道而被废弃。1750年,喇嘛达尔扎被拥戴为准噶尔部首领,但不久即被达瓦齐袭杀。无休止的内乱使大批准噶尔民众逃离家园,纷纷投奔清朝。乾隆帝借此机会,于1755年调集大军,在阿睦尔撒纳的导引下,兵分两路很快荡平了准噶尔达瓦齐势力。但清军凯旋后不久,阿睦尔撒纳[①]反清。1756年,清军再次大举出征新疆,迅速击败阿睦尔撒纳,迫使其败逃哈萨克,后病亡于沙皇俄国境内。至此,清朝最终征服了长期与之相抗衡的准噶尔蒙古,确立了对西北地区的统治。

---

① 阿睦尔撒纳为和硕特部拉藏汗子丹衷遗腹之子,其母后改嫁辉特部台吉,1753年投奔清朝,后因未获得准噶尔汗之位而发动反清活动。

平定准噶尔部,统一西北边疆,是满族建立的清朝为中国统一多民族国家的发展做出的重大贡献,也是清朝前期在奠定祖国疆域过程中历时最久也最为艰难的活动。康熙、雍正、乾隆三代君主前赴后继,先后领导了长达 70 年之久的平准战争,各自皆做出了巨大的贡献。同时,满、锡伯、达斡尔与汉、蒙古等民族的官兵一起浴血奋战,为祖国统一、边疆稳定皆发挥了重要作用。

(二) 和硕特部的南迁

和硕特部为漠西蒙古四部之一,游牧于今新疆乌鲁木齐一带。17 世纪初,藏传佛教格鲁派面临的形势异常险恶,为了消除敌对势力的威胁,遣使请求漠西蒙古诸部援助。1636 年底,和硕特部首领固始汗在西藏格鲁派上层的邀请下,率部南下青海。固始汗,本名图鲁拜虎,崇信藏传佛教,因成功和解了漠西蒙古和漠北蒙古之间的冲突而被东科尔呼图克图赠予"大国师"称号,遂亦称固始汗。当时因受到势力雄厚的准噶尔部威胁,固始汗立即接受了格鲁派上层的请求,毅然决然率部南下藏区。1637 年,固始汗在青海湖北岸以少胜多,击败了驻牧当地的喀尔喀部却图汗。历经三年的休养生息后,固始汗率军进入康区,攻灭了敌视格鲁派的白利土司。为了彻底铲除格鲁派的敌对势力,并赢得格鲁派上层对和硕特蒙古在藏区统治地位的认可,1642 年,固始汗率军入藏,一举消灭了统治西藏的藏巴汗,建立了蒙、藏联合统治的政教合一政权,并将西藏十三万户献给了五世达赖喇嘛。同时,固始汗令其子孙分牧青海各地,以康区赋税供养青海部众,自己则坐镇西藏。针对和硕特蒙古统治藏区的既成事实,清朝政府于 1653 年封固始汗为"遵行文义敏慧固始汗",赐金册印,要其"作朕屏辅,辑乃封圻"。1655 年正月,固始汗在拉萨病死。

18世纪初期,为争夺西藏最高统治权,和硕特部拉藏汗与西藏格鲁派上层之间的矛盾日益激化,准噶尔汗国首领策妄阿拉布坦乘机派兵入侵西藏,袭杀拉藏汗,结束了和硕特蒙古在西藏历时75年的统治。

在1697年清军击败噶尔丹后,康熙帝曾遣使招抚驻牧青海各地的和硕特部,固始汗子达什巴图尔偕诸台吉入觐,清朝予以封赏,封达什巴图尔为和硕亲王,其他诸台吉也被封为贝勒、贝子等。但此时清朝政府对青海蒙古诸部的控制仍比较有限。

罗卜藏丹津为固始汗之孙、亲王达什巴图尔之子,在青海蒙古诸部首领中地位最高,1720年,曾跟随清军护送七世达赖喇嘛入藏。由于清朝对罗卜藏丹津采取遏制策略,同时未能实现其称汗的愿望,1723年,罗卜藏丹津召集青海蒙古部分台吉在察罕托罗海会盟,自称达赖珲台吉,其余台吉皆呼旧日名号,一概不许称为王、贝勒、贝子等封号,起兵反清。由于部分高僧的参与和支持,西宁一带的大小寺院和信徒纷纷加入,声势浩大。同年十月,清朝委任年羹尧为抚远大将军、岳钟琪为奋威将军,率军征讨。清军三路并进,很快平定此起反清活动,罗卜藏丹津携带残余逃往准噶尔蒙古。清朝政府根据年羹尧所奏青海善后事宜十三条,对青海地区采取了一系列加强统治的措施:派驻西宁办事大臣,管辖当地蒙古和番部事务;仿照内蒙古盟旗例,将青海蒙古诸部编为29旗。至此,包括和硕特部在内的青海蒙古正式归附于清朝政府。

(三)土尔扈特部的回归

土尔扈特是漠西蒙古四部之一,明末游牧于塔尔巴哈台及其以北一带。17世纪30年代,由于漠西蒙古各部战乱不已,加之沙俄等外部势力的进逼和草场的紧张,土尔扈特部在其首领和鄂尔勒克带领下,与部分和硕特蒙古、杜尔伯特蒙古一起长途跋涉,从塔尔巴哈台辗转西迁至伏尔加河流域下游。到1771年渥巴锡率部返回中国,其间共历140余年,先后经历了和鄂尔勒克、书库尔岱青、朋楚克、阿玉奇、策凌敦多布、敦多布旺布、敦多布达什、渥巴锡等八代汗王的统治。在这140余年时间里,土尔扈特部并未因远离原牧地而失去与中国的联系。

西迁至伏尔加河流域后,沙俄采取各种手段,迫使土尔扈特部臣服,遭到了历代土尔扈特汗王的强烈反对。1761年,渥巴锡继承汗位后,沙俄改组并控制了土尔扈特蒙古的最高权力机关"固尔扎",规定固尔扎成员与大汗拥有同等的权力,土尔扈特蒙古面临着失去民族独立的严峻危机。为了免遭民族灭亡和奴役,在策伯克多尔济、舍棱等蒙古首领及喇嘛洛桑丹增的支持下,渥巴锡决定东返故土。1771年初,渥巴锡率领3.3万多户近17万人,扶老携幼,驱赶牲畜,开始了震惊中外的东归之路。土尔扈特蒙古的归途充满艰险,途中除受到沙俄和哈萨克人的多次堵截和袭击,还要忍受严寒、疾病和饥饿的煎熬,伤亡惨重。经过六个月的长途跋涉,终于到达新疆伊犁。清政府将东归蒙古部众妥善安置于伊犁附近,划定牧场,使其得以休养生息。同年九月,乾隆帝在避暑山庄接见了渥巴锡等首领,高度赞扬了蒙古部众返回故土的壮烈行动,还亲自树碑铭文,以纪念他们热爱祖国的壮举。同时,给予他们优厚封赐,封渥巴锡为卓里克图汗,其他首领为亲王、郡王等爵位。

针对土尔扈特等蒙古部众的艰难处境,清朝政府采取紧急措施,从全国各地征调牲畜、粮食等物资,进行赈济。1772年,对这些回归的蒙古各部,清朝仍推行盟旗制度,渥巴锡所部设立十旗,游牧于新疆准噶尔盆地南北及西边,称旧土尔扈特部,由伊犁将军节制;舍棱所部设置二旗,在科布多游牧,称新土尔扈特部,由定边左副将军管辖。和硕特恭格所部设四旗,依附于旧土尔扈特。而留居沙俄的土尔扈特和其他蒙古诸部,主要生活在现今俄罗斯的卡尔梅克共和国境内。

新疆诸族的变迁

清代,现今生活在新疆境内的各少数民族已基本形成。清初,随着对准噶尔蒙古以及大小和卓的征服,新疆境内的各少数民族也相继归附清朝,其社会经济、文化等皆得到了较大发展。清朝晚期,随着西方列强的入侵,新疆境内的各少数民族纷纷掀起了抵抗外侮的斗争。

维吾尔族

在清代文献中,维吾尔族被称为"缠回"或"回部"等,主要分布在南疆喀什噶尔、叶尔羌、和阗、阿克苏等地。

明末清初,南疆的维吾尔族隶属于叶尔羌汗国。17世纪中后期,叶尔羌汗国内部的教派矛盾逐渐激化,黑山派在汗王的支持下,发展迅速,随即展开了对白山派的镇压,双方冲突愈演愈烈。1679年,准噶尔蒙古攻占了哈密和吐鲁番。次年,噶尔丹又挥师南下,攻灭叶尔羌汗国,俘虏了伊斯梅尔汗及其全家,兼并了天山南路。直至清朝平定准噶尔之前,南疆维吾尔地区一直处于准噶尔蒙古的控制之下。准噶尔统治者对当地维吾尔族强征各种劳役,"征发期会,为其所使"(《西域图志》卷39)。

1755年,清军平定准噶尔后,将囚禁在伊犁的维吾尔首领阿合玛特的两个儿子——波罗尼都和霍集占(号称大、小和卓)释放,派遣波罗尼都返回南疆进行统治,让霍集占留在伊犁掌管宗教事务。但不久,霍集占乘阿睦尔撒纳反清之际,返回南疆,伙同波罗尼都掀起叛乱,相继攻占了乌什、喀什噶尔、叶尔羌等城,自称"巴图尔汗",企图脱离清朝的统治,自立政权。1758年,乾隆派军出征南疆,经过一年多激战,清军平息了此起叛乱,大、小和卓率领残部逃入巴达克山。至此,天山南北均被纳入清朝的统治版图之内。

图8-1　清·金廷标等绘《皇清职贡图》

资料来源:中国国家博物馆编《中华文明:古代中国陈列文物精萃》,中国社会科学出版社,2010年,第817页。

清朝统一新疆后,在当地实行军府制,设伊犁将军、都统、参赞大臣、办事大臣等管理天山南北事务。与此同时,又采取"齐其俗,不易其宜"的策略,在南疆沿用传统的伯克制度,设置阿齐木伯克、依什罕伯克、哈孜伯克等,分管行政、司法、税收、宗教等事务。伯克的任命权来自于中央政府。

大小和卓败亡后,大和卓之孙张格尔自称是穆圣的后裔,企图恢复祖辈在南疆的统治地位。1820年,张格尔在浩罕国的支持下,煽动白山派民众发动了所谓的"圣战",先后攻占了南疆的喀什噶尔、叶尔羌、英吉沙尔、和阗等城市,叛乱者所到之处,"残害生灵,淫虐妇女,搜索财物,其暴虐甚于从前和卓千倍万倍"（《那文毅公奏议》卷78）。1826年，清朝任命长龄为扬威将军，率兵出征，在当地维吾尔族民众的支持下，歼敌数万，相继收复了南疆四城。1828年，出逃在外的张格尔又一次骚扰新疆边卡，遭到黑山派民众的阻击，其在逃亡途中被俘，后押至北京被处死。至此，长达近十年之久的张格尔叛乱被彻底平定。

鸦片战争爆发后，清朝国力衰弱，社会矛盾突出，西方殖民势力不断侵略中国的边疆民族地区。在此背景下，流亡浩罕的和卓后裔又趁机侵扰边地，新疆再次陷入纷乱之中。

1857年，库车爆发维吾尔族农民起义后，新疆各地随即陷入四分五裂之中。1865年，张格尔之子布素鲁克和卓在浩罕国军官阿古柏的护送下，趁机入侵新疆，攻占了喀什噶尔。但阿古柏素怀野心，在英国殖民者的支持下，消灭了在维吾尔族中有巨大影响力的和卓家族，占领了天山以南以及北疆的乌鲁木齐等地，统治维吾尔族长达十年之久。面对严峻的边疆危机，1875年，清朝政府封左宗棠为钦差大臣，率军西征阿古柏。在新疆各族人民的支持和配合下，1877年，左宗棠在吐鲁番击溃了阿古柏的主力，迫使其在库尔勒自杀。次年，清军收复了除伊犁以外的新疆其他地区。1884年，清朝设立新疆行省，实行与内地相同的府、州、县制。新疆建省不仅维护了国家统一，也加强了维吾尔族和内地各民族之间的联系。

哈萨克族

哈萨克的族源可追溯到游牧于伊犁河流域的塞种、月氏、乌孙、康居等。13世纪40年代，哈萨克的先民受制于金帐汗国。14世纪后期，金帐汗国解体后，哈萨克的先民又臣属于白帐汗国。1456年，白帐汗国的克烈汗和加尼别克汗率部东迁至巴尔喀什湖以南的楚河、塔拉斯河流域，建立了哈萨克汗国。不久，乘乌兹别克汗国内讧之际，哈萨克汗国占领了锡尔河流域的部分地区，统治疆域扩展到塔什干、安集延等地，与不断南迁的乌兹别克和蒙古人等相互融合，逐渐形成哈萨克民族共同体。

16世纪初，哈斯木汗统治时期，哈萨克汗国得到了迅速发展。人口增至100余万，军队多达30万；统治疆域辽阔，南包括锡尔河流域，东南包括七河流域，西达玉雅河流域，东北抵巴尔喀什湖以东以南地区。1523年，哈斯木汗去世后，由于统治上层争夺汗位，致使汗国发生分裂。直至1538年，哈斯木汗之子哈克那扎尔即位后，经其励精图治，使哈萨克汗国重归统一。

明末清初，哈萨克和准噶尔蒙古双方为争夺商业城市、牧地和人口等发生了激烈的斗争。1652年，哈萨克汗杨吉尔在与准噶尔蒙古的战斗中阵亡，汗国又一次陷入分裂状态。1680年，杨吉尔之子克头即位后，为了消除内部的纷争，有效管理大、中、小三个玉兹①，经常召集各玉兹的首领参加大会，使汗国重新呈现安定统一的局面。1684年准噶尔蒙古进攻中亚，将势力扩展到撒马尔罕、布哈拉等地，当地的哈萨克族隶属于准噶尔汗国的统治之下，准噶尔蒙古在塔什干派驻官员进行管理。策妄阿拉布坦时期，准噶尔蒙古继续对哈萨克用兵。1718年，克头可汗去世后，汗国内部纷争不断，加之准噶尔蒙古入侵和频繁的天灾，使哈萨克汗国处于分崩离析之中。1723年，噶尔丹策零乘哈萨克内乱之际，对塔拉斯河谷

---

① "玉兹"，又称之为"帐"，各玉兹下属若干部落，大玉兹以乌孙部落为基础，游牧于巴尔喀什湖以南的楚河、塔拉斯河和伊犁河流域；中玉兹包括克烈、乃蛮等部落，游牧于锡尔河中游以及伊什姆河、努腊河、萨雷苏诸河流域；小玉兹以阿里钦部落为基础，游牧于现在的西哈萨克斯坦。（《哈萨克族简史》，第150页）

的哈萨克族发动突然袭击,毫无准备的哈萨克人伤亡惨重,牧民四处逃亡,大量牲畜被抢。1724—1725年,准噶尔蒙古又攻占了哈萨克统治下的塔什干、土尔克斯坦等锡尔河中游的部分城市,将大玉兹和中玉兹的一部分都纳入准噶尔蒙古汗国的统治之下。

在民族生死存亡关头,哈萨克三部团结起来,展开了共同抗击准噶尔蒙古入侵的斗争。1726年,哈萨克联军在萨雷苏河大败准噶尔军队,收复了部分失地。1741年,为了彻底征服哈萨克族,噶尔丹策零连续两次出兵,重创哈萨克族,并俘获了中玉兹的阿布赉汗,迫使中玉兹臣服。噶尔丹策零去世后,准噶尔蒙古内讧不断,以中玉兹阿布赉汗为首的哈萨克诸部游离于准噶尔蒙古各部之间,逐渐摆脱了准噶尔蒙古的控制。1757年,清军抵达巴尔喀什湖以东的爱唐苏河,哈萨克中玉兹汗阿布赉不仅阻击阿睦尔撒纳入境,并派兵协助清军进行追缴。同年六月,阿布赉归顺清朝,"遣使奉表内附"。随后,哈萨克大玉兹和小玉兹也相继臣服清朝,双方遣使不断,贸易往来密切。至此,哈萨克成为清朝的属民,其游牧地也纳入清朝的版图之内。

嘉庆年间,浩罕国入侵哈萨克,迫使部分哈萨克族成为其属民。道光年间,沙俄侵占巴尔喀什湖以东、以南地区后,部分哈萨克民众又沦为沙俄的臣民,随后沙俄还将部分哈萨克族强制迁往伏尔加河下游一带。1840年鸦片战争后,沙俄强迫清朝政府签订《伊犁塔尔巴哈台通商章程》《北京条约》《中俄勘分西北界约记》等一系列不平等条约,将哈萨克等族居住的大片中亚土地划归沙俄,大量哈萨克族被迫接受沙俄的统治。从1864年起,部分哈萨克人陆续移居中国境内,清朝设置千户长、百户长等对其进行治理。1884年新疆建省后,中国境内的哈萨克大多处于省政府的管辖之下。

柯尔克孜族

柯尔克孜族是中国西北地区的一个古老的少数民族,在中国历代汉文文献中记载为"鬲昆""坚昆""契骨""黠戛斯""吉利吉思"等。清朝时期,称柯尔克孜族为"布鲁特",意为"高山居民"。

清代以前,柯尔克孜族主要分布在叶尼塞河上游一带,少部分生活在今新疆乌什一带的西部天山地区,其先民相继受匈奴、回鹘、契丹、女真、蒙古等族的统治。16世纪初,迁居中国境内的柯尔克孜族隶属于蒙兀儿斯坦。清初,柯尔克孜族一度臣服于漠北蒙古。噶尔丹连年用兵中亚后,将柯尔克孜族纳入准噶尔蒙古汗国统治之下。策妄阿拉布坦时期,准噶尔蒙古占领了大片柯尔克孜族地区,使柯尔克孜族家破人亡,牲畜被抢。1702年,策妄阿拉布坦为了避免与沙俄的冲突,强迫柯尔克孜族翻越萨彦岭,进行大迁徙,除少数留在萨彦岭与唐努山之间的河谷中外,大部分迁到了西部天山地区的伊塞克湖、伊犁河一带。后来,为了摆脱准噶尔部统治者的压迫,一部分柯尔克孜族迁到中亚塔什干、费尔干盆地及其附近山区,另一部分迁到了帕米尔高原、兴都库什山和喀拉昆仑山一带及其附近地区,形成了东、西布鲁特的分布格局。

18世纪中叶,清朝相继平定准噶尔蒙古及大、小和卓叛乱后,柯尔克孜族各部归附清朝,表示愿"尽为臣仆"(《圣武记》卷4)。清朝将其归于伊犁将军管辖之下,并赐予柯尔克孜族首领各种官品等级,进行羁縻统治。

准噶尔汗国灭亡后,柯尔克孜族东部的威胁被消除,各部乘机向东迁徙至达阿特巴什河一带。但随着浩罕国和沙俄的相继入侵,柯尔克孜族再次陷入浩劫之中。18世纪后期,浩罕国首先征服了费尔干纳盆地的柯尔克孜族,19世纪初又开始侵占中国境内的柯尔克孜族。同时,沙皇俄国也不断向柯尔克孜族地区扩张。鸦片战争后,沙俄强迫清政府签订《中俄北京条约》《中俄勘分西北界约记》《中俄喀什噶尔界约》《中俄续喀什噶尔界约》等一系列不平等条约,将大批柯尔克孜部落划归俄国。到1884年新疆建省时,留居中国境内的柯尔克孜人只剩下柯尔克孜人口总数的二十分之一。

1884年,新疆建省后,生活在北疆的柯尔克孜族属伊犁将军管辖。

塔吉克族

"塔吉克"是本民族的自称,意为"王冠",信仰伊斯兰教,世代居住在帕米尔高原东部的塔什库尔干地区。其先民可以追溯到公元前分布在西域操伊朗语的诸部落。东汉时,塔吉克族的先民在帕米尔高原建立了偈盘陀国。偈盘陀国亡后,唐在其地曾设置"葱岭守捉"进行管辖。9—16世纪,塔吉克族生活的塔什库尔干地区,先后又受到吐蕃、喀喇汗朝、西辽、蒙古等政权的统治。13世纪时,塔什库尔干改称为"色勒库尔"。17世纪初,塔吉克族隶属于叶尔羌汗国。大约从17纪后期至19世纪,帕米尔西部和南部什克南、瓦罕等地的许多塔吉克族,因不堪当地统治者的压迫,东迁至色勒库尔,逐渐与当地的土著居民融合,成为中国境内的塔吉克族。

1759年,清朝平定大、小和卓叛乱时,总兵杨宁抵达色勒库尔进行招抚,其首领穆拉特伯克即将户口、田亩呈报于清朝政府。清朝在塔吉克族聚居的帕米尔东部设立色勒库尔回庄,实行伯克制度,受叶尔羌办事大臣管辖。在回庄中设五品阿奇木伯克一员,管理地方民政事务;另设六品的伊什罕伯克和商伯克各一名,七品的阿尔巴布伯克等五名,辅助阿奇木伯克分管税收、司法和行政等事务。

从 19 世纪初期起,浩罕国不断派兵侵扰色勒库尔,并一度攻占了塔什库尔干城。随后塔吉克族人民进行了英勇抵抗。1836 年,塔吉克族生擒了浩罕国在当地的驻军首领,收复了塔什库尔干城。但不久浩罕军队再次入侵,迫使许多塔吉克族离开色勒库尔,迁往莎车、泽普和叶城等地。1865 年,浩罕国军官阿古柏占领新疆大部分地区后,色勒库尔及其他地区的塔吉克人惨遭压迫和掠夺。1877 年,左宗棠率领清军进入南疆,势如破竹,进抵叶尔羌等地。此时原色勒库尔回庄的阿奇木伯克艾里布乘机带领塔吉克人杀死阿古柏派去的爪牙阿山夏,迎接清军顺利进入了塔吉克地区。塔吉克族和南疆其他各族人民一起,为反抗外来侵略、保卫祖国边疆做出了巨大的贡献。

1884 年,新疆建省后,清朝政府陆续废除了新疆其他各地的伯克制度,但仍保留了塔吉克地区的伯克制。色勒库尔的地方事务,仍由原来的阿奇木伯克管理,受喀什提督和喀什道的管辖。1902 年清朝政府在色勒库尔设立"蒲犁分防通判厅",隶属莎车府,委派流官为通判,但仍保留了正、副阿奇木伯克之职。辛亥革命后,改为蒲犁县,划归喀什道管辖。直至盛世才统治时期,才取消了当地的伯克制度。

乌孜别克族

"乌孜别克"是本民族的自称,来源于 14 世纪钦察汗国的乌兹别克汗,在《元史》中称之为"月即别""月祖伯""月思别"。该族使用乌孜别克语,属于阿尔泰语系突厥语族,信奉伊斯兰教。

15世纪初,白帐汗国占据了今西伯利亚西部和哈萨克斯坦的广大地区,境内的阿兰人、钦察人、保加尔人等突厥语族的居民统称为乌兹别克人。15世纪末16世纪初,部分乌兹别克人南迁到中亚绿洲地区,占领了布哈拉、撒马尔罕等城,逐渐与当地的操突厥语的民族融合,形成一个新的民族共同体——乌兹别克族。

元代以来,居住在布哈拉、撒马尔罕、安集延等地的乌兹别克族商人,沿丝绸之路经新疆到中原经商,其中不少在新疆定居下来,成为最早来到中国的乌孜别克族。乾隆中期,随着清朝与中亚贸易往来的日益密切,部分乌兹别克族又陆续迁入新疆境内,定居于喀什噶尔、叶尔羌、阿克苏、伊犁等地。在清代文献记载中称之为"安集延人""浩罕人""布哈拉人"等。19世纪中期,浩罕国军官阿古柏入侵新疆时,又有部分乌兹别克人随之而来,散布在南疆各地和天山以北的伊宁等地。乌兹别克族迁入新疆后,大多仍从事商业活动,也有部分进行农业或畜牧业生产。

塔塔尔族

塔塔尔族是清代从境外迁居中国新疆的一个民族。"塔塔尔"是本民族自称,在历史文献中被称为"鞑靼""达旦""达达"等。8世纪初,突厥人把漠北的室韦部落和讲蒙古语的东邻民族统称为鞑靼。13世纪蒙古西征中亚和欧洲,建立钦察汗国,西方人称之为"鞑靼"或塔塔尔。15世纪,钦察汗国衰亡后,在今俄罗斯境内的伏尔加河和卡马河流域,建立了以保加尔人为主的喀山汗国,保加尔人和突厥化了的蒙古人相互融合形成了塔塔尔族。

中国境内的塔塔尔族是在19世纪二三十年代迁徙而来的。一部分失去土地的塔塔尔人,从俄罗斯喀山、斋桑等地经伏尔加河、哈萨克斯坦陆续迁入中国新疆境内,散居在今伊犁、塔城和乌鲁木齐等地。19世纪末20世纪初,又有部分塔塔尔人因经商或传教等原因而迁居新疆。清代,塔塔尔人主要经营商业,部分也从事农业和畜牧业。

清代藏族的变迁

17世纪初,准噶尔蒙古的入侵,结束了和硕特蒙古在西藏长达75年的统治。随着西藏局势的变化,清朝政府对西藏的治理也进行了重大调整,尤其是18世纪末,"藏内善后章程"的颁行,进一步加强了中央政府对西藏的管辖。清朝晚期,英国侵略者入侵西藏,藏族人民展开了前仆后继、英勇顽强的抗英斗争。

和硕特蒙古统治藏区

1635年,驻牧青海的喀尔喀蒙古却图汗派军入藏,企图联合藏巴汗一举消灭格鲁派。此时,格鲁派面临的形势十分险恶。1636年底,应格鲁派上层之邀,以固始汗为首的漠西蒙古联军南下进入青海,攻灭了却图汗。固始汗率部留居藏区,其他诸部相继返回。1639年固始汗进军康区,攻灭白利土司。1641年,固始汗率军入藏,消灭了藏巴汗,征服卫藏地区各贵族领主,建立了蒙藏联合统治的"甘丹颇章"地方政权。至此,整个藏区都处于和硕特蒙古的统治之下。

1655年固始汗去世后,为争夺西藏的最高统治权,蒙藏上层之间关系逐渐疏远。1679年,桑结嘉措出任第巴,集中权力,排挤和硕特势力,蒙藏双方之间的矛盾日趋尖锐。1682年,五世达赖喇嘛圆寂后,第巴桑结嘉措"秘不发表",对外宣称达赖喇嘛"入定",委托第巴处理一切事务,除第巴外,概不见任何人,同时秘密选定仓央嘉措为五世达赖的转世灵童。直至1696年,清军大败噶尔丹后,康熙帝才得知五世达赖喇嘛已圆寂多年的消息,他大为震怒,但考虑到西藏地区的稳定,并未对桑结嘉措予以深究。1703年,和硕特蒙古拉藏汗即位后,蒙藏上层之间的关系日趋紧张,最终发展到兵戎相见。1705年桑结嘉措兵败被杀。

随后,拉藏汗废除了六世达赖喇嘛仓央嘉措,另立伊西嘉措为转世灵童,拉藏汗任意废立达赖喇嘛的做法,遭到藏族民众的强烈反对。部分格鲁派上层在青海蒙古诸部的支持下,在理塘认定了达赖喇嘛的另一位转世灵童格桑嘉措,从而出现了"真假达赖喇嘛"之争的混乱局面。面对蒙古王公内部错综复杂的矛盾以及西藏动荡不安的局势,康熙帝敏锐地意识到"西藏事务不便令拉藏汗独理"(《清圣祖实录》卷236),于是,派侍郎赫寿到西藏协同拉藏汗处理相关事务。与此同时,为了稳定西藏局势进而安抚人心,1713年,康熙帝册封五世班禅罗桑意希(1663—1737)为"班禅额尔德尼",并给予印册。班禅额尔德尼的称号正式被确立下来。自此,历辈班禅都须由中央政府册封。

1717年,准噶尔蒙古首领策妄阿拉布坦乘西藏局势动荡之际,派策凌敦多布率领6000名士兵从和田出发,翻越昆仑山,经阿里,突袭拉藏汗。同年十月,准噶尔军攻入拉萨,拉藏汗被杀,这标志着和硕特蒙古在西藏长达75年统治的结束。

清朝对西藏的治理

清代文献中对西藏地区的藏族记载为"图伯特"或"唐古特"等,对川、甘、青等地藏族称之为"番"或"番子"。在清军入关之前,五世达赖喇嘛和固始汗等已共同遣使赴盛京(今沈阳),与满族统治者建立了联系。鉴于当时的蒙藏局势,清朝统治者采取"兴黄教即所以安众蒙古"的策略。

1652年,五世达赖喇嘛应顺治帝之邀,带领随从300余人进京朝觐,清朝给予了高规格接待和大量赏赐。清赐予达赖喇嘛供养白银计9万两,特修黄寺作为其驻锡之地。1653年,五世达赖喇嘛启程回藏,清朝政府封其为"西天大善自在佛所领天下释教普通瓦赤喇怛喇达赖喇嘛",颁金印册。自此以后,历辈达赖喇嘛都必须经过中央政府的册封。

1717年,准噶尔蒙古袭杀拉藏汗,结束了和硕特蒙古在西藏长达75年的统治。准噶尔蒙古进入拉萨后,烧杀劫掠,无恶不作。为了稳定西南边疆,1720年,康熙帝委任十四子允禵为抚远大将军,以护送七世达赖喇嘛入藏为旗帜,分兵两路进藏。在藏区各族人民的大力支持和配合下,清朝进军顺利,很快驱逐了在藏的准噶尔蒙古军。

1721年,清朝政府改革了西藏官制,废止蒙古汗王及总揽大权的第巴,推行众噶伦联合掌权的行政体制,相继任命康济鼐、阿尔巴布、隆布鼐、扎尔鼐和颇罗鼐等人为噶伦,共同负责西藏地方政务。但是不久,阿尔布巴、隆布鼐、扎尔鼐结为一党,与后藏的康济鼐、颇罗鼐展开了权力争夺。1727年,阿尔布巴等先发制人,杀害了康济鼐,引起卫藏大规模的战争冲突。1728年,颇罗鼐率部攻克拉萨,擒获了阿尔布巴、隆布鼐等人。同年,雍正帝派兵入藏,处理噶伦内部矛盾。随后,清朝任命颇罗鼐为首席噶伦,封其为"贝子",统领西藏事务。次年,清朝正式设置驻藏大臣,留兵驻藏,以加强对西藏的管理。

因颇罗鼐治藏有功且忠于中央政府,清朝先后授予贝子、贝勒以及郡王等爵位。1747年颇罗鼐去世后,次子珠尔默特那木扎勒承袭父位,但其"内谋排除异己,外谋脱离大臣羁绊"(《清高宗实录》卷327)。1749年,珠尔默特那木扎勒袭杀了其兄珠尔默特策布登,蓄谋发动叛乱。在此关键时刻,驻藏大臣傅清、拉布敦设计诛杀了珠尔默特那木扎勒,但两位驻藏大臣也被其余党所害。不久,七世达赖喇嘛率众很快平息了这起叛乱。1751年,清政府颁行"酌定西藏善后章程",对西藏地方行政体制进行了重大调整。废除"郡王"制,正式授权七世达赖喇嘛参与管理西藏行政事务;设噶伦四人,由清政府任命,直接受驻藏大臣及达赖喇嘛管辖,共同处理地方各项事务。

1788年、1791年,位于喜马拉雅山脉南麓的尼泊尔廓尔喀人两次入侵西藏,甚至一度攻陷日喀则,将扎什伦布寺抢掠一空。为了驱逐外来入侵者,1791年,乾隆帝派福康安、海兰察等统率大军进藏,在西藏民众的大力支持下,廓尔喀入侵者很快被驱除出境。清军乘胜逼近廓尔喀都城阳布(今加德满都)时,廓尔喀国王被迫认罪投降。次年,清朝颁行《钦定藏内善后章程二十九条》,以消除西藏内部的多年积弊和加强对藏治理。首先,章程规定了驻藏大臣的地位和职权。指出一切事权俱归其管理,地位与达赖、班禅平等;噶伦以下大小官员,一律由驻藏大臣会同达赖喇嘛拣选人员,奏请清廷任命。其次,达赖、班禅等蒙藏大活佛的转世,实行"金瓶掣签"制度。另外,章程还对西藏的军事、财政、税收、外事、贸易等都进行了详细制定。该章程的颁行,进一步加强了中央政府对西藏的管辖,密切了西藏与内地之间的联系,也对西藏的社会稳定与发展发挥了积极作用。正如魏源所说:"自唐以来,未有以郡县治卫藏如今日者","自元明以来,未有以齐民治番僧如今日者。"(《圣武记》卷5)。

列强入侵西藏

19世纪中叶,英国殖民者通过战争以及拉拢、收买等手段,逐渐控制了尼泊尔、哲孟雄、不丹等喜马拉雅诸山国,形成了对西藏的包围。在此前后,英、俄等国已多次派人潜入西藏进行"考察"。1888年,英国侵略军进攻隆吐山边卡,受到藏军的坚决反击。但由于驻藏大臣的妥协退让,亚东、朗热等地相继失守。隆吐山保卫战失败后,英国迫使清政府先后签订《中英会议藏印条约》和《中英会议藏印续约》,在西藏取得了政治、经济上的诸多特权。

1904年,英国派荣赫鹏领兵再次入侵西藏。同年七月,藏军在江孜进行了艰苦惨烈的保卫战,此次战役持续了两天,留守藏军最后全部壮烈牺牲。江孜抗英战役失败后,十三世达赖喇嘛被迫出走外蒙古。八月,英军攻占拉萨,强迫西藏地方政府签订了《拉萨条约》,企图否定中国对西藏的主权。但因达赖喇嘛和驻藏大臣均未签字,其阴谋并未得逞。1908年,英国与清政府签订《中英修订藏印通商章程》,进一步加强对西藏的经济侵略。

20世纪初,为了加强对西藏的治理和遏制西方列强的侵略,清政府派张荫棠为驻藏帮办大臣,进藏查办藏事,推行"新政"。同时,清政府还任命赵尔丰为督办川滇边务大臣,在川边实施"改土归流"和"新政"。但由于当时客观条件所限,这些新政很快随着清朝的灭亡而终止。

四海之内

清代回民起义

在清代,回族已遍布全国各地,并在陕、甘、宁等地形成了较大规模的聚居区。但当时,社会各界普遍对回族存在着一种歧视,认为"惟回回自守其国俗,终不肯变,结为党伙,为暴闾闫"(《日知录》卷29),回族的生活处境异常艰难。为了反抗统治者的民族歧视和压迫,有清一代,全国各地的回民起义此起彼伏。

米喇印、丁国栋起义

清朝入关后,颁布"薙发易服"令。此令传至甘州,激起了当地回、汉等族的强烈不满。1648年初,清政府调甘州兵入川,河西兵力空虚,驻守甘州的回族将领米喇印、丁国栋等乘机掀起反清起义。随后,丁国栋留守甘州,米喇印率军东进,起义军所到之处得到了各地回、汉、藏等族民众的积极响应,迅速攻占了岷州、兰州、洮州、河州等地,席卷甘肃全境。在兰州,米喇印拥立明朝皇室后裔朱识琌,作为"反清复明"的旗帜,起义队伍迅速壮大,直逼巩昌府,引起清朝政府的极度恐慌。但是,由于战线过长和后方支援不足,起义军相继在内官营、马家坪等地失利,米喇印也在永昌战死。同年八月,清军围攻甘州。丁国栋率军奋起抵抗,但不久,清军攻陷了甘州,丁国栋被迫率余部退守肃州。11月,孟乔芳率领清军攻破肃州,丁国栋等五千余人被杀,标志着清初西北回民起义的失败。此次回民起义发生在清初遍及全国抗清活动的高潮时期,起义军给清军以沉重的打击,有力支援了全国各地的反清斗争。

苏四十三起义

乾隆年间,西北伊斯兰教内部发生了哲赫忍耶(即"新教")和花寺(即"老教")之间的冲突,双方不时爆发武装械斗。新教的创始人马明心,曾到扎比德学经。乾隆初年,马明心返回河州后,开始传播哲赫忍耶教义,并提出了简化礼拜环节、反对教权世袭等一系列改革主张,遭到马来迟所创花寺部分信众的反对和打击。马明心不得不避居循化,在当地受到了撒拉族苏四十三等人的尊崇,信众迅速增加,影响很快扩大,这进一步引起当地老教信众的强烈不满,双方为之冲突不断。但清政府在处理双方矛盾时,采取支持老教、镇压新教的政策,从而激起了新教信众的强烈反抗。1781年,苏四十三领导青海撒拉族、回族、东乡族、保安族等族民众杀死当地官员,掀起反清起义。不久,起义军进抵兰州,占领西关,要求清政府释放囚禁于当地的马明心。但甘肃布政使王廷赞却将马明心斩杀于城楼,引起了广大穆斯林的强烈不满和愤慨,双方矛盾迅速激化。起义军在清军的重兵围攻下,被迫退守兰州的华林山,在此进行了长达两个月的殊死抵抗。七月初,清军攻占华林山,起义失败。

苏四十三起义被镇压后,清政府采取"务净根诛"的严厉措施,规定新教为邪教,大量的起义者被屠杀,妇女、孩子被贬为兵奴,河州等地的新教信众被"剿尽无余"。清朝政府的这种民族屠杀政策,引起了回民更强烈的反抗。1784年,甘肃固原的田五为给马明心复仇,反对根除新教,率众围攻靖远等地。清朝政府调集万余军队对其进行围剿,同年七月初,清军攻破石峰堡,起义遭到镇压。

云南回民反清起义

鸦片战争后,西方列强的入侵和清政府的腐败致使全国各地掀起了反清起义的新高潮。西南和西北的回族在太平天国运动和捻军起义的影响下,相继发动了保卫民族生存的反清武装斗争。

19世纪40年代以来,由于争夺金银矿的开采,在云南爆发了多起对回民大屠杀的事件。1856年,新兴回族马凌汉率领新兴(玉溪)、昆阳和海口等地的回民奋起反抗。巡抚舒兴阿和团练大臣黄琛等以回民里应外合、阴谋造反为名,杀死回民数千人,并命令对全省回民不论男女老幼,格杀勿论。各地团练相率效仿,"奉宪杀回",这激起了云南各地回民大规模的反清起义。在短时间内起义军形成两个集团:一支由马复初、马如龙率领,活动于云南东部和南部;另一支由杜文秀率领,活动于云南西部。

1861年,马如龙、马复初投降清军。而杜文秀则坚持抗清斗争,并于1856年建立大理政权,自任总统兵马大元帅。大理政权提出"安汉反清"等口号,采取一系列发展生产、调节民族关系的措施,得到了回、汉、彝、哈尼、傣、纳西等民族的大力支持和响应。1872年,清军血洗大理城,杜文秀为保全城中百姓,英勇自杀就义。杜文秀率领的起义前后历时16年之久,攻占城池53座,纵横数千里,沉重打击了清朝的统治。

西北回民大起义

自苏四十三起义后,清政府对西北回族的政策发生了重大变化,从承认回族宗教习俗转变为禁绝新教,限制老教,并挑拨新教与老教、回族与汉族之间的关系,使当地的民族矛盾异常尖锐。同时,太平天国起义后,清朝政府加重了对西北协饷的征派,各种苛捐杂税使西北各族百姓民不聊生。在太平天国运动的影响下,西北各地回族纷纷揭竿而起,爆发了反清大起义。这次起义声势浩大,规模空前,遍布西北诸省。

1862年,清朝正以全力围攻太平天国的都城天京,陕西防务空虚。华州知州濮尧在处理回汉纠纷时未能秉公办理,公开"扶汉抑回",并纵容当地团练焚毁回民村庄、抢掠回民妇女和财产。华州回民遂掀起了反抗斗争。此时,太平军扶王陈得才部从蓝田东下,连克渭南、华州等城。在此影响下,陕西各地回民群起响应,起义军势力迅速蔓延至陕西各地。1863年,清朝委派多隆阿为钦差大臣,督办陕西军务。多隆阿采取军事镇压和收买招抚等策略,很快攻占了起义军的重要据点,迫使陕西回民起义军转移到甘肃一带。

陕西回民起义后,甘肃各地的回民积极响应,相继形成金积堡、河州、西宁、肃州等四个中心。陕西回民起义军进入甘肃后,便与当地回民军建立了联系,继续转战各地。1866年,西捻军张宗禹部进入陕西,直逼西安,并与回民起义军相互配合,严重威胁到清朝在陕甘一带的统治,清朝政府大为震惊。次年,清朝政府委任左宗棠为钦差大臣,督办陕甘军务。左宗棠制定了"先捻后回""先秦后陇"的清剿策略。1868年,清军率先平息了活动在西北地区的捻军,随后便集中兵力围攻回民军,起义军伤亡惨重,迫使陕西回民军不得不向金积堡一带撤退。1870年,回民军展开了金积堡保卫战。起义军守备森严,坚壁清野,战斗异常惨烈。在清军围攻下,金积堡内粮草短缺,处境艰难。起义军领袖马化龙为保全部众,亲赴清军营归降,愿以"一人抵罪"。同年三月,清军将马化龙等人处死,金积堡失陷。在善后事宜中,左宗棠又将当地一万余回民迁往平凉、固原一带。

在整顿军马数月后,左宗棠于1871年8月分兵三路进攻马占鳌据守的河州,受到起义军的重创。但马占鳌对胜利缺乏信心,认为打胜投降,比打败投降要好得多。于是,次年,马占鳌率众归附了清军。河州起义军投降后,左宗棠移住兰州,采取军事镇压和策反离间等策略,又镇压了西宁一带的回民起义军。随着各地回民起义的失败,其余部大都汇聚到马文禄据守的肃州。1873年,清军围攻肃州,城内粮草断绝,人困马乏,白彦虎败退新疆,马文禄被迫投降。清军进入肃州后,处死马文禄,并进行了惨绝人寰的屠城。至此,历时12年之久的陕甘回民大起义以失败告终。

有清一代,西北、西南各地回族人民为反对民族压迫、争取民族生存进行了持续不断的反清斗争。历次起义虽都遭到清朝的残酷镇压,但它有力地配合了汉族等其他各族人民的反清运动,增强了各族人民的团结和友谊,沉重打击了清朝的封建统治,加速了清朝的灭亡。

南方诸族的发展

清朝时期,现在南方地区分布的各个少数民族均已基本形成。清初沿袭了元、明旧制,在南方民族地区实行土司制度。雍正初年,清朝在南方民族地区进行了大规模的改土归流,南方各族的社会经济有了较快发展,但仍存在很大的不平衡性。

西南各族

清代分布在我国西南地区(云南、四川、贵州)的少数民族主要有傣、彝、白、纳西、羌、哈尼、景颇、傈僳、拉祜、基诺、阿昌、普米、独龙、怒、土家、壮、布依、仡佬、侗、水、布朗、德昂、苗族、蒙古、回族等。

傣族。清代傣族有"白衣""白夷""百夷""摆夷"等诸多称呼,聚居在今云南西双版纳、德宏、孟连、耿马,其余的散居于澜沧江东西两岸的景东、普洱等地。

元、明两朝在傣族地区实行土司制度。清初沿袭旧制,雍正年间开始对元江、景东、镇源等地进行了改土归流,但边疆地区的部分傣族仍保留着土司制度。清代傣族土司中最为典型的是西双版纳的车里宣慰司,该土司辖地广阔,共有12个地区,称之为"十二版纳"。宣慰使是最高的封建领主,占有当地所有的森林、耕地、水源和荒山等。根据血缘关系,领主集团可分为"孟""翁"和"鲁朗道叭"三个等级。农奴阶级有"傣勐"(意为"本地的傣族")和"滚很召"(意为"主子家里的人")两个等级。

元明时期,汉族不断迁入,内地的生产技术和科学文化也随之传入,傣族地区的社会有了较快发展,14世纪初傣族进入了封建领主发展阶段。到18世纪初,部分完成改土归流的傣族开始进入封建地主经济阶段。

彝族。清代彝族大多被称为"罗罗""倮倮"等,主要分布在云南、四川、贵州地区。各地彝族的社会发展存在着很大差异。

元、明时期,中央政府在彝族地区实行土司制度,大力发展当地农业生产,促进了彝族社会的较快发展。明清以来,随着大量汉族的迁入,中原先进的生产工具和技术传入彝族地区,特别是雍正年间的大规模改土归流,不仅促进了当地社会经济的快速发展,也使封建地主经济在部分彝族中逐渐发展起来。部分彝族已与汉族无多大差别,正如《云南通志》所载:"海倮罗……与汉人相杂而居,居处、饮食、衣服悉如汉人。"只是在少数地区的彝族中还残留某些领主经济的成分,如贵州的大定府,云南的寻甸、宣威等地。

另外,大、小凉山地区的彝族,直到20世纪初,奴隶制经济仍占主导地位。按照血缘关系,当地彝族划分为若干等级。黑彝是统治阶级,彝语称为"诺",享有崇高的特权和地位,拥有大量的生活、生产资料。曲诺、阿加和呷西为被统治阶级。此外,凉山彝族社会中还盛行家支制度。家支,彝语称为"楚西"或"楚加",是以父子连名制而形成的父系血缘集团。家支对个人和家庭都具有一定的约束力。

白族。清代,白族被称为白人、僰人、民家等,主要聚居在云南大理地区,其余散居在临安、曲靖、丽江等地。白族从13世纪以来已有地主经济,土地私有比较普遍。早在明朝时期,中央政府就在大理白族地区进行改土归流,废除了大量土官,派遣流官治理。在其他白族地区,则实行"土流参治"。

同时，推广屯田，兴修水利，使白族地区的农业经济得到了快速发展。18世纪初，清朝对白族地区残存的土司进行改流，地主经济在白族社会中占据了主导地位。当时，白族的社会发展水平已接近于汉族，史载其"力田，颇读书，习礼教，通仕籍，与汉人无异"（《赵州志》）。

纳西族。纳西族在汉文文献中被称为"末些""么些""摩梭""摩娑"等，主要分布在今云南省丽江、永胜、宁蒗、维西等地。元朝时，丽江纳西族的生计方式已由畜牧业转变为农业，当地的木氏势力也逐渐兴起。明朝时，中央政府封木氏为丽江土知府，令其统治滇西北各民族。明末清初，丽江木氏土司已发展为川、藏、滇交界处的一支强大的地方势力集团，拥有大量土地和农奴。1723年，清朝政府对丽江实行改土归流，废除世袭丽江土知府，改派流官进行管辖。改土归流促进了纳西族地区地主经济的发展，当地的农业、手工业等都取得了一定的发展。

中东南诸族

中、东南地区主要生活着壮、布依、侗、水、仡佬、毛南、黎、仫佬、苗、瑶、畲、土家、京、高山族等少数民族。

苗族。清代文献中对苗族称呼众多，有红苗、花苗、白苗、青苗、黑苗等。苗族的分布十分广泛，遍及川、鄂、湘、黔、滇数省。根据社会发展水平的差异，清代的苗族大致可分为三种类型：一是清初已实行改土归流的苗族地区，封建地主经济得到了较快发展，如贵州水西地区和湘西镇溪地区；二是雍正年间继续实行土司制度的地区，如黔西、滇北苗区；三是称为"生界"的苗区，如黔东南雷公山地区、古州地区、湘西腊尔山区等地。

元、明时期，中央政府在苗族地区推行土司制度。雍正至乾隆年间,清朝政府在苗区实行全面的改土归流,设立府、州、厅、县,取代了原来的土司。同时,实行清查户口、设立保甲、创办学校等措施,使苗族社会发生了很大变化。但清朝在开辟苗疆过程中,大肆屠杀苗民、焚毁苗寨,改土归流后,一些官员又横行霸道,欺压苗民。致使有清一代,苗民不时爆发反清斗争,如 1795 年石三保、吴八月等人领导的驱赶流官起义,以及 1855 年张秀眉领导的历时 18 年之久的苗民反清大起义。

瑶族。清代文献中,瑶族被称为"瑶人"。由于分布地域以及服饰的不同,各地瑶族又有"勉""布弩""瑙格劳""拉珈"等 20 多种自称,以及"盘山瑶""过山瑶""平地瑶""红头瑶"等诸多他称。清代瑶族分布于广西、广东、湖南、贵州、云南等省。在土司统治的部分瑶族地区,封建地主经济逐渐占主导地位,租佃关系盛行,土地买卖普遍。但在一些边远山区的瑶族,仍实行具有原始民主性质的社会组织形式"瑶老制"和"牌坊制"。瑶老制以村寨为单位,选举数位瑶老来主持村寨的公共事务,村寨成员必须遵守传统的习惯法。牌坊制是指将维护社会秩序的条文,刻在石牌上,成为全体村寨成员共同遵守的法律。到清朝后期,随着中央政府政治影响在瑶族地区的扩大,这两种社会组织都已失去了原来的性质。

壮族。清代壮族普遍被称为"僮家"或"僮人",另外还有"侬家""侬人"等他称。分布在广西和云南文山等地,主要从事农业生产。元明时期,中央政府在苗族地区推行土司制度。雍正至乾隆年间,清朝政府在广西壮族地区进行了大规模的改土归流,废除大量土司,改派流官进行直接统治。随着汉族迁入和周边封建经济的影响,苗族社会的封建地主经济已大量存在,封建领主制逐渐衰落,社会生产得到了较大发展。

侗族。清代侗族被称为"侗民""侗苗"等,主要居住于贵州、湖南、广西三省交界之地。侗族所居之地,从元代至清初都处于土司的统治之下。雍正年间实行改土归流后,侗区受清政府流官的直接统治,封建经济得到较快发展。但侗族内部发展不平衡,直至清朝末年,部分侗族地区还存在"合款"等社会组织形式,每个氏族或村寨,皆由长老或乡老主持事务,用习惯法维持社会秩序。

高山族。高山族是对台湾各少数民族的一种泛称。主要分布在台湾岛中部山区丛林和东部平原一带。台湾高山族的来源复杂,内部支系繁多,称谓各异。清代高山族被称为"番人""土番"等。根据生计方式的差异,高山族又有"生番"和"熟番"之分。"生番"生活在山区丛林之中,主要从事采集狩猎。"熟番"生活在平原地带,以农业为主,兼及狩猎。

清初,台湾为荷兰人占领。1661年郑成功率部收复了台湾。随后的二十余年,郑氏祖孙三代在台湾屯田垦荒、发展农业,建学办校,传播文化,极大地促进了台湾高山族的社会发展。1683年郑克塽降清,台湾被纳入清中央政府的统治版图。次年设置台湾府。1885年台湾建省,以刘铭传为首任巡抚。刘铭传对高山族采取恩威并举、以抚为主的政策,通过划定番社地界,推行保甲制度,鼓励高山族子弟入学读书、学习汉文等措施,有力地推动了台湾高山族的社会发展。1895年,日本通过《马关条约》侵占了台湾,高山族开始处于日本人长达50年之久的统治之下。

四海之内

原典选读

【原典】

丙午,工部等衙门议覆:古北口总兵官蔡元疏言,古北口一带边墙倾塌甚多,请行修筑。应如所请。上谕大学士等曰:"蔡元所奏,未谙事宜。帝王治天下自有本原,不专恃险阻。秦筑长城以来,汉、唐、宋亦常修理,其时岂无边患?明末,我太祖统大兵长驱直入,诸路瓦解,皆莫敢当。可见守国之道,惟在修德安民。民心悦,则邦本得,而边境自固,所谓众志成城者是也。如古北、喜峰口一带,朕皆巡阅,概多损坏。今欲修之,兴工劳役,岂能无害百姓?且长城延袤数千里,养兵几何,方能分守?蔡元见未及此,其言甚属无益。"谕九卿知之。

(选自《清圣祖实录》卷一百五十一康熙三十年五月丙午)

【释读】

康熙三十年五月丙午日,工部等衙门经过讨论并答覆:古北口总兵官蔡元奏疏说,古北口一带的长城边墙有许多都倾覆倒塌,请求朝廷拨款修筑。讨论结果是,建议按照其所奏请,修复长城。康熙皇帝告谕大学士等臣僚说:"蔡元所奏内容,说明他对许多事情不了解。自古帝王治理天下,是有根本原则遵循的,并没有仅依凭险关要塞来安天下。秦朝修筑长城以来,汉朝、唐朝、宋朝也经常进行修理,但三个朝代难道都没有边患发生吗?明朝末年,我太祖统率大军,长驱直入,所向披靡,各地明军瓦解溃散,无人能够抵挡。可见保全社稷的道理,就在于施行德政,安抚百姓。民心悦服,那么国家根本实现,边境自然能够稳固,这就是人们常说的万众一心,克服困难啊。现今古北口、嘉峰口一带,朕都巡行视察过,许多长城确实都损坏了。现在如果想修复坍塌的长城,必定破土动工,役使黎民,怎么能不侵害到百姓呢?况且长城绵延数千里,需要国家配置多少部队,才能分段把守啊?蔡元的见识都没有考虑到这些,他的奏议对社稷真是没有益处。"康熙皇帝还下诏,让朝臣九卿都知晓自己不主张修筑长城的意思。